# 臺灣歷史與文化 研究輯刊

初 編

第 4 冊

## 帝國制式的文化鏡映——
清代臺灣方志的纂修視域及其〈風俗〉類中所再現的臺人之相

吳宜蓉 著

花木蘭文化出版社

國家圖書館出版品預行編目資料

---

帝國制式的文化鏡映──清代臺灣方志的纂修視域及其〈風
俗〉類中所再現的臺人之相／吳宜蓉 著 — 初版 — 新北市：
花木蘭文化出版社，2013〔民 102〕
目 4+224 面；19×26 公分
（臺灣歷史與文化研究輯刊 初編：第 4 冊）
ISBN：978-986-322-257-6（精裝）
1. 方志學　2. 臺灣史
733.08　　　　　　　　　　　　　　　　　102002941

---

ISBN-978-986-322-257-6

9 789863 222576

臺灣歷史與文化研究輯刊
初　編　第四冊　　　　　　ISBN：978-986-322-257-6

---

## 帝國制式的文化鏡映──清代臺灣方志的纂修視域及其〈風俗〉類中所再現的臺人之相

---

| 作　　者 | 吳宜蓉 |
| --- | --- |
| 總 編 輯 | 杜潔祥 |
| 出　　版 | 花木蘭文化出版社 |
| 發 行 所 | 花木蘭文化出版社 |
| 發 行 人 | 高小娟 |
| 聯絡地址 | 235 新北市中和區中安街七二號十三樓 |
| | 電話：02-2923-1455／傳真：02-2923-1452 |
| 網　　址 | http://www.huamulan.tw 信箱 sut81518@gmail.com |
| 印　　刷 | 普羅文化出版廣告事業 |
| 初　　版 | 2013 年 3 月 |
| 定　　價 | 初編　30 冊（精裝）新台幣 60,000 元 |

版權所有·請勿翻印

# 帝國制式的文化鏡映——
## 清代臺灣方志的纂修視域及其〈風俗〉類中所再現的臺人之相

吳宜蓉　著

## 作者簡介

吳宜蓉，臺灣省嘉義市人，輔仁大學中文系學士，淡江大學歷史系碩士。大學時期曾參與國科會大專學生專題研究計劃，具河洛話漢語師資、華語文師資、中等學校教師等資格。目前為台北市立中崙高中教師，教授國文、歷史等科目。對文學、歷史、社會學、音韻學等深具熱忱。

## 提　　要

康熙二十三年（西元 1684 年），臺灣始被納入大清帝國的運作體系之中。這個偌大的帝國正要開始認識這處於東南沿海的小島，一個龐大的帝國機器正預備嵌合著這小小島嶼的齒輪啟動，並賦予它身為這帝國一份子所應有的節奏，但該如何「嵌合」？該如何恰如其份地讓此蕞爾小島熟悉這偌大運作體系的搏動？而大清帝國以「方志」來認識這素未謀面的島嶼，藉以掌控民情、鞏固政權，實屬必要且不失為一個良好的政策，不過方志在作為帝國之眼時，看似以一種客觀、嚴謹、系統的方式呈現，但所有的書寫也可能被帝國固有的價值觀所役使，各事物被擺置到特定的分類範疇，其所呈現的內涵亦可能是被執筆者所形塑之後的樣貌。換言之，當觀看者觀看之時，主觀的價值取向早已讓觀看者深陷於一套習慣與限制當中，所以筆者認為，這些主觀的價值取向，早在「采風問俗」前便深植在清代臺灣方志編纂人員的心中，並在方志的制式規範架構中決定其敘述的軸線。本文將探討的重點置於清代臺灣方志的纂修人員及其纂修視域的形構，除整理清代臺灣各方志書寫的區域、成書年代、修纂人員的出身背景外，並論述清代臺灣方志的纂修人員如何紀錄臺灣，他們心中良善的風俗是如何的形貌，他們如何敘述他們眼中所見的事實，並使它們依照自己的價值取向與帝國既定的文化模式呈現。

# 目次

# 第一章 緒 論

## 一、研究動機

　　康熙 23 年（西元 1684 年），臺灣在歷經荷西及明鄭的統治之後，始被納入大清帝國的運作體系之中。這個侘大的帝國正要開始認識這處於東南沿海的小島，一個龐大的帝國機器正預備嵌合著這小小島嶼的齒輪啓動，並賦予它身爲這帝國一份子所應有的節奏，但該如何「嵌合」？該如何恰如其份地讓此蕞爾小島熟悉這侘大運作體系的搏動？這在在考驗著帝國的智慧。

　　中國自宋代以後，大一統帝國習慣仰賴地方官吏作爲帝國之眼，在各地觀風察俗並將其結果加以編次成志，中央藉此來瞭解帝國內部各地的風俗習慣，故長期以來地方志書的編纂，向能傳達某一時期特定區域的沿革損益，凡區域內之地理沿革、政治、疆域、經濟、人物、文化等，皆囊括其內，被視爲「資政」、「輔治」之重要工具，其中又以方志中「風俗類」較能直接呈現該區域人、地、物的樣貌。《說文解字》：「俗，習也。」〔註1〕傳曰：「百里不同風，千里不同俗，戶異政，人殊服」〔註2〕。故一般認爲地方風俗之美、陋常常是定於該地族群的稟性，所以「風俗關乎人心，人心關乎治化」因此各地方志的纂修總不忘「殷殷採風而問俗也」〔註3〕。於是在這樣經世思想和教化的統治策略下，各地的「風土民情」往往是中央政府所急欲瞭解掌握的，以便作爲移風易俗、端正民情的具體參考。而大清帝國以「方志」來認識這

---

〔註 1〕 段玉裁，《說文解字注》（臺北：天工書局，1986 年），頁 367。

〔註 2〕 班固，《漢書補注》卷 72（上海：上海古籍出版社，2002 年），頁 3058。

〔註 3〕 沈茂蔭、胡傳，《苗栗縣志、臺東州采訪冊》（臺北：行政院文化建設委員會、遠流出版公司，2006 年），頁 113。

素未謀面的島嶼，藉以掌控民情、鞏固政權，實屬必要且不失爲一個良好的
政策。不過，正如林開世在〈方志的呈現與再現──以《噶瑪蘭廳志》爲例〉
一文中提及：

> 官府制式的方志，基本上是一種根據某一些特定文化分類的官僚系
> 統所支撐的知識形式，它透過一些客觀化的策略，將明清帝國的秩
> 序觀與正統觀，隱藏在分類的事實記載之後。而這種整體性與結構
> 性的呈現方式具有一種系統性的調節作用，可以讓一種外在架構加
> 諸於社會文化現象，並透過分類與命名達到模擬現實塑造現實的效
> 果。〔註4〕

換言之，方志在作爲帝國之眼時，看似以一種客觀、嚴謹、系統的方式呈現，
但所有的書寫也可能被帝國固有的價值觀所役使，各事物被擺置到特定的分
類範疇，其所呈現的內涵亦可能是被執筆者所形塑之後的樣貌。

所以，當清帝國以強而有力的統治者之姿在臺灣這片土地上延伸帝國的
統治意念時，卻也同時用一面以「帝國文化爲主體的色鏡」──清代臺灣方
志〔註5〕，映照出一個似是又非似的臺灣之「相」〔註6〕，然而我們也不得不
探討，在帝國修志的機制下，方志執筆者如何書寫清代在臺灣的人民？透過
帝國文化眼光的觀照，清代臺人將以何種樣貌呈現於帝國之前？

劉紀蕙言：

> 「觀察者」既有觀察之意，亦有遵守之意，觀察者尊重規矩、法典、
> 規定、成俗。因此，柯瑞拉說，觀察者不僅只是以眼「看」，更是整
> 套預先設定的規範中觀看，而穩定地嵌合於此套系統之中；也就是
> 說，我們如何觀看事物，爲何我們對某些事物是可見的，而另外一
> 些事物則是不可見的，爲何我們對於某些事物是可接受或可欲求

---

〔註4〕 林開世，〈方志的呈現與再現──以《噶瑪蘭廳志》爲例〉，《新史學》卷 18
第 2 期（2007.06），頁 1～60。

〔註5〕 此「帝國文化爲主體的有色鏡」的概念出自於薩依德（Said W. Edward），王
志弘等譯，《東方主義》（臺北：立緒出版社，1999 年），頁 81 及李文良，〈清
初臺灣方志的「客家」書寫與社會相〉，《臺大歷史學報》卷 31（2003.06），
頁 141～168。

〔註6〕 「相」一詞的概念出於李文良，〈清初臺灣方志的「客家」書寫與社會相〉，《臺
大歷史學報》卷 31（2003.06），頁 141～168。《說文解字》:「相」從目木。木
以示景觀，故視察眞實爲相。《國語活用辭典》:佛家謂事物的情狀，表現於
外而想像於心中。本文中對「相」一詞的定義，綜合前二義泛指臺灣土地上
的人事物所相互交涉而產生的文化意涵。

的，而某些事物卻會感到怵目驚心而嫌惡，這些主觀性的觀視感受，

都涉及了主題所處的位置。〔註7〕

當觀看者觀看之時，主觀的價值取向早已讓觀看者深陷於一套習慣與限制當中，所以筆者認為，這些主觀的價值取向，早在「采風問俗」前便深植在清代臺灣方志編纂人員的心中，並在方志的制式規範架構中決定其敘述的軸線。吳毓琪在論述〈風土詩的符號形構與審美意識〉時亦談論到：

統治者利用政治優勢以內涵化的方式或審視觀點來操縱符指與意指

之間的關係，其中所隱含的意識型態，正是統治者運用符號書寫權

力時，把符合自身利益的內涵意指覆蓋到樸素的外延符號之上的手

法，此內涵化的手法也使成為一個製造意識形態的規則。〔註8〕

引文中所謂「樸素的外延符號」指的是事物的客觀存在，「內涵意指」指的是透過主觀的辨識所形成的主觀意識。統治者運用書寫的權力製造群體意識的形態，以簡易分類的意指符碼（如善／惡、美／陋等）規則涵蓋欲認知的社會現象，並使其符合統治者自身的利益，賦予施以教化的正當性，如《蔣志》中對台灣漢俗的描寫：「其俗不善者：婚姻論財不擇婿，不計門戶。夫死再醮，……柏舟之誓，蓋亦鮮矣」、「佞佛陷鬼，各尚茹素」、「無論男女老幼、常相率入禮拜，誦經聽講，僧俗罔辨，男女混淆，廉恥既喪，倫常漸乖，故異端之較不可不距也」〔註9〕。「婚姻論財」、「夫死再醮」、「茹素」、「男女老幼常相率入禮拜」等不過是客觀的事實，但書寫者卻賦之以「不善」、「佞鬼陷佛」、「廉恥既喪、倫常漸乖」等道德批判，無可否認地，這些仕宦來臺的官員在認知臺灣人文風土時，確實將之當作符號來書寫〔註10〕，並賦予它們主觀而確定的意義。而這個製造意識的規則對清代臺灣方志的執筆者而言，是否具體成型？是否皆是自覺而刻意地製造？其內所呈現的台灣居民之

---

〔註 7〕 劉紀蕙，〈導讀：觀察者的技術與主體位置〉，收錄於強納森・柯拉瑞，《觀察者的技術：論十九世紀的視覺與現代性》（臺北：行人出版社，2007 年），頁3。

〔註 8〕 吳毓琪，《康熙時期臺灣宦遊詩之研究》（臺南：國立成功大學中國文學研究所博士論文，2006 年，頁117～118。

〔註 9〕 蔣毓英，《臺灣府志》（南投：臺灣省文獻委員會，2002 年），頁58。

〔註10〕 所謂的「符號」，是指某種東西經過人類賦予意義的一種過程，用來指涉另一種事物，但符號與其所指涉的事物之間的關係並非自然而成，亦非有實質的關聯，而是使用該符號的那個社群中成員所共同規定，是約定俗成的，如國旗、手勢等都代表了社會所界定的意義。詳見龔鵬程，《文學散步》（臺北：漢光文化事業，1885 年）。

「相」，又涵蓋著多少眞實？若要更具體地探討這其中的問題，首務便是瞭解清代編纂台灣方志的人員，是如何將台灣的形象化約成方志中的敘述，而這其中包含幾個論述的範疇：

1. 統治者如何運用書寫權力？如何將這個權力變成一個製造意識的規則？
2. 這些書寫者如何觀看，這樣的觀看又源自於什麼樣特殊化的觀點或是意識？是否有自覺的迎合，抑或是被包覆在一個更大的集體意識而不自覺？
3. 在清代龐大的修志事業中，台灣居民是以怎樣的態度去對應？
4. 透過書寫者的「再現」後〔註11〕，清代的臺人之「相」又呈現了什麼樣的普遍性？

在此，我們要將鏡頭距離拉遠、時間範圍拉長，以一個全景的視野俯瞰，探討在大清帝國修志的機制下，透過執筆者的書寫，臺灣形象是如何漸漸地被鏡映於帝國之前，而臺灣的居民無可避免的被捲進這樣的歷史進程中，順應著帝國的「嵌合」，又將被形塑成如何的「相」？

簡言之，清代臺灣方志的纂修人員，如何紀錄臺灣，他們心中良善的風俗是什麼樣子，他們如何敘述他們眼中所看見的事實，並使它們依照自己的價值取向與帝國既定的文化模式呈現，這皆是筆者意欲一探究竟的。

## 二、研究回顧

就筆者蒐羅的資料中，探討清代臺灣方志的編纂概況與評論，已有許多研究成果可供參閱，如：方豪在清代臺灣方志的研究成果豐碩，且在方志的閱讀、書寫上展現了驚人的耐力，對臺灣方志學的研究貢獻良多；民國 38 年起方豪即開始研究臺灣方志並且大量創作，其間成就有廓清臺灣方志中關於「利瑪竇」一詞的疑點、發現《恆春縣志》、增訂臺灣方志的研究資料、表彰

〔註11〕「再現」一詞的概念出自於薩依德（Said W. Edward），王志弘等譯，《東方主義》（臺北：立緒出版社，1999 年），頁 81 及林開世，〈方志的呈現與再現——以《噶瑪蘭廳志》爲例〉，《新史學》卷 18 第 2 期（2007.06），頁 1～60。根據廖炳惠，《關鍵詞 200》（臺北市：麥田出版社，2003 年），頁 228，「再現」一詞的意義，往往是需要透過敘述或意象來表達，其方式有二：一是政治的代表，替人再現他們的想法以替他們發聲。而另一則是來自於文學的敘事表現，透過故事與意象以文字的方式模擬再現。利用「再現」的方式將空洞水平的時間，納入大家能想像的空間，並透過此方式凝聚共同體的意識。

清初臺灣人士的修志表現、詳定纂修臺灣方志的修志專家、論述清代前、中、後期臺灣方志的編纂工作、耙梳各種臺灣府志的刊刻與源流等等。方豪的作品大多收錄在 1969 年他自行出版的《方豪六十自定稿》中〔註 12〕，也爲後來臺灣方志的研究者提供了論述的基礎。

　　爾後，高志彬自 1985 年以來陸續完成對臺灣方志修纂版本源流的考訂，並出版了《臺灣方志解題》〔註 13〕，1987 年修訂後，由中央圖書館臺灣分館將其彙編爲《臺灣書目解題第一類（方志）》〔註 14〕。另有陳捷先的《清代臺灣方志研究》，以歷史研究方法對清代臺灣方志進行探究，其研究主要聚焦於清代臺灣方志編修背景的探討，對方志中的修志理論、方法、體例逐一整理、說明，並提出個人精闢的見解〔註 15〕。

　　近期林淑慧的《臺灣文化采風》〔註 16〕、《臺灣清治時期的散文軌跡》〔註 17〕、謝崇耀的《清代臺灣宦遊文學》〔註 18〕，雖非以清代臺灣方志爲主要討論的文本，但卻因透過討論宦遊文人的文學作品，以觀察當時的社會背景及文教活動，呈現了宦遊文人對異地空間的記憶及其敘事的意義。另林淑慧的《禮俗、記憶與啓蒙》〔註 19〕，亦是藉由清代的臺灣府志、廳志、縣志、采訪冊等，發掘臺灣早期飲食文化與禮儀的意涵，並探討飲食文化在宗教儀式與生命禮儀中所具有的意義。

　　除了前述的專書，尚有關於清代臺灣方志主題式研究的單篇期刊論文，如：高志彬〈臺灣方志之纂修及其體例流變述略〉，藉由探討清代及日治時期臺灣方志纂修的業績及體例流變，尋求新方志之可行的走向〔註 20〕。林開世在

〔註 12〕 方豪，《方豪六十自定稿（上）（下）》（臺北：撰者印，1969 年）；本書在 1996由捷幼出版社從中挑選了六十八篇與臺灣研究有關的論文，另行出版了《方豪教授臺灣史論文選集》。

〔註 13〕 高志彬，《臺灣方志解題》（臺北：成文出版社，1985 年）。

〔註 14〕 高志彬，《臺灣書目解題第一類（方志）》（臺北：中央圖書館臺灣分館，1987年）。

〔註 15〕 陳捷先，《清代臺灣方志研究》（臺北：臺灣學生書局，1996 年）。筆者初接觸清代臺灣方志學時，受其啓發良多。

〔註 16〕 林淑慧，《臺灣文化采風》（臺北：萬卷樓，2004 年）。

〔註 17〕 林淑慧，《臺灣清治時期的散文軌跡》（臺北：臺灣學生書局，2007 年）。

〔註 18〕 謝崇耀，《清代臺灣宦遊文學》（臺北：蘭臺出版社，2001 年）。

〔註 19〕 林淑慧，《禮俗、記憶與啓蒙》（臺北：臺灣學生書局，2009 年）。

〔註 20〕 高志彬，〈臺灣方志之纂修及其體例流變述略〉，《臺灣文獻》卷 49 第 3 期（1998.09），頁 187～206。

〈方志的呈現與再現──以《噶瑪蘭廳志》爲例〉，以方志的知識形成入手，
不僅探討方志的知識策略，更分析其政治文化效果〔註21〕。李文良〈清初臺
灣方志的「客家」書寫與社會相〉藉由探討清初臺灣文獻「客家」書寫的脈
絡，歸納清初「客人」的文化特徵及清初臺灣的社會「相」〔註22〕。尹章義
〈清修臺灣方志與近三十年所修臺灣方志之研究比較〉，藉由比較清修臺灣方
志及光復後臺灣各地方志，凸顯現今方志學發展的危機，及修志人才、態度
及動機等對方志良窳的影響〔註23〕。吳密察〈「歷史」的出現〉，建構臺灣的
歷史圖像，並探討臺灣人對臺灣歷史的覺知〔註24〕。鄭喜夫〈清代福建人與
臺灣方志〉，以飲水思源的情懷，表彰對臺灣修志事業有所貢獻的福建人士
〔註25〕。張勝彥〈臺灣清代地方志之研究──以康熙年間所編之臺灣府志爲
例〉，從比較清康熙年間所編纂的三部臺灣府志，探討編寫一部優質地方志的
方法〔註26〕。洪健榮〈清修臺灣方志「風俗」門類的理論基礎及論述取向〉，
以清修臺灣各府、縣、廳志的凡例綱目與書寫內容，解說其成立的理論基礎
及論述取向，考察修志人員所形塑的價值取向與作爲論述客體的邊區文化之
間的互動情形〔註27〕。施懿琳〈從《臺灣府志》〈藝文志〉看清領前期臺灣散
文正典的生成〉，以康熙、乾隆時所修的五部《臺灣府志》的〈藝文志〉爲對
象，嘗試對不同時期、不同編輯群所篩選出來的散文作品，探討〈藝文志〉
在各時期的不同特色、選擇的標準及其背後的施政理念與統治策略，將方志
藝文志視爲編纂者掌握或爭奪文學發言權的場域〔註28〕。《文獻專刊》中〈臺

---

〔註21〕林開世，〈方志的呈現與再現──以《噶瑪蘭廳志》爲例〉，《新史學》卷 18
第 2 期（2007.06），頁 1～60。

〔註22〕李文良，〈清初臺灣方志的「客家」書寫與社會相〉，《臺大歷史學報》卷 31
（2003.06），頁 141～168。

〔註23〕尹章義，〈清修臺灣方志與近三十年所修臺灣方志之研究比較〉，《臺灣開發
史》（台北：聯經出版公司，1989 年），頁 233～269。

〔註24〕吳密察，〈「歷史」的出現〉，《臺灣史研究一百年：回顧與研究》（臺北：中央
研究院臺灣史研究所籌備處，1997 年），頁 1～21。

〔註25〕鄭喜夫，〈清代福建人與臺灣方志〉，《臺灣風物》卷 20 第 2 期（1970.02），頁
3～8。

〔註26〕張勝彥，〈臺灣清代地方志之研究──以康熙年間所編之臺灣府志爲例〉，《人
文及社會學科教學通訊》卷 10 第 5 期（2000.02），頁 15～34。

〔註27〕洪健榮，〈清修臺灣方志「風俗」門類的理論基礎及論述取向〉，《中國歷史學
會史學集刊》卷 32（2000.07），頁 119～154。

〔註28〕施懿琳，〈從《臺灣府志》〈藝文志〉看清領前期臺灣散文正典的生成〉，《臺
灣文學學報》第 4 期（2003），頁 1～36。此文將方志中的藝文志視爲是「編

灣方志總論〉總論臺灣清代與日治時期的方志纂修，並對臺灣清、日兩時期的官、私撰方志進行統計、分析，統計分析的項目有：數量、綱目比較、館藏版本、纂修人員等〔註29〕。莊勝全〈清康熙台灣印象的轉變──以四位親歷者的觀察爲例〉透過清初四位親歷臺灣的官員，探討康熙朝對臺灣印象的轉變，並論述此印象爾後不斷地被再製，影響了清代臺灣方志編修的取材〔註30〕。博碩士學位論文部分則有盧胡彬〈清代臺灣方志之研究〉〔註31〕、張鈺翎〈清代臺灣方志之藝文志研究〉〔註32〕、許博凱〈帝國文化邏輯的展演──清代臺灣方志之空間書寫與地理政治〉〔註33〕、吳毓琪〈康熙時期臺灣宦遊詩之研究〉〔註34〕、藍偵瑜〈清代來臺文人特殊性研究〉〔註35〕，莊勝全〈萬文遙寄海一方──清帝國對台灣的書寫與認識〉〔註36〕、陳維君〈清代筆記中的故事研究〉〔註37〕、施懿琳〈清代臺灣詩所反映的漢人社會〉等〔註38〕，其中盧胡彬的〈清代臺灣方志之研究〉是以歷史研究的觀點切入，除全面地分析清代臺灣興志的原因，及清代臺灣方志的修志理論與方法外，對其體例與內容也多有評介，許博凱、張鈺翎則皆是擷取方志中的某一類主題，將其視爲文本以文學探究的方式進行研究書寫，其餘後者皆是以清

---

纂者掌握或爭奪文學發言權的場域」，其論述的基調與筆者在探討清代臺灣方志風俗類的編纂與筆者的看法相同，本文在此部份的論述頗多借重。

〔註29〕臺灣省文獻委員會，〈臺灣方志總論〉，《文獻專刊》卷 3 第 2 期（1952），頁 1～30。

〔註30〕莊勝全〈清康熙台灣印象的轉變──以四位親歷者的觀察爲例〉，《臺灣風物》卷 56 第 3 期，頁 27～59。

〔註31〕盧胡彬，〈清代臺灣方志之研究〉（臺北：文化大學歷史所碩士論文，1985 年）。

〔註32〕張鈺翎，〈清代臺灣方志之藝文志研究〉（臺北：政治大學中文系碩士論文，2003 年）。

〔註33〕許博凱，〈帝國文化邏輯的展演──清代臺灣方志之空間書寫與地理政治〉（新竹：國立清華大學臺灣文學研究所碩士學位論文，2007 年）。

〔註34〕吳毓琪，〈康熙時期臺灣宦遊詩之研究〉（臺南：國立成功大學中國文學研究所博士論文，2006 年）。

〔註35〕藍偵瑜，〈清代來臺文人特殊性研究〉（臺南：國立成功大學台灣文學研究所碩士論文，2008 年）。

〔註36〕莊勝全，〈萬文遙寄海一方──清帝國對台灣的書寫與認識〉（臺北：國立台灣師範大學台灣史研究所碩士論文，2009 年）。

〔註37〕陳維君，〈清代筆記中的故事研究〉（嘉義：國立中正大學中國文學研究所碩士論文，2006 年）。

〔註38〕施懿琳，〈清代臺灣詩所反映的漢人社會〉（台北：國立臺灣師範大學國文研究所博士論文，1991 年）。

代仕宦來臺的文人或在地文人的作品爲主要的研究範疇,運用清代臺灣方志作爲輔助性的研究材料,進行不同主題的探討。本文擬藉這些研究成果將清代臺灣各方志書寫的區域、成書年代、修纂人員的出身背景等基礎史料先耙梳理清並做初步的分析工作,作爲主題論述的外緣背景,後探討清代臺灣方志的纂修人員纂修視域的形構,並試著從不同的脈絡再現清代臺灣方志風俗類中的臺人之相。

## 三、研究材料與研究方法

本文以清代臺灣方志的纂修人員與〈風俗〉類中漢俗的書寫,爲其主要內涵,故清代臺灣方志爲本篇論文的主要研究材料。清代臺灣方志爲數不少,若單論針對臺灣一地進行纂修的清代方志,府級通志共 6 部、縣級通志共 9 部、廳級方志共 3 部、采訪冊共 5 部、以志略或其他爲名者共 7 部,清代共計有 30 部臺灣志書。據臺灣省文縣委員會早年發行的《文獻專刊》,彙錄清代臺灣官纂的府縣廳志書共計有 17 種〔註39〕,其中包含了:《臺灣府志(高志)》、《重修臺灣府志》(周志)、《重修福建臺灣府志》(劉志)、《重修臺灣府志》(范志)、《續修臺灣府志》(余志)、《諸羅縣志》、《鳳山縣志》、《臺灣縣志》、《重修臺灣縣志》、《重修鳳山縣志》、《續修臺灣縣志》、《彰化縣志》、《噶瑪蘭廳志》、《淡水廳志》、《澎湖廳志》、《苗栗縣志》、《恆春縣志》。陳捷先在論述清代臺灣方志時,僅就具備方志內容並有義例可言的 21 種作爲研究對象,其中除《文獻專刊》所列的 17 種外,包含了《臺灣府志》(蔣志)、《澎湖紀略》、《澎湖續編》、《噶瑪蘭志略》〔註40〕。本文以《文獻專刊》所列之17 種清代臺灣方志爲研究基礎,並增列《臺灣府志》(蔣志)。其中以志略爲名的志書,因實是私人撰著或未列纂修者姓氏,故略而不論,而清末未能及時定稿刊刻的采訪冊,因僅具志書的雛型且多未列纂修姓氏,亦略而不論。而增列《臺灣府志》(蔣志)的原因,除因其具方志內容與義例外,亦是清代臺灣首部志書取材的對象,具有草創之價值,其雖亦未列纂修人員名單,然於序言對於成書多有交代,故筆者將其列爲研究材料。綜合上述,上列 18 種清代臺灣方志之風俗類漢俗的部份作爲主要的研究材料,其餘目類則爲輔助參考的資料。

---

〔註39〕 臺灣省文獻委員,〈臺灣方志總論〉,《文獻專刊》第 3 卷第 2 期(1952),頁 1 ～30。

〔註40〕 陳捷先,《清代臺灣方志研究》(臺北:臺灣學生書局,1996 年),頁 192。

　　另相關的週邊材料可分為二大類：其一，因本文整理清代臺灣方志編纂團隊的背景資料以作為內文論述，除取材於方志之纂修姓氏與職官外，其編纂團隊之相關出身、背景、經歷大多見於《清史稿》、《國朝耆獻類徵初編》、《國朝先正事略》、《清史列傳》等傳記書籍，故亦列為研究之參考資料；其二，清代從大陸各地來台的官員、文人為數不少，這些宦遊的仕人為當時代的臺灣留下了歷史的見證，其中包含了遊記、詩作等，筆者在探討臺灣各時期的社會概況與臺灣方志的取材資料時，亦將其列為參考資料。

　　在許博凱的〈帝國文化邏輯的展演——清代臺灣方志之空間書寫與地理政治〉一文中，作者提及該文的思考起點，是蒙田論述歐洲中心主義的一段文字：

> 他們從來不對你展示事物本來的樣子，而是依據他們看待這些事物的方式去曲折或掩飾之，同時讓此判斷深具說服力，進而讓你產生興致，他們傾向於在材料裡加油添醋，延展或增述。我們需要一個要不很誠實，要不很單純的人，單純到他沒有材料去杜撰一個偽造的情節，並使之看似合理。〔註41〕

此提供了一個重要的指示與提醒，作者認為該文所要分析的清代台灣方志的編纂者非是蒙田所提出的那兩類人（極度誠實，抑或非常單純），所以指認出清代臺灣方志書寫中的虛構性，除了解構其權威外，還意圖在史料權威崩解後進一步去挖掘那些編纂的動機與敘述策略，去探究那些被記錄下來的風土，是在怎樣的心裡動因與敘述傳統的交互運作下被寫定與續編，故作者一再採用「方志的書寫」、「星野書寫」或「山川書寫」，將方志視為文本（text），以文本分析的方式，探究方志書寫生成的脈絡，並追問編纂者的書寫心態與位置〔註42〕。

　　所謂的「文本」亦是本文中所稱的「作品」〔註43〕，筆者將清代臺灣方志視為一種作品，所欲探討的亦是清代臺灣方志編纂者的編纂動機與敘述策略〔註44〕，然所採取的研究方法非是指認清代臺灣方志書寫的虛構性，而是

---

〔註41〕許博凱，〈帝國文化邏輯的展演——清代臺灣方志之空間書寫與地理政治〉（新竹：國立清華大學臺灣文學研究所碩士學位論文，2007年），頁13。

〔註42〕許博凱，〈帝國文化邏輯的展演——清代臺灣方志之空間書寫與地理政治〉（新竹：國立清華大學臺灣文學研究所碩士學位論文，2007年），頁15。

〔註43〕本文對「作品」一詞的定義，即作者透過意念的活動依某種形式架構所產出的文字。

〔註44〕關於「敘述策略」一詞，筆者其實談論的就是作品的「寫作方法」，寫作的方

較著重於清代臺灣方志編纂視域的形構。一般認為作品與作者的社會出身與社會歷程，影響著作者的寫作態度與意識型態，不過此非是純然絕對的，因作者亦可能超越自身的階層與生活經驗，體現更遼闊高遠的視野〔註45〕。但就以方志的寫作場域而言，制式的寫作框架與取材的限制讓執筆者早已失去了無限寬廣的創作性，更遑論體現遼闊高遠的視野，但方志的內容本質上還是以文字呈現，在執筆者的字裡行間我們依然可探尋其纂修的視域，故筆者將清代臺灣方志的纂修者視為一個編纂團隊，期透過纂修人員的出身背景分析，尋找纂修者群體的相似性及其群體的價值取向，探討方志的編纂團隊在方志敘事傳統的框架下，方志的書寫呈現如何的樣貌，然後進入方志書寫的探討（以風俗類為例），勾勒出清代臺灣所鏡映出的臺人之相。

　　本文的研究方法，主要分為二個範疇：一是資料分析，其中包含建構各部清代臺灣方志纂修團隊的背景資料表，與整理清代臺灣方志風俗類中對漢人的書寫，依時間先後順序加以分類並製表分析，作為本文主題論述之基礎。二為參酌相關學術領域的研究成果，本文運用各領域的相關研究成果以充實主題研究，如人類學、文學、社會學等，希冀在主題論述時能以不同學科的觀念切入，進而使其論述得以更加周延。

　　本文的研究架構是以清代臺灣方志「風俗」類中漢俗部份的書寫為主軸，探討書寫的內容所建構而成的臺人之相。首先分析清代臺灣方志書寫的外緣背景，再依清代臺灣方志成書的時間，論述清代臺灣方志對清代臺人的書寫。在外緣背景的分析主要分為四個主軸，其中包含了清代臺灣方志的纂修概況、纂修人員的背景與清代臺灣各時期的社會概況以及臺灣方志的纂修。然後在外緣背景論述基礎下，分析其纂修視域的形構、進而探討清代臺灣方志「風俗」類中對臺人的書寫，建構其所呈現的清代臺人之相。本文除緒論、結論二章外計分三章，第二章為方志書寫的外緣背景，第三、四章為本文主題的詮釋。

　　第二章〈清代臺灣的社會概況與臺灣方志的纂修〉，清代臺灣方志的書寫，乃是據各方志編纂期間的社會觀察與當時能參閱的文本，如以臺灣為題材的筆記文集，記錄了臺灣種種的風俗民情、奇人軼聞，且作品數量不少，

---

　　　法關乎寫作者的價值信念與思想內容，並依照他們所認為合理的價值而從事
　　　寫作的活動，筆者在此稱之為「敘述策略」。
〔註45〕龔鵬程，《文學散步》（臺北：漢光文化事業，1885年），頁140。

故在作者隨意書寫的殘叢小語中，保留了許多臺灣當時社會的實際情況，其敘事方式與內容亦可能是每部清代臺灣方志參閱的對象，所以每個時期的社會概況與當時文本創作對方志的編纂大多有一定程度的影響。本章筆者將依時代分期，陳述清代臺灣的社會概況以及清代臺灣方志的纂修緣起，並製表序列每個時期臺灣所出現的作品（附錄 1～8）。而對於每個時期的斷限，考量其政治發展與文化的變遷，共分三期加以論述：（一）前期為康熙 23 年～乾隆 60 年（西元 1684 年～1795 年）。此時期正值臺灣初入帝國版圖之時，仕宦來臺的文人對臺灣的觀察最具原創性，往往是方志纂修者重要的參考依據，且此時期的清代臺灣方志產量最多，各部方志有不可切割的相承關係，所以將康熙、雍正、乾隆歸為清治前期。（二）中期為嘉慶元年～道光 30 年（西元 1796 年～1850 年）。此時期的臺灣社會與文化概況，因臺灣各地的文教活動日漸普遍及民變、械鬥仍頻繁，所呈現的社會樣貌與社會議題具有相似性，又多為在地或仕宦來臺的文人創作時所取材，故將嘉慶、道光歸為清治中期。（三）後期為咸豐元年～光緒 21 年（西元 1850 年～1895 年）。此時期正值清帝國國勢衰弱，臺灣遭逢的問題亦多，但臺灣各通商港埠卻因此陸續開放，各國商船、教士絡繹往來，致使此時期臺灣社會呈現多元樣貌，故將咸豐、同治，終至馬關條約簽定歸為清治後期。

第三章〈清代臺灣方志編纂團隊的背景分析與纂修視域的形構〉，以清代臺灣方志纂修的概況及纂修人員作為論述的主軸，其中包含了清代臺灣各部方志的成書，及其書寫的地域範圍、纂修人員的背景分析與纂修視域。在此章中，筆者整理了清代臺灣方志出現的時間及書寫的地域範圍與行政區域、編纂團隊的出身背景，並嘗試勾勒出清代臺灣方志的纂修模式，後依據此整理資料分析清代臺灣方志的質、量與纂修模式，以及編纂團隊的知識系統與價值取向，尋找清代臺灣方志編纂人員群體的相似性，進而探討纂修人員的纂修視域，除此之外，另探討臺人在清代臺灣方志的纂修場域中所扮演的角色。

第四章〈實相與虛相——清代臺灣方志〈風俗〉類中對臺人形象的書寫〉，本章依臺灣民風與社會現象、人民的日常生活（包含飲食、衣著、娛樂等分類），爬梳各時期清代臺灣方志〈風俗〉類中對漢俗的書寫，並藉此歸納出透過清代臺灣方志的鏡映，清代在臺的漢人呈現了如何的普遍性，進而建構出清代臺人之相。

# 第二章　清代臺灣的政治社會與臺灣方志的纂修

周婉窈在論述明人的臺灣認識時談及：

> 明朝之人是否認識它，一點都不影響它存在的事實。不過，話說回來，「歷史」是人類的陷阱，它一方面是人類集體行為的累積及記憶，另一方面又回過頭來影響或牽制人類的行為。臺灣這個島嶼，不論亞洲大陸的統治者如何的認識它——夷州也好，流求也好，或竟皆不是，它的土著民兀自過著近乎與世隔絕的生活。然它的四周來自不同脈絡的發展不容許它「自外」於這一切。〔註1〕

如果引文中所稱的「歷史」可視為再現的一種方式，那麼筆者認為這樣的一個論述，正好可以作為本章思考的起點。臺灣的存在是一既定的客觀事實，只是不同時期的統治者透過自己的認識來「再現」這小小島嶼，爾後根據所謂的「再現」而對這島嶼有種種假定的投射，繼而制定規範、形成制度，又再回過頭影響或牽制這島嶼上原有的存在。若以人所構成的社會網絡為例，且先不論在這島嶼上的居民，瞭解或不瞭解甚至認不認同自己如何地被再現，但隨之因應而形成的規範、制度，卻是實實在在地影響了他們的生活，而臺灣的社會背景便是這樣交互相涉下所構築而成的。

　　本章所要呈現的重點是整理與描繪清代臺灣方志的纂修及其纂修的外緣背景，其中包含了清代臺灣的政治社會概況、清代臺灣方志的纂修概況以及

---

〔註1〕 周婉窈，〈山在瑤波碧浪中——總論明人的臺灣認識〉，《臺大歷史學報》第40期（2007），頁93～148。

清代臺灣各部方志可能參閱的作品，前者以每個時期清帝國的治臺政策與臺灣的社會發展爲敘事的主軸，後者則是依時間序列以臺灣方志的纂修緣起，再探討清代各部方志在纂修時可能參閱的史料。兩者看似是不同的敘述主題，但正如前所言「再現」臺灣的文獻資料與臺灣政治、社會構成有著密切的關係，筆者希冀透過這兩者來建構方志纂修的外緣背景，以使本研究的主題論述能更加周延。

# 第一節　清代臺灣的政治社會

本節爲敘事簡明，以康熙 23 年～乾隆 60 年（西元 1684 年～1795 年）爲清治初期、嘉慶元年～道光 30 年（西元 1796 年～1850 年）爲清治中期、咸豐元年～光緒 21 年（西元 1850 年～1895 年）爲清治後期，並依時序分述此三個時期臺灣政治、經濟及社會等概況。

## （一）清治前期的臺灣政治社會概況（康熙 23 年～乾隆 60 年，西元 1684 年～1795 年）

一般在論及清初的治臺政策，大多以「消極」作爲一概括性的描述，湯熙勇認爲：

> 「消極」兩字並無法涵蓋每一階段的不同特徵。基本上政策的制定及調整，乃是因應於一區或一地之內部需要與外在環境而予制定和調整的，若以不同時間及環境壓力與需要所產生的不同政策，進行直接的比較，似乎忽略了影響政策變動的因素，同時，對於康熙時期之重兵防守、文教等政策，以及駐臺官員致力招墾，直接間接促成臺灣早期開發的黃金時期，實非「消極政策」之語所能解釋。〔註 2〕

他並以康熙時期四川的治理政策與治臺政策比較，認爲康熙時期的對臺政策，有其積極的內涵，故在建構清初臺灣的政治環境時，仍需要檢視清政府的決策內容與臺灣社會的互動關係。

康熙 23 年清帝國在面臨納臺時遭遇了許多困境，除了朝臣對於治臺的意見分歧外，自順治朝以來的財政困難問題亦未見好轉，因此時期的清帝國未認知臺灣地理位置的重要性，且基於國防安全與臺灣社會的安定，故限制、

---

〔註 2〕 湯熙勇，〈論康熙時期納臺爭議與臺灣的開發政策〉，《台北文獻直字》第 114 期（1995），頁 25～53。

防範多於建設。其主要的措施有「移民三禁」與官吏渡臺的規定，移民三禁：
（一）嚴禁無照渡台。（二）渡臺者一律不准攜家帶眷，既渡臺者，也不得招
置家眷。（三）粵地屢為海盜淵藪，不准粵地人民渡臺。而來臺官吏的規定即：
凡駐臺官吏任期三年，立刻調離，來臺官吏之家眷留置大陸，以便對來臺官
吏形成牽制，另駐軍也採班兵制，須三年輪調一次，並避免軍隊駐守地區與
兵民原鄉祖籍相同〔註3〕。且不論政策決定過程的內涵消極與否，可以確定的
事實是：「防」與「禁」是清初治臺的基調，而這基調亦是形構清初臺灣社會
樣貌的動因。

　　然而儘管清政府的治臺是「防」與「禁」，但對於清初來臺的官員對這島
嶼卻有現實上的考量，如蔣毓英、季麒光、張尹、宋永清、陳璸、楊文魁等，
為解決臺灣社會人力不足，均致力招流民或設兵屯護民業，不僅提供貧民渡
臺費，抵臺後按丁授地，照田配給耕具及牛隻等〔註4〕。大批移民利用各種不
同的途徑，有時更冒著生命危險偷渡來臺從事開墾，也正是這種富移民色彩
的社會性格主導了整個清代臺灣的歷史。但逐漸地，臺灣無法負荷內地大批
的移民蜂擁而至，故自康熙57年起開始限制移民，對大陸內地欲渡來臺者頒
布禁令，藉以掌控沿海治安管理。

　　雍正時期，清廷的治臺策略原則上延續康熙末年的政策，但在臺灣的行
政區上有大幅的調整，除將幅員遼闊的諸羅縣另增設彰化縣外，亦增設了
淡水與澎湖二廳，對於渡臺的限制亦相對的寬鬆。雍正10年由廣東巡撫鄂彌
達提出：查明有田產生業、平日安分循良的百姓，如果願攜眷來臺入籍，透
過官府的查明、造冊便得以渡海入籍，此時臺灣的社會人力吃緊的狀況稍
得疏解〔註5〕。但乾隆初年，因閩浙總督與巡臺御史的意見相左，故渡臺政策
反覆不定，至乾隆53年後，林爽文事件平定後，清廷的治臺政策稍有突破性
的改變，其主要有三：（一）重新建立臺灣官守與朝廷之間消息的直接連繫。
（二）開放攜眷渡臺，及開放八里坌、五虎門、蚶口等海口，以利閩臺貿易
通航。（三）清廷配合漢民在臺新的拓殖活動，調整行政體制，以協助移民拓
墾〔註6〕。

---

〔註3〕 李筱峰、林呈蓉，《臺灣史》（臺北：華立圖書，2003年），頁88。

〔註4〕 湯熙勇，〈論康熙時期納臺爭議與臺灣的開發政策〉，《台北文獻直字》第114
　　　　期（1995），頁25～53。

〔註5〕 楊熙，《清代臺灣：政策與社會變遷》（臺北：天工書局，1985年），頁86。

〔註6〕 楊熙，《清代臺灣：政策與社會變遷》（臺北：天工書局，1985年），頁101。

在社會治安方面，由於吏治不良、台政廢弛、政策反覆，讓人民無所適從，再加上渡臺禁令造成大陸偷渡來臺者眾，導致臺灣男女比例失衡、羅漢腳充斥，形成嚴重的社會問題，故民變迭起，一般稱清治時期臺灣的三大民變，在此時期便囊括其二，一是康熙 60 年的朱一貴事件，另一是乾隆 51 年的林爽文事件。朱一貴事件後，康熙有鑑於臺灣遠隔重洋，耳目不周，書報難通，於是設置了巡臺御史，足見清廷對臺灣的地位日益重視〔註7〕。而歷時一年三個月的林爽文事件，清廷數度派大批軍隊來台鎮壓，再加上臨時在臺募集的民兵數萬名，其總兵力在十萬以上，事件後雖在政策上有突破性的改變，但因統治的結構及制度未有大幅度的改善，臺灣居民的生活仍受到諸多的限制〔註8〕。

臺灣此時期的城鎮發展，主要是以港口市街的發展為主線。清統一臺灣後，移民以臺南平原為據點逐漸向南北延伸。至康熙末年，臺灣半數的地區都已有大陸內地移民的分布。雍正初年清廷又大幅降低臺灣新墾田園的賦稅，並有條件的允許移民搬眷入台，如前所言，雖政策反覆不定，但仍招來大批的移民〔註9〕。移民大力構築水利設施，改變農業生產技術，乾隆 20 年以後，臺灣又廣推早熟稻，郁永河這樣形容：「實平壤沃土，……宜種植，……稻米有粒大如豆者，露重如雨，早歲過夜轉潤，又近海無潦患，秋成納稼倍內地；更產糖蔗雜糧，有種必穫」、「治田千畝，給數萬人日食有餘」〔註10〕，黃叔璥亦言：「大有之年，千倉萬箱……本郡足食，并可資贍內地」〔註11〕，且除稻米外，另有甘蔗、茶葉、樟樹等經濟作物，足見臺灣糧食作物的豐產，亦可為大陸的穀倉。

大抵說來，自清隸臺始至乾隆 60 年止，臺灣的社會概況以農業經濟方面來看，因大量的移民來臺拓墾，人力充足且臺灣氣侯良好適合栽種糧作，所產之糧食不僅足以供應臺灣本島，還能支應大陸內地。在政治方面，清政府由於臺灣的治理尚在摸索階段，許多政策制定未能周延，再重以吏治敗壞、

---

〔註 7〕 李祖基，〈清代巡臺御史制度研究〉，《臺灣史研究會論文集》第二集（1990），頁 114～115。

〔註 8〕 林淑慧，《臺灣清治時期散文的文化軌跡》（臺北：學生書局，2007 年），頁 57。

〔註 9〕 唐次妹，《清代臺灣城鎮研究》（北京：九州出版，2008 年），頁 45～46。

〔註10〕 郁永河，《裨海紀遊》（南投：臺灣省文獻委員會，1995 年），頁 12。

〔註11〕 黃叔璥，《臺海史槎錄》（南投：臺灣省文獻委員會，1999 年），頁 51。

管理機制不彰故衍生許多社會問題。

## （二）清治中期的臺灣政治社會概況（嘉慶元年～道光 30 年，西元 1796 年～1850 年）

　　嘉道時期，清廷的國勢雖已不如康雍乾三朝，但相較於咸同光時期的內外交迫，對於臺灣的掌控仍尚有一定的穩定力量。嘉慶朝後雖移民漸少，但社會亂事仍頻，根據許雪姬的統計：謀逆——嘉慶朝有 13 次、道光朝有 21 次，盜亂——道光朝有 4 次，械鬥——嘉慶朝有 3 次、道光朝有 5 次，亂事共計有 46 次〔註12〕。嘉道時期僅 50 餘年亂事即有 40 餘次，相較於康雍乾百餘年裡所發生的 30 餘次亂事，比例顯然偏高，不過亂事雖頻但比照乾隆末的林爽文事件與天然災害所帶來的破壞而言，並不嚴重。此時期清朝政府所要面對的臺灣問題，最主要是來自泉洲海盜蔡牽的騷擾搶掠，與進一步幫助移民克服渡臺後所面對的生活困難，以減少臺灣社會問題的產生。

　　蔡牽可謂是清代中葉勢力最強的海上強權，臺灣官府屢次的圍勦都不順利，主要原因是因為蔡牽與島上的泉州勢力結合，在臺的泉州人利用蔡牽的勢力在各族群的分類械鬥中自保或牟利，故自嘉慶初至嘉慶 13 年平定，對於臺灣沿海的安全構成極大的威脅〔註13〕。另嘉道兩朝的社會問題不少，如前述在 50 餘年內便有 40 餘起的亂事，嚴重甚演變為抗官的民變，如道光時因大旱米價飆漲所衍生的張丙事件等，此均對臺灣官方的治理造成不小的困擾。衍生此類的社會問題其中一重要因素便是「羅漢腳」。清廷開放渡臺，雖有助於百姓來往臺灣和內地，但諸如遊民聚眾、械鬥頻仍、民番衝突等類的問題，多因臺灣的土地大都已經拓墾，冒險渡臺的移民找不到可以開拓的荒地謀生，致使其或成為遊民，或強奪土地而械鬥，故清廷為解決此一問題積極地尋找新的拓墾區，如吳沙在噶瑪蘭的拓荒事業，便受到臺灣官方的大力支持。放棄嚴屬的邊禁政策，並主動的推展拓殖活動，此是清廷治臺政策的重要轉變。

　　嘉道時期農業與經濟的發展又更加穩定蓬勃，隨著鹿港、艋舺等港口的興起，臺灣府城已非唯一的重心，臺灣由移民社會逐漸成為土著化社會，臺灣的人民亦不似清初來臺的移民忙於生計而無暇從事文學活動，在擁有土

---

〔註12〕許雪姬，〈臺灣錄營〉，《中央研究院近史所專刊》第 54 期，頁 109～110。
〔註13〕王幼華，〈清代台灣文學中的民變與動亂〉，《臺灣文藝》第 183 期，頁 77～101。

地、財富後,乃進一步想要擁更多的政治資源與社會地位。嘉慶年間,本地文人群起抗議內地學子以寄籍、冒籍的方式來台應試,甚至由於知識階層的數量增多,臺灣士子還有至大陸寄籍、頂冒的現象〔註 14〕,此外書院組織也日益增多,足見此時期臺灣的文教事業日益受到重視。

　　總括而言,嘉道時期雖已非清帝國的盛世,但在臺灣的治理大體上仍能維持一穩定的局面,雖社會亂事頻仍,但多不致使清廷在臺灣的政權受到嚴重的威脅,再加上土地開墾有成,不僅持續發展康雍乾時期所立下的規模,還積極拓墾北部荒地,農業、經濟發展亦呈穩定,故使文教事業亦得以發展。

## （三）清治後期的臺灣政治社會概況（咸豐元年～光緒 21 年,西元 1850 年～1895 年）

　　鴉片戰爭以前,中國是亞洲幅員最廣、人口最多、經濟文化先進的國家,在強大的帝國的統治下,臺灣的社會經濟得到了迅速的發展。鴉片戰爭以後,中國完全無力抵抗列強的大舉入侵,而臺灣由於物產豐富和戰略地位首當其衝,在沿海諸省中,遭到外國侵略次數最多,受害也最為嚴重〔註 15〕。雖鴉片戰爭對臺灣無直接的影響,但英官方就曾向清廷請求,將原約中的通商口岸——福州更改為臺灣,然此題議雖未果,但至兩次的英法聯軍後,英法與清廷所簽定的合約中,皆要求臺灣開港〔註 16〕,致使臺灣自荷西政權後,又再次成歐洲列強在亞洲重要的經濟活動據點。

　　開港後臺灣的對外貿易迅速地擴大起來,茶、糖、樟腦則是主要的出口貨物,整個臺灣的經濟重心也逐漸由南往北移轉,進而帶動了政治重心的北移,至 1881 年,北部的貿易額已超過南部。許多外商夾帶著大量的商業資金來臺從事貿易,使得臺灣的經濟迅速成長〔註 17〕,但臺灣的傳統經濟結構亦就此改變,造成傳統郊商的沒落與式微。且除經濟環境的改變外,西方文化的衝擊亦不小,主要是以基督教文化為主,雖荷西領臺時期,臺灣即曾受基督教文化的洗禮,但影響的層面不大,至開港後才大為改觀,西方文化藉著開港進入臺灣,對臺灣的醫療、教育、宗教甚至是建築均有重要的影響,對

---

〔註 14〕施懿琳,《從沈光文到賴和》(高雄:春暉出版社,2000 年),頁 83。
〔註 15〕陳碧笙,《臺灣人民歷史》(臺北:人間出版社,1993 年),頁 161。
〔註 16〕薛化元,《臺灣開發史》(臺北:三民書局,2007 年),頁 83。
〔註 17〕李筱峰、林呈蓉,《臺灣史》(臺北:華立圖書,2003 年),頁 124。

臺灣的文化傳承也有相當程度的貢獻。

此時期除了外患頻仍、列強環伺外，臺灣內部的社會動盪亦持續，吏治敗壞、土豪橫行，導致民變迭起、盜匪肆虐，分類械鬥更趨於慘烈，其中以同治年間的戴潮春事件歷時最久，此起事件的起因與林爽文事件類似，皆為清政府查緝會黨所導致，是清治臺以來的抗清事件中，首次以臺勇平定的亂事。

在開港後因涉外事件頻繁，如英國官方派軍艦武力干涉英商與臺民的衝突事件及牡丹社事件，使得清廷政府對臺灣的狀況日益關切，至同治 13 年（1874）日本出兵臺灣後，清廷大規模調整治臺政策，並派沈葆楨抵臺整頓防務。光緒 11 年又因法軍的犯臺，清廷正式下令臺灣建省並派首任巡撫劉銘傳至臺，至光緒 14 年，福建與臺灣兩省正式分治。而後劉銘傳便在臺灣推動近現代化建設，如興建鐵路、架設電線、興辦軍火工業、創辦新式學堂、郵政、建設臺北城等，將臺灣建設成自強運動的模範省之一〔註18〕。

總括來說，晚清的臺灣經濟貿易發達，西岸的港口林立，促使相關的市鎮興起，人民的生活水準亦因近現代化建設的推動而提高。社會安定方面，除 1874 年的日軍侵佔恆春、1884 年法軍侵基隆及 1888 年施九緞小規模的動盪外，臺灣在甲午戰爭前，大致呈一個穩定進步的社會狀態。

## 第二節　清代臺灣方志的纂修概況

在討論清代臺灣方志的纂修概況時，首先我們簡要地回顧一下，清代的臺灣究竟出現了多少官纂的方志？這些方志所書寫的空間涉及那些區域？而方志出現的背景、年代與其背後編纂團隊的組合又提供了什麼樣的訊息？探討清代臺灣方志的修纂概況，首務要先掌握清代各臺灣方志的成書情形與背景。此範疇可分兩個部分討論；一是清帝國的文化政策與治臺政策，另一是《大清一統志》對清代各地地方志的影響。自清人入關後，除了面臨混亂的政治與經濟局面以外，亦有各地的抗清勢力與劇烈的民族衝突尚待弭平，清政府所運用的手段主要是加強中央集權、緩和民族衝突、穩定社會及政經局勢，也是在此階段摸索統治策略、由亂而治的一個過程中，清廷的文化政策逐漸得以確立下來。王記彔在《清代史館與清代政治》一書中

---

〔註18〕戚嘉林，《臺灣史》（臺北：海峽學術出版社，2007 年），頁 211～219。

提到：

> 漢滿之間的所謂民族矛盾、實際上是一種文化衝突，漢滿之間的社
> 會形態、生活方式、價值觀念、意識形態上都存在很大的不同，構
> 成了清初社會最明顯的特點。如何對待漢文化，怎樣在這衝突中做
> 出選擇，確立清王朝在深明《春秋》大義的漢族知識份子和漢民眾
> 中的地位，顯然是清初統治者必須思考的問題。……隨著一系列政
> 治措施，一以貫之的文化政策也確立了下來，這種政策，對這一時
> 期史館修史又產生了明顯的影響。〔註19〕

其所言的「一以貫之的文化政策」意指著「高壓箝制」與「懷柔建設」兩種
文化策略，前者企圖以嚴酷的專制手段箝制思想與文化發展，後者則是自覺
性的學習漢文化，引導文化發展，並選擇了「崇儒重教」、「振興文教」的基
本治國方略，具體的措施如：確立經筵、日講、起居注制度及儒家學說的統
治地位，並同時開科取士，攏絡天下士子。王記彔認為，清代史館的開設與
史書的修纂與此一文化策略有明顯的關係，其主要原因是興盛文教的建設在
國家的治理方略中有著重要的作用，這也是為什麼清自入關後至雍正朝，積
極進行史館的建設、控制修史大權的主因。所以《大清一統志》的纂修與清
代史館建置的格局也都在這樣的背景確立下來〔註20〕。臺灣自康熙23年初入
帝國版圖，由於這個時期抗清事件不斷，對清帝國而言這是中央政府的權威
受到了挑戰，因此為維持帝國運作的的機制，如何加強對台灣的社會控制就
如同清初入關時的首務，如前所述除了威權的高壓，盛興文教事業亦是最好
的策略。

爾後隨著政治局面的逐漸穩定與拓展，清帝國須為政府的統治與功蹟提
供一個載體，而此載體又必須是能呈現帝國壯闊的「大一統」氣象，於是《大
清一統志》的編纂便成了最佳的手段。《大清一統志》的編纂於康熙11年采納
建議，自康熙25年《一統志》館的開設至道光22年共歷三修，資料的徵集
由中央徵於省、省徵於府、府徵於縣、廳，故清代各地方志書隨著《大清一
統志》的編纂而形成了編修的熱潮，是各地方重要的文化事業。

本節將依清代臺灣方志的「量」與「質」作為論述的主軸，其中除概述

---

〔註19〕 王紀彔，《清代史館與清代政治》（北京：人民出版社，2009年），頁23。
〔註20〕 王紀彔，《清代史館與政治的演變》（北京：人民出版社，2009年），頁24～
25。

清代臺灣方志出現的年代與書寫地域分佈的狀況外，並簡要討論各時期清代臺灣方志在史學研究中的歷史地位。下列表 2-2-1、表 2-2-2、表 2-2-3 是筆者根據清代臺灣之府、縣、廳志，配合成書年代與臺灣各時期的行政區耙梳整理並製表而成，以期將此整理結果作爲本節寫作基礎。

**表 2-2-1：1684～1895 年清代臺灣的行政區演變及其轄境**

| 時　代 | 清代臺灣各時期的行政單位與轄境 | | | | | | |
|---|---|---|---|---|---|---|---|
| 康熙 23 年<br>（1684）<br>福建省<br>1 府 3 縣 | 臺灣府 | | 臺灣縣 | | 鳳山縣 | | 諸羅縣 |
|  | 東起大山，西至海岸，且含澎湖群島，南抵沙馬磯（今恆春貓鼻頭），北達雞籠城（今和平島）。 | | 東起羅漢莊內門（今高雄旗山），西至鹿耳門（今臺南市安南區），南抵二層溪（今二仁溪），北達新港溪與諸羅縣爲界，時澎湖僅設巡檢，屬臺灣縣。 | | 東起淡水溪，西至打鼓港（今高雄港），南抵沙馬磯（今恆春貓鼻頭），北達二層溪與臺灣縣爲界。 | | 東起大武巒山，西至海岸，南以新港溪與臺灣縣爲界，北達雞籠城。 |
| 雍正 5 年<br>（1723）<br>福建省<br>1 府 4 縣 2 廳 | 臺灣府 | 臺灣縣 | 鳳山縣 | 諸羅縣 | 彰化縣 | | |
|  | 轄境同前 | 同前，原轄澎湖改爲澎湖廳 | 轄境同前 | 轄境同前，北達虎尾溪與彰化縣爲界。 | 東起南、北投大山，西至海岸，南以虎尾溪與諸羅縣爲界，北達大甲溪與淡水廳爲界。 | | |
|  | 淡水廳 | | | | 澎湖廳 | | |
|  | 東起內山，西至海岸，南抵大甲溪，北達雞籠城。 | | | | 東起東吉嶼，西至草嶼，南抵南嶼，北達目嶼。 | | |
| 乾隆 52 年<br>（1787）<br>福建省<br>1 府 4 縣 2 廳 | 臺灣府 | 臺灣縣 | 鳳山縣 | 嘉義縣 | 彰化縣 | 淡水廳 | 澎湖廳 |
|  | 轄境同前 | 轄境同前 | 轄境同前 | 諸羅縣更名，轄境同前。 | 轄境同前 | 轄境同前 | 轄境同前 |
| 嘉慶 15 年<br>（1812）<br>福建省<br>1 府 4 縣 3 廳 | 臺灣府 | 臺灣縣 | 鳳山縣 | 嘉義縣 | 彰化縣 | 淡水廳 | 澎湖廳 | 噶瑪蘭廳 |
|  | 轄境同前 | 轄境同前 | 轄境同前 | 轄境同前 | 轄境同前 | 同前析出噶瑪蘭 | 轄境同前 | 東起東海岸，西至大坡山，南抵零工圍山，北達山貂角遠望坑，以山貂大山中之大溪與淡水廳爲界；並轄龜山及鼻頭山。 |
| 道光元年<br>（1820）<br>福建省<br>1 府 4 縣 3 廳 | 臺灣府 | 臺灣縣 | 鳳山縣 | 嘉義縣 | 彰化縣 | 淡水廳 | 澎湖廳 | 噶瑪蘭廳 |
|  | 轄境同前 | 轄境同前 | 轄境同前 | 轄境同前 | 轄境同前 | 轄境同前 | 轄境同前 | 轄境同前 |
| 咸豐元年<br>（1850）<br>福建省<br>1 府 4 縣 3 廳 | 臺灣府 | 臺灣縣 | 鳳山縣 | 嘉義縣 | 彰化縣 | 淡水廳 | 澎湖廳 | 噶瑪蘭廳 |
|  | 轄境同前 | 轄境同前 | 轄境同前 | 轄境同前 | 轄境同前 | 轄境同前 | 轄境同前 | 轄境同前 |

| 時　　代 | 清代臺灣各時期的行政單位與轄境 | | | | | | | |
|---|---|---|---|---|---|---|---|---|
| 同治元年<br>（1861）<br>福建省<br>1府4縣3廳 | 臺灣府 | 臺灣縣 | 鳳山縣 | 嘉義縣 | 彰化縣 | 淡水廳 | 澎湖廳 | 噶瑪蘭廳 |
| | 轄境同前 | 轄境同前 | 轄境同前 | 轄境同前 | 轄境同前 | 轄境同前 | 轄境同前 | 轄境同前 |

| 時　　代 | 清代臺灣各時期的行政單位與轄境 | | | | | |
|---|---|---|---|---|---|---|
| 光緒元年<br>（1874）<br>福建省<br>2府8縣4廳 | 臺灣府 | 臺灣縣 | 鳳山縣 | 彰化縣 | 恆春縣 | 卑南廳 | 埔里社廳 |
| | 同前析出大甲溪以北，新闢卑南廳地方。 | 同前<br>嘉義縣<br>同前<br>澎湖廳<br>同前 | 同前析出率芒溪東南，以率芒溪與恆春縣為界。 | 同前析出火燄山以東並以此山與埔里社廳為界。 | 在臺灣最南東北亦達海岸，北以加崙溪與卑南廳為界，西以率芒溪與鳳山縣為界，並轄紅頭嶼(今蘭嶼)火燒嶼（今綠島）。 | 東至東海岸，北以東澳溪與宜蘭縣為界。 | 東接內山西至火燄山，南抵濁水溪上游，北達牛稠溪。 |
| | 臺北府 | 淡水縣 | 新竹縣 | 宜蘭縣 | 基隆廳 |
| | 東起噶瑪蘭海岸，西至西海岸，南抵大甲溪北岸，北達雞籠城。 | 東北至南港溪與基隆廳為界，南達土牛溝溪、中壢溪與新竹縣為界。 | 南至大甲溪與彰化縣為界，北至土牛溝、中壢溪與淡水縣為界。 | 原噶瑪蘭廳改置，轄境與廳同。 | 東南至遠望坑與宜蘭縣為界，西南達南港溪與淡水縣為界，北至雞籠城。 |

| 時　　代 | 清代臺灣各時期的行政單位與轄境 | | | | | |
|---|---|---|---|---|---|---|
| 光緒13年<br>（1887）<br>臺灣省<br>3府11縣4廳<br>1直隸州 | 臺灣府 | 臺灣縣 | 彰化縣 | 雲林縣 | 苗栗縣 | 埔里社廳 |
| | 東至內山，西至海岸，南抵牛稠山與臺南府為界。 | 東起火燄山與埔里社廳為界，西至同安嶺與彰化縣為界，南抵濁水溪上游與雲林縣為界，西北至大肚溪與彰化縣為界。 | 東北至大肚溪與臺灣縣為界，南抵西螺溪與雲林縣為界。 | 東起濁水溪上游與埔里社廳為界，西至海岸，西南抵牛稠溪及龜石溪上游與嘉義縣為界，北達西螺溪與彰化縣為界。 | 東接內山，西至海岸，南抵大甲溪與埔里社廳為界，北達中港溪與新竹縣為界。 | 同前 |
| | 臺北府 | 淡水縣 | 新竹縣 | 宜蘭縣 | 基隆廳 |
| | 中港溪以南畫歸臺灣府，餘同前。 | 轄境同前 | 中港溪以南歸臺灣府，餘同前。 | 轄境同前 | 轄境同前 |
| | 臺南府 | 安平縣 | 鳳山縣 | 嘉義縣 | 南雅廳 | 臺東直隸州 |
| | 原臺灣府改置，牛稠溪以北歸新設之臺灣府。 | 原臺灣縣所改。東起羅漢莊內門（今高雄旗山），西至鹿耳門（今臺南市安南區），南抵二層行溪（今二仁溪），北達新港溪。 | 轄境同前<br>恆春縣<br>轄境同前<br>澎湖廳<br>轄境同前 | 牛稠溪以北劃歸雲林縣，餘同前。 | 淡水、宜蘭兩縣的山界歸其管轄。 | 原卑南廳改，轄境同前。 |

資料來源：
1. 鄭喜夫，〈臺灣行政區劃之沿革〉，《中國地方自治》卷58第8期（1997.08），頁4～38。
2. 莊吉發，〈從淡新檔案看臺灣的行政區域的調整〉，《臺灣文獻》卷49第4期（1998.12），頁127。

## 表 2-2-2：1684～1895 年清代臺灣府縣廳志統計表

| 時　　代 | 清代臺灣各時期的行政單位 | | 官撰方志 | 總纂修人 | 備註 |
|---|---|---|---|---|---|
| 康熙 23 年<br>（1684）<br>福建省<br>1 府 3 縣 | 臺灣府 | 鳳山縣<br>臺灣縣<br>諸羅縣 | 22：康熙福建通志 | 金鋐 | 臺灣府 |
| | | | 24：臺灣府志 | 蔣毓瑛 | |
| | | | 35：臺灣府志 | 高拱乾 | |
| | | | 49：重修臺灣府志 | 周元文 | |
| | | | 55：諸羅縣志 | 陳夢林、周鍾瑄 | |
| | | | 58：鳳山縣志 | 陳文達 | |
| | | | 59：臺灣縣志 | 陳文達 | |
| 雍正 5 年<br>（1727）<br>福建省<br>1 府 4 縣 2 廳 | 臺灣府 | 彰化縣淡水廳<br>諸羅縣澎湖廳<br>臺灣縣鳳山縣 | 11：臺灣志略 | 伊士俍 | |
| 乾隆 52 年<br>（1787）<br>福建省<br>1 府 4 縣 2 廳 | 臺灣府 | 彰化縣淡水廳<br>嘉義縣澎湖廳<br>臺灣縣鳳山縣 | 2：福建通志 | 郝玉麟、謝道承 | 臺灣府 |
| | | | 5：澎湖志略 | 周于仁、胡格 | |
| | | | 5：重修福建臺灣府志 | 劉良璧 | |
| | | | 9：大清一統志 | 方苞、金德嘉 | 臺灣府 |
| | | | 11：重修臺灣府志 | 范咸 | |
| | | | 17：重修臺灣縣志 | 王必昌、魯梅鼎 | |
| | | | 23：續修臺灣府志 | 余文儀 | |
| | | | 29：重修鳳山縣志 | 王瑛曾、王份 | |
| | | | 33：福建續志 | 沈廷芳、吳嗣富 | 臺灣府 |
| | | | 36：澎湖臺灣紀略 | 胡建偉 | |
| | | | 54：乾隆續修大清一統志 | 和珅 | 臺灣府 |
| 嘉慶 15 年<br>（1812）<br>福建省<br>1 府 4 縣 3 廳 | 臺灣府 | 彰化縣淡水廳<br>嘉義縣澎湖廳<br>臺灣縣噶瑪蘭廳<br>鳳山縣 | 12：續修臺灣縣志 | 謝金鑾<br>薛志亮<br>鄭兼才 | |
| 道光元年<br>（1820）<br>福建省<br>1 府 4 縣 3 廳 | 臺灣府 | 彰化縣淡水廳<br>嘉義縣澎湖廳<br>臺灣縣噶瑪蘭廳<br>鳳山縣 | 9：道光福建通志 | 陳壽祺 | 臺灣府 |
| | | | 10：臺灣採訪冊 | 陳國瑛 | |
| | | | 12：澎湖續編 | 蔣鏞 | |

| 時　　代 | 清代臺灣各時期的行政單位 | | 官撰方志 | 總纂修人 | 備註 |
|---|---|---|---|---|---|
| | | | 15：淡水廳志稿 | 鄭用錫 | |
| | | | 16：彰化縣志 | 周璽 | |
| | | | 22：嘉慶重修一統志 | 穆彰阿 | 臺灣府 |
| 咸豐元年（1850）福建省 1府4縣3廳 | 臺灣府 | 彰化縣淡水廳 嘉義縣澎湖廳 臺灣縣噶瑪蘭廳 鳳山縣 | 2：噶瑪蘭廳志 | 陳叔均 | |
| 同治元年（1861）福建省 1府4縣3廳 | 臺灣府 | 彰化縣淡水廳 嘉義縣澎湖廳 臺灣縣噶瑪蘭廳 鳳山縣 | 9：淡水廳志 | 陳培桂 | |
| 光緒元年（1874）福建省 2府8縣4廳 | 臺北府 | 新竹縣、宜蘭縣 淡水縣、基隆廳 | | | |
| | 臺灣府 | 嘉義縣、臺灣縣 鳳山縣、彰化縣 恆春縣、澎湖廳 卑南廳、埔里社廳 | | | |
| 光緒13年（1887）臺灣省 3府11縣4廳 1直隸州 | 臺灣府 | 臺灣縣、彰化縣 雲林縣、苗栗縣 埔里社廳 | 18：雲林縣采訪冊 | 倪贊元 | |
| | | | 19：澎湖廳志稿 | 林豪、潘文鳳 | |
| | | | 20：澎湖廳志 | 林豪、潘文鳳 | |
| | 臺北府 | 新竹縣、淡水縣 宜蘭縣、基隆廳 | 19：苗栗縣志 | 沈茂蔭 | |
| | 臺南府 | 鳳山縣安平縣 嘉義縣恆春縣 南雅廳澎湖廳 | 20：恆春縣志 | 陳文緯、屠繼善 | |
| | | | 20：鳳山采訪冊 | 盧德嘉 | |
| | | | 20：新竹縣采訪冊 | 陳朝龍 | |
| | | | 21：臺灣通志稿 | 薛紹元、王國瑞 | |
| | 臺東直隸州 | | 18：臺東州采訪冊 | 胡傳 | |

資料來源：

1. 高志彬，《臺灣書目解題第一類（方志）》（臺北：中央圖書館臺灣分館，1987年）。
2. 尹彰義，〈清修臺灣方志與近三十年所修臺灣方志之研究比較〉，《臺灣開發史》（臺北：聯經出版公司，1989年）。
3. 高志彬，《臺灣方志解題》（臺北：成文出版社，1985年）。
4. 陳捷先，《清代臺灣方志研究》（臺北：臺灣書局，1996年），頁189～192。
5. 吳密察，〈清代臺灣方志〉，《臺灣史料集成提要》（臺北：遠流出版社，2004年）。

## 表 2-2-3：清代臺灣方志統計表

| 類　別 | 方　　　志　　　名　　　稱 | | |
|---|---|---|---|
| 一統志<br>3 | 乾隆 9 年：<br>大清一統志（臺灣府） | 乾隆 54 年：乾隆續修大清<br>一統志（臺灣府） | 道光 22 年：<br>嘉慶重修一統志（臺灣府） |
| 通　志<br>4 | 康熙 22 年：康熙福建通志 | 乾隆 2 年：<br>福建通志（臺灣府） | 乾隆 33 年：<br>福建續志（臺灣府） |
| | 道光 9 年：<br>道光福建通志（臺灣府） | | |
| 府　志<br>6 | 康熙 24 年：<br>臺灣府志（蔣志） | 康熙 35 年：<br>臺灣府志（高志） | 康熙 49 年：<br>重修臺灣府志（周志） |
| | 乾隆 5 年：<br>重修福建臺灣府志（劉志） | 乾隆 11 年：<br>重修臺灣府志（范志） | 乾隆 23 年：<br>續修臺灣府志（余志） |
| 縣　志<br>9 | 康熙 55 年：諸羅縣志 | 康熙 58 年：鳳山縣志 | 康熙 59 年：臺灣縣志 |
| | 乾隆 17 年：重修臺灣縣志 | 乾隆 29 年：重修鳳山縣志 | 嘉慶 12 年：續修臺灣縣志 |
| | 道光 16 年：彰化縣志 | 光緒 19 年：苗栗縣志 | 光緒 20 年：恆春縣志 |
| 廳　志<br>3 | 咸豐 2 年：噶瑪蘭廳志 | 同治 9 年：淡水廳志 | 光緒 20 年：澎湖廳志 |
| 採訪冊<br>5 | 道光 10 年：臺灣採訪冊 | 光緒 20 年：鳳山採訪冊 | 光緒 20 年：雲林採訪冊 |
| | 光緒 20 年：新竹縣採訪冊 | 光緒 20 年：臺東州採訪冊 | |
| 志(紀)略<br>及其它<br>7 | 雍正 11 年：臺灣志略 | 乾隆 5 年：澎湖志略 | 乾隆 36 年：澎湖臺灣紀略 |
| | 道光 12 年：澎湖續編 | 道光 15 年：淡水廳志稿 | 光緒 19 年：淡水廳志稿 |
| | 光緒 21 年：臺灣通志稿 | | |

資料來源：以本節表 2-2-2 統計。

就清代臺灣方志出現的「量」來分析，在清代以前臺灣未曾出現過地方志書（至少到目前未曾發現），那麼何以有清一代，臺灣各地的志書會紛紛大量地湧現？其中大清帝國的統治政體別於臺灣各時期的統治政體當然是主要因素，但大清帝國的修志事業帶動了地方官積極參與修志的熱情，才是使「志書湧現」的條件俱足，因此學者們在探討臺灣方志的編纂工作時，多將清代的臺灣方志置於清帝國因編纂一統志而掀起地方志編修熱潮的脈絡中去分析。

　　清代地方志的編修為中國歷代之冠，然修志工作如此頻繁實與清帝國三次大舉纂修《清一統志》的計畫有關，來新夏歸納清代修志事業如此蓬勃主

要的原因有：「維護封建集權的需要、官修制度的保證、大僚提倡的主導作用、學者研討與專科建立的推動作用等。」〔註 21〕地方志既是維護封建集權的重要工具，那麼帝國內各個地方官員，不管是對於自身仕途的考量或者是在上級單位的層層施壓之下，皆須透過方志來提供中央各地的資料，以作為中央施政之參考，如季麒光在代周又文撰寫的〈臺灣志書前序〉中提及：

> 越兩年，我皇上以方輿之廣超越百王，特命史臣大修一統誌書，昭天下各進其郡縣之誌，以資修茸。臺灣草昧初開，無文獻之徵，郡守蔣君經始其事，鳳山楊令芳聲、諸羅季令麒光廣為蒐討。閱三月蔣君董其成，分條析目，一如他郡之例。余為之旁搜遠證，參之見聞，覆之耆老，書成上之方伯，貢之史館。〔註 22〕

於是透過政府單位層層的要求，全國各地紛紛展開志書的編纂工作，一時之間造成了省、府、縣、廳志書普及的局面，甚至是初掌新附之地的臺灣官員，自然也不能自於外地竭力參與修志工作的推行，如高拱乾所言：「以登全閩通志，為採風問俗獻也」便一語道出了地方官員對中央修志事業的積極〔註 23〕。

清代臺灣方志的出現除了因應編纂一統志而興起外，各時期行政區的增置亦是主因之一，方豪在探討清代臺灣方志的編纂工作時，將清代的臺灣方志分為三時期：前期為康熙、雍正、乾隆中期（約 17$^{th}$ 末～18$^{th}$ 中）；中期為乾隆中期、嘉慶、道光及咸豐（約 18$^{th}$ 中～19$^{th}$ 中）；後期為同治、光緒至臺灣割讓止（約 19$^{th}$ 中～1895 年）〔註 24〕，共討論了 33 本清代臺灣方志的編修，但並未說明其分期的考量。吳密察在建構臺灣方志的歷史圖像時，據此更進一步整理清代臺灣地方志的編纂情況，文中除了表示清代臺灣方志出現的年代以及其所描寫的地域對象外，亦顯示出清代臺灣方志出現的時間與地域不均衡的現象，並檢討此一現象產生的原因〔註 25〕。如圖 2-2-1 所示：

---

〔註 21〕 參閱來新夏，《中國地方志》（臺北：臺灣商務書局，1995 年），頁 81～85。

〔註 22〕 季麒光，〈附錄（一）臺灣志書前序——代周又文憲副〉，《臺灣府志》（南投：國史館臺灣文獻館，2002 年），頁 133。

〔註 23〕 高拱乾、周元文，《臺灣府志》（臺北：遠流出版公司，2004 年），頁 40。

〔註 24〕 方豪，〈清代前期臺灣方志的編纂工作〉，《臺灣人文》卷 2（1978），頁 5～15；方豪，〈清代中期臺灣方志的編纂工作〉，《臺灣人文》卷 3（1978），頁 4～16；方豪，〈清代後期臺灣方志的編纂工作〉，《臺灣人文》卷 4（1978），頁 3～16。

〔註 25〕 吳密察，〈「歷史」的出現〉，《臺灣史研究一百年：回顧與研究》（臺北：中央研究院臺灣史研究所籌備處，1997 年），頁 1～21。

## 圖 2-2-1：清代纂修臺灣方志示意圖

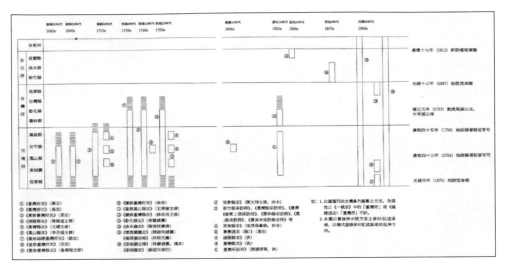

資料來源：吳密察，〈「歷史」的出現〉，《臺灣史研究一百年：回顧與研究》（臺北：中央研究院臺灣史研究所籌備處，1997年），頁3～4。

　　從吳密察所建構的歷史圖像中，我們可看出清代臺灣方志主要集中出現的幾個時期：(1)西元 1680～1690 年代、(2)西元 1710 年代、(3)西元 1730～1750 年代，此三個時期志書所書寫涵蓋的地域僅限於苗栗以南，自 1750 年以後至臺灣建省（1887）之前，臺灣鮮少有志書出現，建省之後至 1895 年止，因設局修志又興起了一波修志的熱潮，地域範圍更是遍及整個臺灣島。

　　針對這樣的現象，吳密察分析：臺灣修志的契機是大清帝國宣示併有臺灣的開始，且臺灣在納入版圖（1684）後，又適逢清帝國計劃展開一次全國性的修志事業，這個修志事業敦促了來臺的官員動員各方人力參與修志，雖然這些早期的志書可能未終稿或終稿未刊行，但長期以來被認為是臺灣最古之方志的《臺灣府志》（高志），便是在這些志書的基礎上所編纂的，而這些志書大都成書在 1680 年代，除因應帝國修志的機制外，亦是宣示對臺治政的開始，並作為帝國認識地方的一種手段。1710 年代是另一個志書的湧現時期，此一時期除了前期府志的續修外，並開始有了縣級志書的出現，主要原因是臺灣官方在「一府三縣」的格局穩定後，自發性進行了一次全面性的「修志事業」，故而掀起熱潮。清領前期最後一個志書湧現的時期是 1730～1750 年代，原因除了政治上增置縣廳的背景外，期間又適逢清帝國首次一統志正式的編纂刊行，因而各地方參與情形又更加地熱絡，除了續修前志外，新增置

的行政區也紛紛有志書或志稿的出現。不過，自清季始，清帝國國勢日衰，臺灣島內遭遇的問題亦多，雖仍有方志出現但為數不多。此外，清代臺灣方志除出現的時間不平均外，其所描寫的地域亦呈現不均衡的狀態，若配合清代臺灣地區開拓的狀況與行政區的設置，則不難看出這種現象與清代地域的開發大多侷限於中南部有關，這種現象遲至 1840 年臺灣東北部《噶瑪蘭廳志》的出現才有所改變〔註26〕。

　　簡言之，就清代臺灣方志出現的時間與其所書寫的地域來看，清代臺灣方志主要湧現於 1680～1750 年代，其始乃是清帝國以方志作為收編臺灣的一種統治策略，爾後則是由於地方行政區的增置與地方官員熱心參與的結果；其地域分佈不均的原因，則是與增置縣廳，及地域的開拓有密切的關係。

　　再者，就清代臺灣方志的「質」而言，高志彬認為：清代的臺灣方志雖然始於奉命採輯，以應一統志、通志之採擇，但仍有具有「以論作志」為理想的纂修者，企圖以臺灣之志成為監門之圖〔註27〕，而獲得中央的重視，梁啓超亦言：「清之盛時，各省府州縣皆以修志相尚，其志多出碩學之手。」〔註28〕故清代方志的編纂素質大多有一定的水準。由於政治上的目的，清代的臺灣方志特重風俗、阨塞、形勢、兵防、山川、物產等，乾隆年間所修的志書更於正文之後列考，並錄存臺人詩文作品，清季採訪冊則是田野調查之所得，故雖志書的實際功能在於「資治」，但清修臺灣方志對於文獻的採集與摘錄甚為用心〔註29〕。尹章義在比較清代臺灣方志與戰後臺灣方志時，對於清代臺灣方志的編纂，不管是修志人才的史識、負責的修志態度及志書成書的過程亦多所肯定〔註30〕。

　　另陳捷先在《清代臺灣方志研究》中，對於清代臺灣方志內容、篇目、體例則有更全面性且細膩的探討，並嚴謹地考證清代臺灣方志的成書背景對其內容、體例逐一評論，且為清代各臺灣方志對後世方志的影響定調。以下

〔註26〕 參見吳密察，〈「歷史」的出現〉，《臺灣史研究一百年：回顧與研究》（臺北：中央研究院籌備處），頁 1～21。
〔註27〕 高志彬，〈臺灣方志之纂修及其體例流變述略〉，《臺灣文獻》卷 49 第 3 期（1998.09），頁 191～192。
〔註28〕 梁啓超，《清代學術概論》（臺北：台灣商務印書館，1985 年），頁 89。
〔註29〕 高志彬，〈臺灣方志之纂修及其體例流變述略〉，《臺灣文獻》卷 49 第 3 期（1998.09），頁 191～192。
〔註30〕 尹章義，〈清修臺灣方志與近三十年所修臺灣方志之研究比較〉，《臺灣開發史》（臺北：聯經出版公司，1989 年），頁 223～269。

就此書中清代臺灣方志的分期簡述之：首先是臺灣古方志的拓荒期（探討康熙時期的府縣志）——臺灣在康熙一朝，不到四十年的時間裏，不管在質與量皆有不錯的佳績，除了《蔣志》、《高志》扮演著開拓者的角色，素有美稱的《諸羅縣志》亦在此一時期出現，不管是在體例、內容多為後世方志所取材。其二是臺灣方志文化的茁壯期（乾隆時期臺灣方志探論）——此時期出現的方志，其量為清代歷朝之冠，內容、體例皆是定於康熙年間方志的基礎之上，有取材、有模仿亦有考辨修正，如《范志》便被喻為臺灣府志中空前的佳作。其三是多元方志義例的移入期（評略嘉道時期臺灣方志的優劣）——在此階段臺灣方志除了模仿前期方志的體例外，亦出現新的體例，雖是引自中國古代方志的書體，但在清代臺灣方志的編纂中，仍是一種創新。最後是論述清季臺灣方志的發展期（同光時期臺灣四種縣廳志述要）；此時期清帝國國勢衰弱，臺灣遭逢的問題亦多，但臺灣方志之編修由於有堅實的基礎與良好的傳統，各地仍有志書興作。陳捷先在書中亦指出清修臺灣方志的缺失，不過這些亦大多是一般方志中常見的缺失，對於清代臺灣方志的編纂，他認為各方志雖有好壞優劣之處，但因奠基堅實，以致都能有相當的水準〔註31〕。

綜合上述我們除了可以廓清清代臺灣方志的基本架構外，筆者亦整理出理解清代臺灣方志的幾個面向：

1. 就清代臺灣方志出現的時間而言：清代臺灣方志的出現主要有幾個原因：其一是大清帝國對臺灣治理的開始，欲藉由臺灣方志認識臺灣及其人民；其二是由於縣廳的增置而有其修志的需求；其三則是大清帝國幾次大規模的修志而加速了地方志的出現。由此我們不難看出整個清代臺灣方志的編修，實是帝國統治意念的延伸，而非臺灣島內的居民自覺性參與。

2. 就清代臺灣方志書寫的空間而言：清代臺灣方志所書寫的地域與其大量湧現的時間一樣都呈現不均衡的狀態，其中除了政府修志的機制外，主要還是循著整個臺灣區域開拓的概況而興。雖清代修志具有一定的體例，但區域與區域間的差異甚大，而方志的內涵透過制式形式的再現，卻只略呈現不同的樣貌，實須探討究明。

---

〔註31〕陳捷先，《清代臺灣方志研究》（臺北：臺灣學生書局，1996 年），頁 189～218。

3. 就清代臺灣方志書寫的內容而言：清代臺灣方志雖始於清帝國統治意
念的延伸，但由於主事官員大多鄭重其事，所以多數方志在編纂過程
中態度嚴謹，而纂修人員亦多具才識，故清代臺灣方志在存錄清代臺
灣的史料中，扮演著具有水準且重要的角色。

# 第三節　清代臺灣方志的纂修緣起及其取材

由歷史溯源的角度而言，一般論及中國對於臺灣的認識大多是從《三國
志吳書》與《隋書東夷列傳》談起，但由於吳書的紀錄過於簡短，所以無從
判斷其中所談論的夷州是否即是臺灣，而隋書中對流球國的敘述雖相當詳
盡，但因是孤立的文獻也無從證明，而《元史》中所稱的瑠求、《明史》中所
稱的基隆山、東番，其所敘寫的是否為臺灣亦未全然確定。17 世紀之前中國
對臺灣的論述相當貧乏，又由於臺灣對中國而言長期以來皆處於不重要的地
位，似是神仙或鬼怪群集的幻境，因而清人對臺灣的認識，除了史書上可能
的指涉外，其認識僅止於這些奇風異俗的描寫。清廷自隸臺後，亦僅能憑著
微薄的資訊，對臺灣重新認識、摸索〔註32〕。

清代臺灣方志的取材主要來自兩個部份，一是纂修人員自身親歷的社會
觀察，另一是擷取既有的文獻資料。前者所謂的社會觀察可分為兩個部份產
出，一是纂修人員私人的作品或札記，二是依據官方的需求而寫作；後者既
有資料的採擷則較為複雜，若只論明鄭時期與清隸臺後以臺灣為書寫對象的
文獻資料而言，約可分為三類：一是清代文人至臺灣遊歷後的書寫，二是清
代仕宦來臺的官員對臺灣的書寫，包含其私人著作與後人所收錄的官方檔
案，三是歷史記錄的文獻資料，如涉及有關（或可能有關）臺灣紀錄的史料
及清代官方大規模編纂的地方志書。

筆者認為上述這些文獻皆可視為清代臺灣方志編纂時，可資取材利用的
史料，且其交互影響，這其中隱含著有趣的聯結，意即：任何一個個人的
社會觀察，必然受其作者自身的閱讀或是當時期社會氛圍、觀點所影響，爾
後產出的作品其觀點、論述亦影響後人所產出的作品，或被官方志書所擷
取成為某種程度上既定的印象，而最初的社會觀察便不斷地被複製再現，成

---

〔註32〕莊勝全〈清康熙台灣印象的轉變——以四位親歷者的觀察為例〉，《臺灣風物》
卷 56 第 3 期，頁 27～59。

為一既定的事實，甚至作為另一個社會觀察有力可靠的證據。我們以《臺海史槎錄》為例，此為黃叔璥對於臺灣最重要的著作，內容除描寫地理形勢及物產的狀況外，也包含風俗習慣、宗教信仰等，他在自序中說明著書的緣起：

> 臺灣自康熙癸亥始入版圖，重洋絕島，職方不紀，初無文獻足以徵考信。余休沐之暇，凡古今人著述：有散見於地理、海防、島夷諸傳記者，遐蒐博採悉為擷拾。并就郡縣牒牘所狀，歲時巡歷所及，輒寓筆書之。〔註33〕

另魯煜為《臺海史槎錄》撰序亦言：「煜聞先生之言曰：『余之訂是編也，凡禽魚草木之細，必驗其形焉，別其色焉，辨其族焉，察其性焉；詢之耆老，詰之醫師，毫釐之疑，靡所不耀，而後即安。』」〔註34〕於此可以看出黃叔璥在撰寫《臺海史槎錄》時，除了蒐羅前人的紀錄與官方檔案外亦加入自己對於臺灣的認識，根據林淑慧的統計，《臺海史槎錄》一書中，最常引用的官方資料是《諸羅縣志》其次數達 10 次之多，其最常引用的地理專書是《裨海紀遊》，引用次數達 12 次〔註35〕。爾後《臺海史槎錄》又為《重修臺灣府志》所取材，其凡例中指出：「范侍御奉命巡方，自京師攜黃玉圃先生《史槎錄》以行。……及閱《史槎錄》，載羅漢門山甚詳；且云『峻嶺深谷，叢奸最易；此守土者所不可不知也』。因採其語……。」〔註36〕正如前述，黃叔璥透過前人文獻的蒐羅及自身的走訪觀察所書寫的臺灣，又不斷的被複製再現。

　　前述雖指出清代臺灣方志在取材編纂時可能產生的誤謬或說是編纂者的限制，然此一論題並非本節所要探討的重點，筆者僅提出一個可能思考的方向，更深入的討論，筆者置於第四章。本節欲敘明的僅是每部清代臺灣方志的纂修緣起及其當時所可能取材的文獻資料。緣起的敘明，乃在於藉此瞭解每部清代臺灣方志在被編纂時，主事者的編纂態度，此與方志編纂時所使用的材料及材料的運用有著極密切的關係，而方志的編纂者活躍於某個特定的歷史時空中，其思維與敘事的文學技巧必受當時所能參閱的文獻資料影響。

---

〔註33〕黃叔璥，《臺海史槎錄》（南投：臺灣省文獻委員會，1999 年），頁 2。
〔註34〕黃淑璥，《臺海槎錄》（南投：臺灣省文獻委員會，1999 年），頁 1。
〔註35〕林淑慧，《臺灣文化采風：黃叔璥及其《臺海史槎錄》研究》（臺北：萬卷樓，2004 年），頁 113～114。
〔註36〕范咸、六十七，《重修臺灣府志》（上）（下）（臺北：行政院文化建設委員會、遠流出版公司，2006 年），頁 53。

　　換言之，筆者認為清代臺灣方志的纂修，除了纂修人員自身的親歷採訪外，亦可能深受既有文獻資料的影響，而本節所要整理的除了是方志纂修的緣起外，亦想處理的這樣的「可能」。運用「可能」一詞，在史學研究的範疇裡可能是不精確的，然註明徵引文獻的觀念在清代並不普遍，部份清代臺灣方志雖有「附考」，但是為數更多的方志未列文獻徵引，再重以大部份的文獻資料，多是以文學作品的形式出現，當轉換為史材時在方志編纂者的思維中，做了如何的處理亦是難以敘明的，故在論述其方志的取材時有其限制。不過為建構清代臺灣方志的纂修視域外緣背景的完整，筆者主要的目的僅是呈現每部方志編纂者，在蒐羅編纂資料時所能參考的文獻資料，而非是去論證某部方志的取材是否源自於某種文獻。筆者將本文所探討的清代臺灣方志，依清代臺灣各部方志成書的時間，敘明纂修的緣起並據施懿琳所編纂的清代臺灣大事，取其「清代在臺文人紀事」的部份，重新整理製表（附錄 1～8）依序列出各時期臺灣出現的文獻資料，並擇要探討，另外並以「※」標示出清代臺灣方志的纂修人員，但因篇幅甚巨，礙於行文的流暢之故，將各表置於附錄。

　　本節將欲探討的清代灣方志依朝代分期敘寫，並探討該志書可能取材的文獻，其各期所包含的志書為：（一）康熙年間臺灣共有 6 部臺灣地方志書：康熙 24 年的《臺灣府志》（蔣志）、康熙 34 年的《臺灣府志》（高志）、康熙 49 年的《重修臺灣府志》（周志）、康熙 55 年的《諸羅縣志》、康熙 58 年的《鳳山縣志》、康熙 59 年的《臺灣縣志》。（二）雍正年間臺灣行政區的規模較之康熙年間增設了 1 縣 2 廳，但以行政區的地域範圍為書寫基礎的地方志，在此時並無成書或舊志增修，至乾隆年間除了府志的增修外，另有縣級方志的增修出現，計共 5 部：乾隆 5 年的《重修福建臺灣府志》（劉志）、乾隆 11 年的《重修臺灣府志》（范志）、乾隆 23 年的《續修臺灣府志》（余志）、乾隆 17 年的《重修臺灣縣志》、乾隆 29 年的《重修鳳山縣志》。（三）嘉道咸時期，除了縣級方志的續修外，始有廳級志書出現，計共出現 3 部：嘉慶 12 年的《續修臺灣縣志》、道光 16 年的《彰化縣志》、咸豐 2 年的《噶瑪蘭廳志》。（四）同光時期，因新設行政區而編纂的方志，計有 4 部：同治 9 年的《淡水廳志》、光緒 19 年的《苗栗縣志》，光緒 20 年的《恆春縣志》、光緒 20 年的《澎湖廳志》。以下依序敘明各部方志的纂修及其所能取材的文獻資料。

## 一、康熙時期

### （一）《臺灣府志》（蔣志）（以下簡稱《蔣志》）

清爲修一統志曾召各省修志，康熙 24 年（1685），臺灣知府蔣毓瑛奉命纂輯臺志，以備統志與通志之採擇，蔣毓瑛先召耆老、儒生就所見聞詳加採訪，由鳳山知縣楊芳聲、諸羅知縣季麒光廣爲蒐討費時三個月成稿，後蔣氏董其成。此稿至蔣氏離臺前未刊印，後由其子在內地刊行，名曰「臺灣府志」，近有影印本行世。

季麒光在〈臺灣志書前序〉言：「臺灣天末之荒島，無君長以別氏號也，無裘葛以時寒暑也，無父子兄弟伯叔甥舅以正親疏上下也，無衣冠宮室歲時服伏臘通往來，禋祭祀也。三代以來，不通貢賦，不登記載。」〔註37〕在〈自序〉又言：「則以此志上陳皇御，凡艱難瑣尾之情形，草昧混茫之氣象，聖天子惻然軫念，當有殊恩曠典，恤此一方民，謂臺灣之志即監門之圖也。」〔註38〕這兩段引文，說明了在《蔣志》編纂之前，臺灣這個野昧之地對於清帝國而言，是極其陌生且無任何文獻可供參閱，清帝國決定將臺灣收編，對於在這片土地上的「民」，也深感好奇，我們從《福建通志》中的凡例特別標有關詳錄臺灣地區民情風俗的準則〔註39〕，便不難看出臺灣在清初某些內地官員心目中的特殊地位，除了因臺灣是清帝國新隸的版圖外，其明鄭統治的歷史背景也是因素之一，再者臺灣本地的官員，也期盼藉由此志讓臺灣（或自己）得以被中央「看見」。

在《蔣志》編纂的期間，可供取材的資料爲數不多，大多是接續明代對臺灣的認識，且來源不一，有出自採訪，如坊里、學校、有抄自前人筆記傳聞，如沿革、風信，亦有編者個人的論析之作，陳捷先認爲《蔣志》的內容，由於取材不精、資料不足，故顯簡略〔註40〕。在《蔣志》編纂的期間（康熙 24 年以前），明鄭時期共有作品集 14 冊、文章 2 篇、詩 560 餘首（見附錄 1），其中因季麒光與明鄭遺臣沈光文往來甚密切，又同屬「東吟詩社」一員，故沈光文的著作，如明鄭永曆 17 年的〈臺灣賦〉等，多成爲清初撰述

---

〔註37〕蔣毓英，《臺灣府志》（南投：臺灣省文獻委員會，2002 年），頁 133～134。
〔註38〕蔣毓英，《臺灣府志》（南投：臺灣省文獻委員會，2002 年），頁 139。
〔註39〕金鋐、鄭開極，《康熙福建通志臺灣府》（臺北：臺北成文出版社，1983 年），頁 10～13。
〔註40〕陳捷先，《清代臺灣方志研究》（臺北：臺灣學生書局，1996 年），頁 30。

臺灣方志的重要參考資料。另季麒光在此時期的著作亦多，如康熙23年的《蓉洲詩文稿》、《臺灣雜記》、《山川考略》等及數首詩作，亦是《蔣志》編纂時的取材。

### （二）《臺灣府志》（高志）（以下簡稱《高志》）

在高志彬《臺灣文獻書目解題第一類（方志）》中提到：《蔣志》被《福建通志》據之為繫臺灣府事，又因《福建通志》非臺灣專志，故流通不廣，在臺灣僅存草稿於臺郡〔註41〕。高拱乾於康熙34年（西元1675年）以《蔣志》作基礎，且自身又有修志的經驗與訓練，故陳捷先認為：《高志》的篇幅與內容是勝過蔣志的，並提及此志皆是以臺閩二地熟悉臺灣事務的人來修志〔註42〕。《高志》在〈自序〉中談到纂修府志的背景與緣由：

> 臺灣蕞爾土，越在海外，游氛餘孽，蔚為逋藪；煢煢番黎，茫然不知有晦明日月……海外兵燹之餘，人心甫定、耳目未開，不為搜羅廢墜、纂輯典故，使天下觀者如身履其地而習其俗，無以彰聖天子一德同風之盛、廣久道化成之治；則亦守土者之過也……。〔註43〕

作志的動機基本上大致與《蔣志》同，另臺灣「餘孽猶存」甚至可能成為犯罪逋逃者之淵藪，所以如何讓中央熟悉與教化這新附之地，且讓該地的人民感受到聖恩浩蕩，亦是此志的重要目的，故言：

> 矧臺疆初闢，百度草創，遺編故老湮沒無聞；即欲成書而無徵不信，又孰從而誌之？於是者二年。幸托朝廷無外之威德、兩臺漸被之深猷，風雨以時，番黎向化；文武和洽，庶吏協恭。政事之餘，益得與父老子弟諮詢採攬；凡山川之險易、水土之美惡、物產之有無、風氣之同異、習俗之淳薄，遠自生番殊俗，下及閭閻纖悉，每聞見有得，輒心識而手編之。〔註44〕

足見《高志》的編纂最主要的目的，是在熟悉臺灣這片新闢之地，舉凡撫民、文教、移風易俗、加強倫常教化等，皆是其關注的重點。

依齊體物的說法，《高志》編纂的時間是在康熙32年與康熙33年間蒐集

---

〔註41〕 高志彬，《臺灣書目解題第一類（方志）》（臺北：中央圖書館臺灣分館，1987年），頁197。
〔註42〕 陳捷先，《清代臺灣方志研究》（臺北：臺灣學生書局，1996年），頁36。
〔註43〕 高拱乾，《臺灣府志》（南投：臺灣省文獻委員會，1993年），頁7～8。
〔註44〕 高拱乾，《臺灣府志》（南投：臺灣省文獻委員會，1993年），頁7～8。

資料，康熙 33 年冬天開始編輯，然後「閱四月」成稿〔註45〕。至於《高志》的取材，雖在體例上比《蔣志》完備，但其內容大多脫胎於《蔣志》〔註46〕，不過記述卻不如《蔣志》詳盡。陳捷先指出：《高志》在藝文、選舉、秩官及部份門類中，有《蔣志》不見的文字，大多是依據官方檔案所寫成的，並保存了臺灣早年的官私書檔案文獻〔註47〕，如施琅的《報入臺灣》、《請留臺灣疏》、楊文魁的〈臺灣紀略碑文〉、周昌的〈詳請開科考試文〉等。此時期沈光文的《臺灣輿圖考》、《草木雜記》、《臺灣賦》等與林謙光的《澎湖紀略》亦是該時期的重要作品（見附錄1）。

### （三）《重修臺灣府志》（周志）（以下簡稱《周志》）

周元文的《重修臺灣府志》於康熙 51 年編纂而成，體例完全依照《高志》，連凡例也全照《高志》，成書草率〔註48〕。最初由鳳山縣令宋永清提議重修：

> 際此物埠民康之時，不爲蒐輯而增修之，致令前有可傳後無可徵一切興衰得失之故興廢輿論搜羅文牘，自康熙三十五年至四十九年延鳳山教諭施君士嶽董其事令副榜貢生陳聖彪、鳳山廩生李欽文諸羅廩生鄭鳳庭分校序次以增卷帙。事必徵實研不溢美匪云修也補之云爾。〔註49〕

後康熙 49 年宋永清因任滿去職，施士嶽於康熙 50 年陞知縣內渡大陸，周元文又重新編纂，周在自序言：

> 歲庚寅（康熙 49 年），鳳邑宋令曾肩其事，而於政治之得失，民生之利病，闕焉未詳，恐不足以垂久而備採擇。爰於壬辰（康熙 51 年）之春，公餘之頃，與郡邑博士弟子員搜討舊帙，諮訪新聞。……，其中或因於昔，或創於今，有者仍之，闕者補之。雖不敢自附於作者之後，庶幾異日有志之士，採風問俗，有以據而考焉，未必非修

---

〔註45〕高拱乾，《臺灣府志》（南投：臺灣省文獻委員會，1993 年），頁 7～8。

〔註46〕詳見高志彬，《臺灣書目解題第一類（方志）》（臺北：中央圖書館臺灣分館，1987 年），頁 202～203 及陳碧笙，《臺灣府志校注》（廈門：廈門大學出版社，1985 年），頁 4～5。

〔註47〕陳捷先，《清代臺灣方志研究》（臺北：臺灣學生書局，1996 年），頁 50、56。

〔註48〕陳捷先，《清代臺灣方志研究》（臺北：臺灣學生書局，1996 年），頁 58。

〔註49〕周元文，《重修臺灣府志》（臺北：行政院文化建設委員會、遠流出版公司，2006 年），頁 3～4。

明之一助云爾。〔註50〕

於此可看出《周志》的內容以高志爲主而增刪修補，部分目類與《高志》大多完全相同，如〈風土志〉、〈封域志〉、〈規制志〉等，在《高志》與《周志》成書之間，問世的作品有康熙34年徐懷祖的《臺灣隨筆》、康熙36年郁永河的《裨海紀遊》及陳璸、宋永清、張宏、周元文的作品及詩作。《周志》〈藝文志〉增錄許多時人的作品，如〈公移〉增15篇，全是周元文的作品（見附錄1）。

### （四）《諸羅縣志》

康熙年間雖府志一再重修，可是各縣皆沒有修過縣志，至55年（1716），諸羅知縣周鍾瑄以《高志》所記諸羅寥寥且多傳聞，於是請修《諸羅縣志》並延請內地修志專家陳夢林爲總纂，自己亦慎重其事地參與考訂「每一卷就，余輒與參互而考訂之。凡所謂郡縣志乘之載，各具體矣。中間因事建議，陳君留心時務，動與余合；往復論難，要於保境息民、興教淑士，如醫者之用藥」〔註51〕，於康熙56年（1717）脫稿刊行，共歷七個月。

高志彬：「陳夢林留心經濟，周鍾瑄亦關心時務。鍾瑄具書幣遣使禮聘夢林，賓主合作無間。夢林既有修志之經驗，鍾瑄亦曾北巡諸社，問番疾苦。以經歷與實歷結合，二人於每一卷就，輒相考訂。所修之志，後人譽爲善本，蓋有以也。」〔註52〕陳捷先：「主修的縣令能與編纂人有這樣認眞並坦誠合作的精神，在歷史上也是不多見的。」〔註53〕簡言之，《諸羅縣志》的成書，是由一位熱衷於修志事業並親自訪察參與考訂的知縣與一位經驗豐富的修志高手的合作無間，不僅修志的態度嚴謹，也改正、補充了早年府志的錯誤，周鍾瑄於自序中言：「前副使高公已創爲郡志以誌之矣，獨邑乘缺焉。余自甲午奉調，東入鹿耳，度蔦松，每思得所依據以爲化理之本，及繙閱郡志，參之日所見聞，未嘗不致嘆於闕略者之多而疑者之復不可少也。」〔註54〕這亦是

〔註50〕周元文，《重修臺灣府志》（臺北：行政院文化建設委員會、遠流出版公司，2006年），頁6。

〔註51〕周鍾瑄，《諸羅縣志》（臺北：行政院文化建設委員會、遠流出版公司，2006年），頁26。

〔註52〕高志彬，《臺灣書目解題第一類（方志）》（臺北：中央圖書館臺灣分館，1987年），頁321。

〔註53〕陳捷先，《清代臺灣方志研究》（臺北：臺灣學生書局，1996年），頁65。

〔註54〕周鍾瑄，《諸羅縣志》（臺北：行政院文化建設委員會、遠流出版公司，2006

《諸羅縣志》素有美稱的原因。

　　《諸羅縣志》每一綱目或子目、細目下多有論，有考按、有附錄，雖不是附錄古書原文但採集了當時的一些文獻，指出史事的原委是非，此種修志的方式亦影響了後來的臺灣方志。《諸羅縣志》成書的時間與《周志》相去不遠，當時所能參考的作品與《周志》差不多，值得一提的是，《高志》將《蔣志》中明鄭文獻幾乎盡刪，《周志》編纂時又未能增補，但周鍾瑄與陳夢林在編纂《諸羅縣志》時，雖只錄其沈光文詩一首，但卻為沈光文與盧若騰立傳，頗有「悲其志高其行」之意。

### （五）《鳳山縣志》與《臺灣縣志》

　　康熙 56 年（1717），《諸羅縣志》告成，李丕煜以鳳山縣前未有志且云：「目之所觀，耳之所聞，參之郡志不無異同」，因此諮請上憲設局纂修，仿《高志》、《諸羅縣志》之綱目與體例，並延請鳳山在地人士陳文達、李欽文、陳慧等人為編輯，於 58 年脫稿、59 年刊行。王禮有序云：

> 北平李君博雅多聞、經綸素裕，當其宰南平也，撫字維勤、催科有術，……。迨調補鳳山以來，尤多善政……。邇來海隅漸有起色，生齒日以繁、田土日以闢、商賈日以集，民間子弟彈心誦習，而文風亦日以興。不有以誌之，後之採風問俗者憑何考證乎？於是退食之餘，加意旁蒐廣輯。或得於耆舊之傳聞、或得於耳目所聽睹；至於詩歌記載有關於風教者，一言必錄、片紙不遺。延集宿儒俊彥論定而纂訂之。〔註55〕

簡言之，自鳳山縣入清版圖以來已逾三十年，雖有府志的纂修，但未能呈現該地的面貌，故宜纂修《鳳山縣志》，而其另一層修志的主因想必亦是受了《諸羅縣志》纂修的刺激。

　　而《臺灣縣志》的成書，是因康熙 58 年（1719）臺灣知縣王禮受任之初，諸羅、鳳山二縣志先後完成，獨臺灣縣無志，他曾言：「諸志成於前，鳳志續於繼，獨臺邑之志缺焉未舉，亦海外一大憾事，志又烏可緩哉！余攝篆台邑，搜討郡乘，延訪群儒，廣羅博採，旁集遠輯。」〔註56〕故將修志視為

---

年），頁 25。

〔註55〕李丕煜、伊士俍、周于能，《鳳山縣志、臺灣志略、澎湖志略》（臺北：行政院文化建設委員會、遠流出版公司，2005 年），頁 33。

〔註56〕陳文達，《臺灣縣志》（南投：臺灣省文獻委員會，1993 年），頁 7。

當務之急,並延訪陳文達、林中桂、李欽文、張士箱等共任編輯,《臺灣縣志》於康熙 59 年(1720)脫稿,康熙時期一府三縣,至此皆各有志書。

據本研究第三章所整理,《鳳山縣志》、《臺灣縣志》在編纂的過程中動員臺人的比例雖只 27.2%,但就其職務的重要性而言,此二志是清代臺灣官纂的方志中,首次以臺人獨任編輯,亦是掌握了成稿前的書寫權利。

《鳳山縣志》與《臺灣縣志》成書時僅約 1 年之差,據〈附錄 1〉所列,自康熙 55 年至康熙 59 年間出現的作品,除潘鼎珪的詩文集 20 餘卷與陳璸的《陳清瑞公文選》外,其餘多是清代臺灣方志纂修人員自身的作品。

## 二、乾隆時期

### (一)《重修福建臺灣府志》(劉志)(以下簡稱《劉志》)

劉良璧於乾隆 5 年至 6 年(1741～1742)纂修《重修福建臺灣府志》,此志的編修乃是臺灣本土文人主動倡議請修的臺灣方志,書中亦錄有十三位本土文人的呈文,再者由於清帝國在臺灣的政權穩固後,中國內地的移民大量的湧入,原先的建制設施、風俗大異往昔,再加上科舉的開設,因而提出了重修方志之要求,這亦是自《蔣志》以來,第一部由臺灣本地人自覺性的提出修志的需求並為官員所倡,但陳捷先認為《劉志》似乎沒有認真地作一番實際的調查工作,如山川港溪多半抄於舊志,土番風俗則抄於舊書〔註57〕。

自《周志》成書後至乾隆 6 年間,據〈附錄 3〉,雍正朝出現 25 部著作,乾隆朝出現 6 部著作,共計 31 本。統計書中所抄之舊書有:清康熙年間《裨海紀遊》、《理臺末議》、《東征集》、《臺灣風土記》、及雍正年間伊士俍的《臺灣志略》,不過雖《劉志》對舊志、舊書的內容未加考究,有敷衍了事之嫌,但對於保留珍貴的文獻而言,功不可沒〔註58〕。筆者認為,《劉志》雖無新意地抄寫舊志、舊書,但書中所抄寫的內容部分也是初次出現在官纂的方志中,表示主事的官方亦認同這樣的書寫,多少也代表了官方的觀點,只是此志由臺灣在地人發聲請修,但卻未作實際地考察探究,實屬可惜。

---

〔註57〕陳捷先,《清代臺灣方志研究》(臺北:臺灣學生書局,1996 年),頁 98。
〔註58〕施懿琳,〈從《臺灣府志》〈藝文志〉看清領前期臺灣散文正典的生成〉,《臺灣文學學報》第 4 期(2003),頁 1～36。

## （二）《重修臺灣府志》（范志）（以下簡稱《范志》）

范咸與六十七於乾隆 9 年至 11 年（1773〜1746）合編的《重修臺灣府志》，是在《劉志》刊刻後的第三年即著手編修，其中序言：

> 庚戌歲，予奉命巡察。重洋遠渡，入其境，人民濟濟，無雕題卉服之狀；蓋浸潤於教化、涵濡乎養育者，深且至也。……退而準之舊有誌乘，則掛漏殊多。然舊志成於法制未備之初，不無因陋就簡；越數十年，自不可同日而語矣，意欲即而修之。……甲子春，旬宣閩地；見從前舊乘已爲劉副使補葺，人有同心，狷歟！休哉！……劉君所葺誌乘，又覺未盡其要；曾語巡使給諫六公，而六公亦有雅意增損之說。迨侍御范公赴臺，與六公參酌考訂、諮討釐正，逾一年誌成。〔註59〕

以《劉志》「未盡其要」，無法呈現臺灣當時整體的面貌爲編纂《范志》最重要的因素。另外值得注意的是在《劉志》所列的臺灣本土人士，在《范志》修志的名單中全部消失，施懿琳認爲：這固然可能是本土的修志人士才學上不足，於纂修《劉志》時引來諸多的批評，但從整個時代的背景來看，亦可能是清廷日趨於嚴密的思想控制，故由內地文人重修府志來取代本土文人倡議編修的《劉志》〔註60〕。

《范志》的取材，我們可自《范志》中的〈凡例〉窺得梗概：

> 臺郡初闢，中士士大夫至止者，類各有著述以紀異；然多散在四方，島嶼固鮮藏書之府也。范侍御奉命巡方，自京師攜黃玉圃先生「使槎錄」以行；至武林，又得孫湘南先生「赤嵌集」；抵臺商榷修志，於是「臺灣志略」、「靖海紀」、「東征紀」、「臺灣紀略」、「臺灣雜記」、「稗海紀遊」諸集，按籍搜索，並得全書。惟「沈文開集」，向時寓臺諸公所艷稱而未得見者，亦輾轉覓諸其後人。凡得詩文雜作鈔本九卷，半皆蠹爛；但字跡猶可辨識，既不忍沒前人之苦心，故所徵引較前志尤多。但志中所引，僅註書名；因特於「雜記」中另列「雜著」一條，備載作者姓氏，方知爲某人之書，亦並以存海

---

〔註59〕 范咸、六十七，《重修臺灣府志》（上）（下）（臺北：行政院文化建設委員會、遠流出版公司，2006 年），頁 29〜30。

〔註60〕 施懿琳，〈從《臺灣府志》〈藝文志〉看清領前期臺灣散文正典的生成〉，《臺灣文學學報》第 4 期（2003），頁 1〜36。

外之文章，令後來有據耳。〔註61〕

范咸重修臺灣府志時，當時紀錄臺灣的文獻已增加很多，自劉良璧於乾隆 6
年修府志後，又有約 13 本著作出現（見附錄 3），實非高拱乾、陳夢林時代可
比，因此《范志》除擴大前諸志的體式，多在其記述中列《附考》，有時《附
考》比正文多上好幾倍，又詳備出處，此作法雖是由《諸志》奠基，卻是在
《范志》中壯其流。另《范志》對於明鄭諸事記錄甚多，是臺灣方志首次載
錄明鄭史事，並補充了明鄭遺老的作品。而《范志》的另一個重要作者——
六十七，是乾隆年間的巡臺御史，他留心臺灣風土且著作頗豐，如乾隆 9 年
的《臺海采風考》、《番社采風圖考》等（見附錄 3），可謂是臺灣風物專家，
再加上范咸的博學多才，兩人合力重修的臺灣府志，非隨便潦草之作，可謂
是臺灣方志空前的佳作〔註62〕。

《范志》的取材除前引文所錄之書外，另值得一提的是，其〈番社風俗〉
一節幾乎全抄黃叔璥的〈番俗六考〉（收錄於《臺海史槎錄》，見附錄 3），此
書在《劉志》中未收，可補其缺。

### （三）《重修臺灣縣志》

乾隆 17 年臺灣知縣魯鼎梅與王必昌重修臺灣縣志，其魯序言：

> 王公禮創於康熙五十九年；其時草昧初開，民淳事簡，志亦略而不
> 詳。數十年來，休養生息，教化既行，規制大備：封域有定、山川
> 有制、田賦有經、學校有典。……辛未冬，爰集二、三寅好暨邑之
> 紳士耆碩，聚而商之。僉曰：是邑之先務也。迺鳩剞劂之資，舉博
> 士弟子潔士侯生世輝司其出納、孝廉明之陳君輝、博士弟子幼達盧
> 生九圍、博士弟子醇夫方生達聖專司編纂，明經子遠郭君朝宗、明
> 經修仲蔡君開春、明經岐伯金君鳴鳳、博士弟子爾簡龔生帝臣分司
> 採輯。諸君子既集眾腋，又遠微進士後山王君必昌於德化，以總輯
> 之。而其大綱細目，則郡學司鐸明卿林君起述是綜理焉。規撫既定，
> 請於憲，報可。乃設館於郡庠，繼晷纂之。越數月而書成。〔註63〕

---

〔註61〕 范咸、六十七，《重修臺灣府志》（上）（下）（臺北：行政院文化建設委員會、
　　　　遠流出版公司，2006 年），頁 55。
〔註62〕 陳捷先，《清代臺灣方志研究》（臺北：臺灣學生書局，1996 年），頁 99～
　　　　100。
〔註63〕 王必昌，《重修臺灣縣志》（臺北：行政院文化建設委員會、遠流出版公司，
　　　　2006 年），頁 34～35。

可知《重修臺灣縣志》的纂修乃是當地「紳士耆碩」的共識，認為康熙 59 年
王禮所纂修的《臺灣縣志》因當時草昧未開，故略而不詳，經數十年的教化
生息，規制大備而有重修縣志之必要，且參與修志的人員多是當地修志的能
手，故義例與體式皆有所本，條理清晰、敘事簡明。自《范志》成書後至乾
隆 17 年，臺灣地區新增 7 部著作（見附錄 3），《重修臺灣縣志》較之前期臺
灣方志，則是引用了大量詩品，為其特色。

### （四）《續修臺灣府志》（余志）（以下簡稱《余志》）

乾隆 25 年至 27 年間，臺灣知府余文儀重修臺灣府志〔註64〕，距離《范
志》的重修不過 10 餘年，余文儀在自序中提及《余志》的纂修原因：

> 予以乾隆庚辰來守茲郡，詢省舊聞，得康熙間觀察高公所為志及其
> 後副使劉君補葺之書，而患其未備；乃參覈新舊諸志，於簿書餘晷，
> 摭搰群籍、博訪故老暨身所經履山川夷險之處、傳聞同異之由，心
> 維手識，薈萃成編。〔註65〕

此段引文讓人不禁懷疑《范志》的存在，但《余志》的內容幾乎是《范志》
的再版，高志彬認為：早期在臺灣不易見到《范志》，而由於《余志》的纂修
使《范志》的體例與義法得以被保留，以致為後期的臺灣方志所師法〔註66〕。
而陳捷先對於余序中對《范志》一字不提，不僅是埋沒事實且有掠人之美的
嫌疑，亦即「剽竊」，陳也認為《范志》在臺灣地區確是流傳不廣〔註67〕。

自《范志》成至乾隆 27 年，臺灣地區共新增約 9 本著作（見附錄 3），然
因《余志》幾乎是抄錄《范志》，故所參閱取材的著述大致相同，其中〈藝文
志〉除保留《范志》的選文外，亦增加了乾隆初期巡臺御史張湄、書山及福
建巡撫吳士功等的奏疏，反映當時的社會狀況。

### （五）《重修鳳山縣志》

乾隆 29 年鳳山知縣王瑛曾重修鳳邑縣志，於序言：「鳳山舊志創於康熙

---

〔註64〕 高志彬，《臺灣書目解題第一類（方志）》（臺北：中央圖書館臺灣分館，1987
　　　　年），頁 257。
〔註65〕 余文儀，《續修臺灣府志》（臺北：行政院文化建設委員會、遠流出版公司，
　　　　2007 年），頁 25。
〔註66〕 高志彬，《臺灣書目解題第一類（方志）》（臺北：中央圖書館臺灣分館，1987
　　　　年），頁 262。
〔註67〕 陳捷先，《清代臺灣方志研究》（臺北：臺灣學生書局，1996 年），頁 110。

己亥歲，爲時滋久。余以乾隆庚辰歲調任茲邑，即慨然有修輯志。」〔註68〕
本志以舊志爲基礎重修，然兩志相隔40餘年，不僅社會環境迴異，而且該邑
所隸版圖規模亦有所差異，這亦是王瑛曾欲重修該志的原因，而參與編纂的
人員亦是修志的能手，故體例、義法與舊志相若、敘事簡明。其成書時間與
《余志》相去不遠，此時期臺灣出現的著述計6部，皆爲朱仕玠所作，如《小
琉球漫誌》等。（見附錄3）

## 三、嘉道咸時期

### （一）《續修臺灣縣志》

嘉慶8年薛志亮任臺灣縣知縣，蒞任之初，便以舊志簡略，久未續修爲
憾，惟因公務繁多，無暇顧及〔註69〕。嘉慶12年由嘉義縣學教諭謝金鑾及臺
灣縣學鄭兼才擔任總纂，分纂與採集皆是臺灣的舉人、貢生、諸生等擔任。
書中〈凡例〉：

　　一、臺郡之有邑志，創始於諸羅令周宣子；其時主纂者，則漳浦陳
　　　　少林也。二公學問經濟，冠絕一時；其所作志書，樸實老當。
　　　　所諸羅爲初闢盒陋之地，故每事必示以原本；至其議論，則長
　　　　才遠識，情見乎辭。分十二門，明備之中，仍稱高簡。本郡志
　　　　書，必以此爲第一也。故是編胚胎出於朝邑，而規撫則取諸少
　　　　林。

　　一、臺灣郡縣營廳建置，皆始自我朝，前此未有也。澎湖與臺灣，
　　　　遠隔大海二百餘里之外。今以隸臺灣者，前則以隸同安。舊志
　　　　以元末偶設巡檢司於澎湖，遂以爲臺灣建置之始，則非矣。今
　　　　之臺灣，可以概澎湖；昔之澎湖，不可以概臺灣也。旦舊志並
　　　　以僞鄭所立郡縣，與國朝合爲沿革，另立沿革一門；則於事爲
　　　　失實，而於義爲未妥。故是編於建置，斷自國朝爲始，而刪其
　　　　所謂沿革者。〔註70〕

---

〔註68〕王瑛曾，《重修鳳山縣志》（上）（下）（臺北：行政院文化建設委員會、遠流
　　　　出版公司，2006年），頁25。
〔註69〕謝金鑾、鄭兼才，《續修臺灣縣志》（臺北：行政院文化建設委員會、遠流出
　　　　版公司，2006年），頁31。
〔註70〕謝金鑾、鄭兼才，《續修臺灣縣志》（臺北：行政院文化建設委員會、遠流出
　　　　版公司，2006年），頁25。

由引言知《續修臺灣縣志》雖是本於舊志續修，然因編纂者的態度審慎，非僅是增刪修補外，對於內容的編排、論述亦有自己的想法，其內容多達 30 萬餘字，與舊志相去甚遠，陳捷先：謝、鄭兩人當時採用的體例在臺灣地區方志是創新的，因此不少人認爲怪異。雖內容無新意，但在方志的纂修的過程中仍顯謹慎〔註71〕。自乾隆 29 年至自嘉慶 12 年，出現的文學作品約有 30 餘部（見附錄 3、附錄 4）。

### （二）《彰化縣志》

彰化舊無記錄，康熙 56 年以前之史事，俱載於《諸羅縣志》，雍正 5 年由諸羅縣析出分治。道光 6 年（1826）周璽任彰化知縣，因閩粵械鬥被罷，先後主講於崇文、白沙兩書院。道光 10 年（1830）彰化知縣李延璧，聘周璽爲總纂設局正式修志，道光 12 年完稿，其後陸續增補，至道光 16 年（1836）刊行。周璽在序中對於修志的緣起有詳細的交代：

> 余於道光丙戌權篆斯邑，未彌厥月，即值閩、粵分類，被參罷職，濡滯僑寓，得就郡伯邑侯聘主講崇文、白沙兩書院，如是者有年。每與邑侯李君筠軒，公餘之暇，談及時事，謂臺郡四縣，臺邑有志，鳳邑有志，嘉邑雖無志，然從前諸羅舊志猶有存者，亦尚可考；獨彰邑缺如，豈不亦海外巨區一大遺憾乎？〔註72〕

在雍正 5 年後，臺一府四縣獨彰邑無志，周璽引以爲憾，故據《諸羅縣志》與《續修臺灣府志》增刪修補，並廣引諸書。彰化縣因移民進入甚早，官府亦極重視，文獻本應可觀，但因亂事多案牘多被焚毀，著述亦多湮沒。此志在體例上仿《諸羅縣志》，不僅體例精審，義法亦嚴謹，雖志考論不及《諸羅縣志》，但去其繁引，錄其精要反成爲優點〔註73〕。

### （三）《噶瑪蘭廳志》

噶瑪蘭即今宜蘭地區，原屬淡水廳於嘉慶 17 年（1812）置廳與淡水析治，由於噶瑪蘭開闢較晚，文獻記載甚少，直至道光 10 年晉江舉人陳淑均應聘掌教於噶瑪蘭廳的仰山書院，頗留心噶瑪蘭廳的文獻，又適逢福建有重修通志之議，道光 11 年（1831）當時的噶瑪蘭通判敦請陳淑均爲總纂。陳淑均以《續

---

〔註71〕陳捷先，《清代臺灣方志研究》（臺北：臺灣學生書局，1996 年），頁 135。
〔註72〕周璽，《彰化縣志》（臺北：遠流出版社，2006 年），頁 24～25。
〔註73〕高志彬，《臺灣書目解題第一類（方志）》（臺北：中央圖書館臺灣分館，1987年），頁 240～241。

修臺灣府志》爲大綱，再輔以當地文人的蒐討，道光 20 年完成初稿，但未刊行，直至道光 29 年當地生員李祺生將其增補、更正，於咸豐 2 年（1852）刻印刊行。仝卜年在跋中提及：

> 夫噶瑪蘭之在臺灣，特後山番社中一荒落耳，荷蘭弗及窺、鄭氏未暇據；迨至我朝，涵濡煦育百六十年，始隸版圖。考故府而無徵、詢俦而莫曉，當其任者不蓁難乎？先生則於無可蒐羅之處，極意蒐羅；無從考覈之中，殫精考覈。……。空空妙手，無米能炊，則其才識有非可以斗石量者。吾不知五泉、對山兩先生當此，其皺眉、撚髭能如先生之濡染淋漓否耶？〔註74〕

似乎對於陳淑均能在文獻如此缺乏下編纂成書，且考覈詳實甚感佩服，高志彬認爲：「陳夢林之《諸羅縣志》以議論見長，世稱善本，陳叔均之纂蘭志，則精於考稽，附考中除徵文考獻外，間有考覈，並非徒錄舊聞拼湊成篇，確能於無從考覈之中，殫精考覈。」〔註75〕噶瑪蘭置廳的時間是嘉慶 17 年，由於開闢不久文獻亦不多，然編纂者的精審從事，使其內容詳實，書中引用書目多達 157 種，此志稱得上是可信度高且記述詳實的志書〔註76〕。

## 四、同光時期

### （一）《淡水廳志》

清雍正元年（1723）設置《淡水廳》，淡水廳向無志至道光 14 年（1834），由臺進士鄭用錫首纂二卷，稿成未刊行，通稱《鄭稿》。在鄭氏的凡例中提及：

> 淡廳向無專志，其大略附列《郡志》內。自乾隆二十九年後，《郡志》未有重修，有增添各款無從編入，遂置缺如。茲奉上憲纂輯《省志》，檄飭各廳縣設局採訪，……，用錫奉本廳主持派採錄輯廳志，敢不其難、其慎、小心搜訪；第一人之精神有限，耳目難周今祇就……。〔註77〕

〔註74〕 陳淑均，《噶瑪蘭廳志》（臺北：行政院文化建設委員會、遠流出版公司，2006年），頁 31。
〔註75〕 高志彬，《臺灣書目解題第一類（方志)》（臺北：中央圖書館臺灣分館，1987年），頁 69～90。
〔註76〕 陳捷先，《清代臺灣方志研究》（臺北：臺灣學生書局，1996 年），頁 141。
〔註77〕 鄭用錫，《淡水廳志稿》（臺北：遠流出版社，2006 年），頁 22。

由「奉本廳主持派採錄輯廳志」可知，《鄭稿》的纂輯與《彰化縣志》、《噶瑪蘭廳志》修纂的原因相同，引文中所提之《郡志》應是指乾隆 29 年成書的《余志》，離《鄭稿》已有 67 年，鄭用錫世居竹塹，對該地的風土民情有深切的了解，故能填補這長期的空白，亦為後續修《淡水廳志》的工作奠立了良好的基礎。同治 6 年（1867）淡水同知嚴金清，聘金門舉人林豪據《鄭稿》為藍本，續纂成十五卷並增、改《鄭稿》，但亦未刊行，通稱《嚴稿》。同治 9 年（1870）淡水同知陳培桂聘楊浚，據《鄭稿》、《嚴稿》加以修定而成共 16 卷，於同治 10 年（1871）刊行。《淡水廳志》動用了 25 位淡水廳人士擔任採訪，其中更有多位舉人、士紳，足見當初陳培桂在編纂《淡水廳志》時規制不小，所擁有資源亦多。

### （二）《澎湖廳志》

光緒 4 年林豪繼《淡水廳續稿》、《金門志》後，再修《澎湖廳志》，可說是修志經驗相當豐富，後因為澎湖通判卸職，此志便擱置，直至光緒 19 年倡修《臺灣通志》，下令各縣廳蒐羅資料時，由當時的通判潘文鳳編修，他於序言：

> 皇上御極之十有八年，臺灣既開「通志」之局，大憲以澎湖故有廳乘稿本，命文鳳訪而致之，以之考獻徵文，甚盛典也是秋八月甫下車，聞是稿存於臺南海東書院；爰稟請臬道憲顧公將原稿發下，並於蔡汝璧廣文處檢出副本參閱之，皆志甲申以前事。至乙酉遭兵後設鎮、建城諸大端，闕焉未備。余維是書為金門林卓人孝廉所屬草，若得孝廉始終其事，則駕輕就熟，應無枘鑿之慮矣。於是以禮為羅，招致林君主此講席，而屬黃卿雲廣文暨蔡廣文輩，相與采獲見聞、搜羅案卷，與林君互相參訂，闕者補之、冗者刪之。計自仲冬倡辦、至年終告竣，成「廳志」十有六卷。〔註78〕

此志自「仲冬」倡辦，至「年終」便告竣，時間之短，推測應是據林豪的舊稿，後再續 10 年，然此志並無林豪的序言，部分纂修人據推論可能是付梓前補入的，如澎湖通判陳步梯、水師總兵周振邦等。而林豪於編修此書時，撰寫凡例四千餘言，可說是經驗之談，可作為修志的參考〔註79〕。

---

〔註78〕林豪、薛紹元，《澎湖廳志》（上）（下）（臺北：行政院文化建設委員會、遠流出版公司，2006 年），頁 42。

〔註79〕陳捷先，《清代臺灣方志研究》（臺北：臺灣學生書局，1996 年），頁 162、

### （三）《苗栗縣志》

光緒 18 年（1892）臺灣省設局纂修通志，分檄各州府縣廳採輯資料，而苗栗縣為淡水廳析出分治的新闢地區，故亦設局採訪，但各項文獻資料缺乏，採集工作困難，直至光緒 20 年（1894）由苗栗知縣沈茂蔭纂輯，未刊行，僅有抄本存世，民國 51 年（1962）臺灣銀行經濟研究室，將《苗栗縣志》列入「臺灣文獻叢刊」。

《苗栗縣志》內容相當潦草，記事非常簡略，方豪認為其體例幾乎完全仿照《淡水廳志》，不僅卷數相同，其字句也多雷同〔註80〕。此志雖除纂輯人外，其餘採訪皆為苗栗縣人，但以內容觀照似乎並未善盡採訪之責，更遑論增補、改訂前志《淡水廳志》之謬。

### （四）《恆春縣志》

《恆春縣志》的成書與《苗栗縣志》一樣皆是為修台灣省通志而纂修的。光緒元年，恆春由鳳山析出，設官分職，光緒 18 年由恆春知縣陳文緯主修、屠繼善總纂，至光緒 20 年完稿，然隔年甲午戰爭起，未及刊行。

《恆春縣志》纂修時，恆春建置僅 10 餘年，開闢較遲，各項門目可記無多，而土物、風俗雖有可述然不及採訪，內容甚不詳實〔註81〕。但就保存資料而言，是有所貢獻的，因恆春縣設置未久，尚存重要的舊檔資料多收錄其中，但以志書的標準而言，雖內容有十五萬字之多，但終不免有潦草、簡略等缺失，且無義法可言〔註82〕。

影響方志纂修的因素很多，本章主要是針對清代各部方志編纂時的社會概況、纂修緣起及每個時期臺灣出現的作品，來建構方志纂修的外緣背景，然此外緣內涵甚廣，未避免偏離論文主題，故僅初步描繪外緣輪廓未對其深入探討，不過雖未深入探討但本章所架構出的輪廓，卻可作下一章節〈清代臺灣方志纂修人員的纂修視域〉的寫作基礎。

---

176。

〔註80〕 方豪，〈修志專家與臺灣方志的修纂〉，《方豪六十自定稿（上）》（臺北：撰者印，1969 年），頁 622。

〔註81〕 王志楣，〈點校說明〉，《恆春縣志》（臺北：行政院文化建設委員會、遠流出版公司，2006 年），頁 13。

〔註82〕 陳捷先，《清代臺灣方志研究》（臺北：臺灣學生書局，1996 年），頁 186～187。

# 第三章　清代臺灣方志編纂團隊的背景分析與纂修視域的形構

## 第一節　清代臺灣方志纂修人員的背景分析

### 一、清代臺灣方志的纂修模式

　　清代開設的史館極多，由於性質有所不同，故在機構的設置上亦有些許的不同，可分為特開之館、例開之館、常設之館和閱時而開之館四類，而清代的《一統志》館則屬閱時而開之館〔註1〕。清代史館建置的格局隨著各類史館的開設，史館內的人員組成以及機構組織亦逐漸形成。一般史館在組織上大多數都設有總裁官、副總裁官負責最後的審閱，纂修與協修則是結撰初稿經總纂細加刪改後上呈，另外還置有校對、翻譯、謄錄等，置收掌、供事則負責館內日常的管理工作。

　　清朝在組織各史館時是互相參照的，而各史館組織形式的互相借鑒主要體現在兩個方面，一是縱向上，同一類的史館往往借鑒前次的設館經驗，存在著繼承關係；二是橫向上，各類史館之間相互借鑒、模仿，而其它規模小的史館在機構上亦模仿大的史館，地方亦模仿中央的史館設立〔註2〕。如前所言，清代地方志的編修熱潮乃是因應《大清一統志》的纂修而起，在體例和

〔註1〕喬治忠，《清朝官方史學研究》（臺北：文津出版社，1994年），頁5。
〔註2〕王紀錄，《清代政治的演變與史館的建置》（北京：人民出版社，2009年），頁56、87。

編纂方法與規模上對清代一統志館亦是有所借鑒。表 3-1-1 所列是清代每一部臺灣方志的組織設置：

### 表 3-1-1：清代臺灣各部方志編纂組織

| | 1 | 2 | 3 | 4 | 5 | 6 | 7 | 8 |
|---|---|---|---|---|---|---|---|---|
| 臺灣府志（蔣） | | | | | | | | |
| 臺灣府志（高） | 纂輯 | 校定 | 分訂 | 督梓官 | | | | |
| 增修臺灣府志（周） | 纂輯 | 校定 | 分訂 | | | | | |
| 重修福建臺灣府（劉） | 總裁 | 協裁 | 纂輯 | 協輯 | 同輯 | 分輯 | 校對 | 監刻 |
| 重修臺灣府志（范） | 纂輯 | 協輯 | 參閱 | 校輯 | 監刻 | 校對 | | |
| 續修臺灣府志（余） | 總裁 | 主脩 | 協輯 | 參輯 | 校對 | | | |
| 諸羅縣志 | 總裁 | 鑒定 | 主脩 | 編次 | 編纂 | 校刊 | 督梓 | |
| 鳳山縣志 | 鑒定 | 主脩 | 編纂 | 編次 | 校刊 | 督梓 | | |
| 臺灣縣志 | 總裁 | 鑒定 | 編纂 | 主脩 | 參訂 | 督梓 | | |
| 重修臺灣縣志 | 編纂 | 鑒定 | 承脩 | 總理 | 總輯 | 分輯 | 繕寫 | |
| 重修鳳山縣志 | 總裁 | 主脩 | 編纂 | 參閱 | 校定 | | | |
| 續修臺灣縣志 | 總裁 | 總纂 | 鑒定 | 分纂 | 採輯 | 總理志局事 | 校對 | |
| 彰化縣志 | 總纂 | 鑒定 | 分纂 | 總理事志局 | 採訪 | 監刻 | | |
| 苗栗縣志 | 纂輯 | 採訪 | | | | | | |
| 恆春縣志 | 主脩 | 纂輯 | 採訪 | 校對 | | | | |
| 噶瑪蘭廳志 | 鑒裁 | 監修 | 總纂 | 續輯 | 採訪 | 檢案 | 彙校 | 續校 |
| 淡水廳志 | 纂輯 | 閱定 | 採訪 | 校對 | | | | |
| 澎湖廳志 | 監修 | 總修 | 協修 | 採訪總校 | 採訪分校 | | | |

資料來源：清代臺灣各部方志（版本詳列於參考書目）。

我們清楚地知道除苗栗縣志外，每一部方志至少有兩組至八組的編纂人員，雖然相關執掌與組織的規模少有史料記載，但根據清代史館運作的機制及史館互相借鑒模式，如清末的《鳳山采訪冊》中提到：

　　分職：總纂一人，業經聘定。此外，擬請派提調一員，主張局務；

幫提調一員，以便輪換，庶不致拋荒本任公事。如派候補人員充
當，即一員亦足敷用。以下擬請派正途二員爲纂修。又協修四人、
校錄四人、謄錄六人；協修主分門編纂之役，校錄專司核對，謄錄
專司繕寫，統歸於纂修覆訂後以達於提調、總纂。此外，須用收掌
一人，專管收發書籍、登記號簿；清書四、五人，以備赴各衙門鈔
錄案卷及執掌外府州縣公文來往。又支應司事一人，經管內外供
億、出入銀錢、油燭紙張。自纂修以下，均聽提調差委。又，火夫
一名，隨時僱用；聽差二名，由府、縣撥派。又，門役即用試院原
夫，與聽差各役均由局酌給津貼。至纂修以下各員名薪水工食，開
局時另請定奪。惟是經費不充，不能不實事求是；如有以挂名支脩
請者，應即概行謝絕。即成書以前，非實在煩冗，亦不另添別項名
色。〔註3〕

我們不難勾勒一部方志纂修的流程：主要是由一個官員（通常是該行政區的
地方長官）因著上級單位資料的徵集或某種理想而提出纂修計畫，「請於各上
憲」後開設志局，開局後自己擔任總纂，並延攬當地老成績學之士或外聘經
驗純熟的修志專家擔任編纂，地方府學的生員擔任編採、校對等，經過材料
的篩選，再透過一套分類系統整理後編輯，定稿、付梓後層層上覽以期能「貢
之史館」〔註4〕。

　　這樣的一個編纂流程，提供了我們幾個問題訊息：以行政單位爲範圍的
地方志很顯然的是一種多源的集體創作，這個多源包含了實地探訪的人員觀
看了甚麼？記錄了甚麼？定稿的編纂群如何透過制式的分類系統，來看待這
些觀看與紀錄然後汰選？主持計畫的總纂與出錢付梓者的期待或目的是甚
麼？這些問題都有待我們將清代臺灣方志編纂團隊的背景抽絲剝繭地釐清，
才能作深入的理解，此亦是筆者在下一節所要探討的重點。

## 二、清代臺灣方志編纂團隊的背景分析

　　筆者在描繪這些清代臺灣方志編纂人員的集體畫像時，盡其所能地從康
熙朝到光緒朝，依照清代臺灣每部方志中修志姓氏所列之纂修人員名單爲
基礎，再蒐羅、擷取各史料文獻的資料，整理出清代臺灣各方志編修人員

---

〔註3〕　盧德嘉，《鳳山縣采訪冊》（南投：臺灣省文獻委員會，1993年），頁8～10。
〔註4〕　參閱林開世，〈方志的呈現與再現——以《噶瑪蘭廳志》爲例〉，《新史學》卷
　　　　18第2期（2007.06），頁1～60。

的背景並製表陳列（參閱表 3-1-2～3-1-5），期在這些人之間尋找其群體的相似性。

表 3-1-2：清康熙年間臺灣方志纂修人員的背景出身統計表

| 編號 | 方志名稱 | 纂修職務 | 姓 名 | 籍貫 | 出 身 | 修志時的官職 | 任職時間 | 經　　歷 | 備 註 |
|---|---|---|---|---|---|---|---|---|---|
| 1 | 臺灣府志（蔣志）康熙22年 | 未列修志職務 | 蔣毓瑛 | 奉天錦州 | 官生 | 臺灣府知府 | 康熙23～28年 | 1.官生知泉州府 2.康熙23年，調臺灣知府 3.康熙24年，與巡道周昌拓大學宮、創立義學，以倡文教 4.康熙28年陞晉江右觀察使 5.撰臺灣府志 | 陞江西按察使 |
| 2 | | | 楊芳聲 | 直隸萬全衛 | 歲貢生 | 鳳山縣知縣 | 康熙23～28年 | 1.康熙23年任鳳山縣知縣 2.康熙28年內擢戶部江南司主事 | 陞戶部江南司主事 |
| 3 | | | 季麒光昭聖 | 江蘇無錫 | 康熙15年進士 | 諸羅縣知縣 | 康熙23～24年 | 1.康熙23年由閩清知縣調任諸羅縣事 2.著有《蓉州文稿》、《臺灣郡志稿》、《蓉洲詩稿》、《臺灣雜記》、《山川考略》、《海外集》 3.東吟社社員 | 以憂去 |
| | | | 耆 老 | | | | | | 序言提及但未有詳細說明 |
| | | | 儒 生 | | | | | | |
| 4 | 臺灣府志（高志）康熙34年 | 纂輯 | 高拱乾九臨 | 陝西榆林衛 | 廕生 | 福建分巡臺廈道兼理學政浙江按察使司按察使 | 康熙31～34年 | 1.康熙29年任泉州知府 2.康熙30年陞福建分巡臺灣廈門兵備道兼理學政 3.康熙34年陞浙江按察使 | 陞浙江按察史 |
| 5 | | 校定 | 靳治揚毛南 | 遼東漢軍鑲黃旗 | 廕生 | 臺灣知府 | 康熙34～41年 | 1.以筆帖式歷漳州知府 2.康熙34年任臺灣知府 3.康熙41年，陞廣東肇高廉羅道 | 陞廣東肇高廉羅道 |

| 編號 | 方志名稱 | 纂修職務 | 姓　名 | 籍貫 | 出　身 | 修志時的官職 | 任職時間 | 經　　歷 | 備　註 |
|---|---|---|---|---|---|---|---|---|---|
| 6 | | 校定 | 齊體物 | 遼東漢軍正黃旗 | 康熙15年進士 | 臺灣府海防總補同知 | 康熙30年 | | |
| 7 | | 校定 | 李中素　鵠山 | 湖北麻城 | 康熙35年貢生 | 臺灣縣知縣 | 康熙34年 | 1.以湘鄉教諭卓異，擢知閩縣 2.康熙34年調任臺灣知縣 | 卒於任 |
| 8 | | 校定 | 朱　繡 | 陝西鳳翔 | 康熙24年進士 | 鳳山知縣 | 康熙34～ | 仙遊縣令 | 憂去 |
| 9 | | 校定 | 董之弼 | 遼東 | 監生 | 諸羅知縣 | 康熙34～ | 由閩清令補調 | |
| 10 | | 校定 | 張士昊 | 福建福州 | 拔貢一云福清歲貢 | 臺灣府儒學教授 | 康熙30～ | | 陞廣東惠來縣知縣 |
| 11 | | 校定 | 林宸書 | 福建蒲田 | 歲貢 | 臺灣縣儒學教諭 | 康熙30～ | | 陞廣東歸縣知縣 |
| 12 | | 校定 | 黃式度　奕坦 | 福建晉江 | 康熙19年舉人 | 鳳山縣儒學教諭 | 康熙30年 | 曾任沙縣教諭 | 陞山西臨泉知縣 |
| 13 | | 校定 | 謝汝霖 | 福建長樂 | 康熙18年舉人 | 諸羅縣儒學教諭 | 康熙30～ | | 陞陝西延州知縣 |
| 14 | | 分訂 | 王　璋　昂伯 | 臺灣縣 | 康熙32年舉人 | | | 1.雲南宜良縣令 2.知湖廣房縣令 3.有名於詩，爲明遺老王忠孝之侄孫 | 擢監察御史 |
| 15 | | 分訂 | 吳　弼 | 臺灣縣寧南坊 | 歲貢生 | | | | 後任松溪訓導 |
| 16 | | 分訂 | 陳　逸　豫侯 | 臺灣縣東安坊 | 歲貢生 | | 雍正3年 | 1.任福安訓導 2.鳳山縣志〈編次〉 | |
| 17 | | 分訂 | 黃　魏 | 鳳山縣 | 貢生 | | | | |
| 18 | | 分訂 | 馬廷對　策生 | 諸羅縣 | 貢生 | | | 1.流寓於臺，康熙32年充貢 2.八旬任南安訓導 | 任南安訓導 |
| 19 | | 分訂 | 馮士虬 | 諸羅縣 | 監生 | | | | |
| 20 | | 分訂 | 張　銓　君衡 | 臺灣縣 | 生員 | | | 康熙34年任歸化訓導 | 任歸化訓導 |
| 21 | | 分訂 | 陳文達　在茲 | 臺灣縣 | 生員 | | | 1.康熙46年歲貢 2.增修臺灣府志〈周志〉〈分訂〉 | |

| 編號 | 方志名稱 | 纂修職務 | 姓名 | 籍貫 | 出身 | 修志時的官職 | 任職時間 | 經歷 | 備註 |
|---|---|---|---|---|---|---|---|---|---|
| | | | | | | | | 3.鳳山縣志（編纂）<br>4.臺灣縣志（編纂） | |
| 22 | | 分訂 | 鄭莘達<br>伯謙 | 臺灣縣西定坊 | 生員 | | | 以歲貢任永福訓導 | 任永福訓導 |
| 23 | | 分訂 | 金繼美<br>云思 | 臺灣縣東安坊 | 生員 | | 康熙34年 | 1.康熙41年延掌義學，康熙43年掌崇文書院<br>2.以歲貢終<br>3.重修臺灣府志〈周志〉（分訂） | |
| 24 | | 分訂 | 張紹茂 | 鳳山縣 | 生員 | | | | |
| 25 | | 分訂 | 柯廷樹 | 鳳山縣 | 生員 | | | | |
| 26 | | 分訂 | 張僊客 | 鳳山縣 | 生員 | | | | |
| 27 | | 分訂 | 盧賢 | 諸羅縣 | 生員 | | | | |
| 28 | | 分訂 | 洪成度 | 諸羅縣 | 生員 | | | 重修臺灣府志〈周志〉（分訂） | |
| 29 | | 督梓官 | 嚴時泰 | 浙江錢塘 | 吏員 | 典史 | | | |
| 30 | 重修臺灣府志〈周志〉康熙49年 | 纂輯 | 陳璸<br>文煥 | 廣東雷州海康 | 康熙33年進士 | 福建分巡臺灣廈門道兼理學政 | 1.康熙41～42<br>2.康熙49～53<br>3.康熙56年 | 1.康熙33年福建古田知縣<br>2.康熙41年調知臺灣事<br>3.康熙42年四川提學道僉事<br>4.康熙53年擢偏沅巡撫<br>5.康熙54年調福建巡撫<br>6.康熙55年兼攝閩江總督<br>7.著有《清端集》 | 康熙56年陞福建巡撫 |
| 31 | | 纂輯 | 周元文<br>洛書 | 遼東漢軍正黃旗 | 監生 | 福建臺灣府知府 | 康熙46年 | 1.嘗守延平，以廉能著稱<br>2.康熙46年調補臺灣知府 | |
| 32 | | 校定 | 洪一棟<br>石臣 | 湖廣應山縣 | 例貢生 | 臺灣府海房總捕同知 | 康熙48～56年 | 康熙48年任臺灣海防同知，迄康熙56年共任9年 | 病死於任所 |
| 33 | | 校定 | 張宏 | 江蘇上海 | 貢生 | 臺灣縣知縣 | 康熙47年 | 康熙52年陞西城兵馬司正指輝 | 陞西城兵馬司正指揮 |

| 編號 | 方志名稱 | 纂修職務 | 姓　名 | 籍貫 | 出　身 | 修志時的官職 | 任職時間 | 經　歷 | 備　註 |
|---|---|---|---|---|---|---|---|---|---|
| 34 | | 校定 | 時惟豫 | 遼東漢軍鑲黃旗 | 貢生 | 鳳山縣知縣 | 康熙51年 | | 陞泉州府廈門同知 |
| 35 | | 校定 | 劉宗樞梅臣 | 漢軍正白旗 | 監生 | 諸羅縣知縣 | | | |
| 36 | | 校定 | 康卓然立生 | 福建龍溪 | 貢生 | 署臺灣府儒學教授事臺灣縣儒學教諭 | 康熙48～52年 | | 陞京衛武學教授 |
| 37 | | 校定 | 郭　濤雪山 | 福建福清 | 貢生 | 鳳山縣儒學教諭 | 康熙51～55年 | | 陞四川永年知縣 |
| 38 | | 校定 | 陳　聲仲希 | 福建長泰 | 康熙26年舉人 | 諸羅縣儒學教諭 | 康熙49年 | | 陞山西永和縣知縣 |
| 39 | | 分訂 | 陳文達 | 臺灣縣 | 生員 | | | 1.康熙46年歲貢2.臺灣府志〈高志〉（分訂）3.鳳山縣志（編纂）4.臺灣縣志（編纂） | |
| 40 | | 分訂 | 金繼美云思 | 臺灣縣東安坊 | 生員 | | 康熙34年 | 1.康熙41年延掌義學，康熙43年掌崇文書院2.以歲貢終3.臺灣府志〈高志〉（分訂） | |
| 41 | | 分訂 | 洪成度 | 諸羅縣 | 生員 | | | 臺灣府志〈高志〉（分訂） | |
| 42 | | 分訂 | 張續緒 | 臺灣縣 | 貢生 | 同安教諭 | 康熙50年 | | |
| 43 | | 分訂 | 郭必捷汝奏 | 臺灣縣 | 康熙48年歲貢生 | 寧洋訓導 | | | |
| 44 | | 分訂 | 林中桂秀民 | 諸羅縣 | 康熙35年貢生 | | | 1.諸羅縣志（編次）2.臺灣縣志（主修） | |
| 45 | | 分訂 | 李欽文世勳 | 鳳山縣東安坊 | 廩生 | | | 1.任南靖訓導2.康熙60年歲貢3.著有〈節烈行〉4.諸羅縣志（編纂）5.鳳山縣志（編纂）6.臺灣縣志（編纂） | |
| 46 | | 分訂 | 張雲抗 | 臺灣縣 | 生員 | | | | |
| 47 | | 分訂 | 盧芳型愧如 | 臺灣縣 | 康熙36年例貢 | | | | |
| 48 | | 分訂 | 蔡夢弼 | 臺灣縣 | 生員 | | | | |

| 編號 | 方志名稱 | 纂修職務 | 姓名 | 籍貫 | 出身 | 修志時的官職 | 任職時間 | 經歷 | 備註 |
|---|---|---|---|---|---|---|---|---|---|
| 49 | | 分訂 | 劉榮袞 | 臺灣縣 | 生員 | | | | |
| 50 | | 分訂 | 石鍾英 | 臺灣縣 | 生員 | | | | |
| 51 | 諸羅縣志 康熙55年 | 總裁 | 梁文科 丹崖 | 正白旗 | 舉人 | 福建分巡臺灣廈門道監理學政按察司副使加四級紀錄十四次 | | 陞廣東按察使 | |
| 52 | | 鑒定 | 王珍 雄樵 | 長治 | 副榜 | 臺灣府知府加一級 | | 1.鳳山縣志（鑒定）2.臺灣縣志（鑒定） | |
| 53 | | 主脩 | 周鍾瑄 宣子 | 貴州貴筑 | 康熙35年舉人 | 諸羅縣知縣加一級紀錄四次 | 康熙53年 | 康熙61年臺灣知縣 | |
| 54 | | 編次 | 林中桂 秀民 | 諸羅縣 | 康熙35年貢生 | | | 1.增修臺灣府志〈周志〉（分訂）2.臺灣縣志（主脩） | |
| 55 | | 編纂 | 李欽文 世勳 | 鳳山縣東安坊 | 廩生 | | | 1.任南靖訓導 2.康熙60年歲貢 3.著有〈節烈行〉4.鳳山縣志（編纂）5.臺灣縣志（主脩） | |
| 56 | | 編纂 | 陳夢林 少林 | 福建漳浦 | 監生 | | 康熙55年 | 1.修諸羅縣志 2.參藍廷珍幕平朱一貴事 | |
| 57 | | 校刊 | 陳文海 容川 | 福建永安 | 貢生 | 諸羅縣儒學教諭加一級 | 康熙53年 | | |
| 58 | | 督梓 | 楊雲龍 | 大興 | 吏員 | 諸羅縣典吏加一級 | | | |
| 59 | | 督梓 | 陳祚禎 | 大興 | 內閣供事 | 諸羅縣佳里興司巡檢加一級 | | | |
| 60 | 鳳山縣志 康熙58年 | 總裁 | 梁文煊 | 漢軍正白旗 | 監生 | 分巡臺灣道兼提接督學政 | | 臺灣縣志（總裁） | |
| 61 | | 鑒定 | 王珍 雄樵 | 山西長治 | 副榜 | 臺灣府知府加一級 | | 1.諸羅縣志（鑒定）2.臺灣縣志（鑒定） | |
| 62 | | 鑒定 | 王禮 立山 | 直隸宛平 | 監生 | 臺灣府海防同知兼篆臺灣知縣 | 康熙58年 | 臺灣縣志（主脩） | |
| 63 | | 主脩 | 李丕煜 | 直隸灤州 | 康熙36年歲貢 | 鳳山縣知縣 | | | |
| 64 | | 編纂 | 陳文達 | 臺灣縣 | 歲貢生 | | | 1.康熙46年歲貢 2.臺灣府志〈高志〉（分訂） | |

| 編號 | 方志名稱 | 纂修職務 | 姓名 | 籍貫 | 出身 | 修志時的官職 | 任職時間 | 經歷 | 備註 |
|---|---|---|---|---|---|---|---|---|---|
| | | | | | | | | 3.增修臺灣府志〈周志〉（分訂）<br>4.臺灣縣志（編纂） | |
| 65 | | 編纂 | 李欽文<br>世勳 | 鳳山縣東安坊 | 廩生 | | | 1.任南靖訓導<br>2.康熙60年歲貢<br>3.著有〈節烈行〉<br>4.諸羅縣志（編纂）<br>5.臺灣縣志（主脩） | |
| 66 | | 編纂 | 陳慧 | 諸羅縣 | 廩膳生員 | | | | |
| 67 | | 編次 | 陳逸 | 臺灣縣 | 歲貢生 | | 雍正3年 | 1.任福安訓導<br>2.臺灣府志〈高志〉（分訂） | |
| 68 | | 校刊 | 富鵬業 | 福建晉江 | 康熙44年舉人 | 任鳳山縣儒學教諭 | 康熙56年 | | 由連城調職 |
| 69 | | 督梓 | 周起渭 | 直隸通州 | 吏員 | 鳳山縣典史 | 康熙56年 | 臺灣縣志（督梓） | |
| 70 | | 督梓 | 王國興 | 順天大興 | | 鳳山縣淡水司巡檢 | | | |
| 71 | 臺灣縣志<br>康熙59年 | 總裁 | 梁文煊 | 漢軍正白旗 | 監生 | 分巡臺灣道兼提接督學政 | | 鳳山縣志（總裁） | |
| 72 | | 鑒定 | 王珍<br>雄樵 | 山西長治 | 副榜 | 臺灣府知府加一級 | | 1.諸羅縣志（鑒定）<br>2.鳳山縣志（鑒定） | |
| 73 | | 編纂 | 陳文達 | 臺灣縣 | 歲貢生 | | | 1.康熙46年歲貢<br>2.臺灣府志〈高志〉（分訂）<br>3.重修臺灣府志〈周志〉（分訂）<br>4.鳳山縣志（編纂） | |
| 74 | | 主脩 | 林中桂<br>秀民 | 諸羅縣 | 康熙35年貢生 | | | 1.增修臺灣府志〈周志〉（分訂）<br>2.諸羅縣志（編次） | |
| 75 | | 主脩 | 李欽文<br>世勳 | 鳳山縣 | 廩膳生員 | | | 1.康熙60年歲貢<br>2.著有〈節烈行〉<br>3.諸羅縣志（編纂）<br>4.鳳山縣志（編纂） | |
| 76 | | 主脩 | 張士箱<br>汝方 | 臺灣縣 | 廩膳生員 | 任漳州訓導 | | 雍正9年歲貢 | |
| 77 | | 主脩 | 王禮<br>立山 | 順天宛平 | 監生廩膳生 | 臺灣府海防同知 | | 鳳山縣志（鑒定） | |
| 78 | | 參訂 | 馮迪 | | | 臺灣縣縣丞 | | | |

| 編號 | 方志名稱 | 纂修職務 | 姓名 | 籍貫 | 出身 | 修志時的官職 | 任職時間 | 經歷 | 備註 |
|---|---|---|---|---|---|---|---|---|---|
| 79 | | 參訂 | 吳應異 | 福建侯官 | 舉人 | 臺灣縣儒學教諭 | 康熙58年 | | |
| 80 | | 督梓 | 周起渭 | 直隸通州 | 吏員 | 鳳山縣典史 | 康熙56年 | 鳳山縣志（督梓） | |
| 81 | | 督梓 | 李振宗 | | | 澎湖巡檢 | | | |

## 表3-1-3：清乾隆年間臺灣方志纂修人員的背景出身統計表

| 編號 | 方志名稱 | 纂修職務 | 姓名 | 籍貫 | 出身 | 修志時的官職 | 任職時間 | 經歷 | 備註 |
|---|---|---|---|---|---|---|---|---|---|
| 1 | 重修福建臺灣府志（劉志）乾隆5年 | 總裁 | 德沛濟齋 | （宗室） | | 總督閩浙部院鎮國將軍 | | 乾隆2～4年任湖廣總督，乾隆4～7年任閩浙總督 | |
| 2 | | 總裁 | 策楞（鈕祜祿氏） | 滿洲鑲黃旗 | | 署閩浙總督部院鎮閩將軍 | | | |
| 3 | | 總裁 | 王恕 | 巴蜀 | | 巡撫福建都察院 | | | |
| 4 | | 總裁 | 舒輅坤畝（他塔喇氏） | 滿州正白旗 | 雍正4年考授內閣中書 | 巡視臺灣監察御史 | 乾隆5～7年 | | |
| 5 | | 總裁 | 書山英崿（鈷祜祿氏） | 滿州鑲黃旗 | 刑科給事中內閣中書 | 巡視臺灣監察御史 | 乾隆7～9年 | | |
| 6 | | 總裁 | 楊二酉學山 | 山西太原 | 雍正11年進士 | 巡視臺灣提督學政監察御史 | 乾隆4～6年 | 建東海書院 | |
| 7 | | 總裁 | 張湄鷺洲 | 浙江錢塘 | 雍正11年進士 | 巡視臺灣提督學政監察御史 | 乾隆6～8年 | 1.編有《珊枝集》2.著有《瀛壖百詠》、《柳魚詩鈔》 | |
| 8 | | 協裁 | 喬學尹 | 山西猗氏 | 康熙52年進士 | 福建部政使司 | | | |
| 9 | | 協裁 | 張嗣昌 | 山西浮山 | | 福建部政使司 | | | |
| 10 | | 協裁 | 王丕烈 | 江南青浦 | 雍正5年進士 | 福建按察使司 | | | |
| 11 | | 纂輯 | 劉良璧省齋 | 湖南衡陽 | 雍正2年進士 | 臺灣知府分巡臺灣道按察使司副使 | 乾隆2～5年 乾隆5年 | 1.雍正5年諸羅知縣 2.雍正9年龍溪知縣 3.雍正13年漳州同知 | 轉福建糧驛道 |

| 編號 | 方志名稱 | 纂修職務 | 姓名 | 籍貫 | 出身 | 修志時的官職 | 任職時間 | 經歷 | 備註 |
|---|---|---|---|---|---|---|---|---|---|
| 12 | | 纂輯 | 錢洙 恪齋 | 浙江 嘉善 | | 臺灣府知府 | 乾隆 5 年 | 鳳山知縣 | |
| 13 | | 纂輯 | 范昌治 | 浙江 鄞縣 | 監生 | 臺灣府知府 | 乾隆 7～10 年 | | |
| 14 | | 協輯 | 郝霔 | 直隸 霸州 | 雍正 2 年 進士 | 臺灣府海防同知 | 乾隆 5～7 年 | 乾隆 7～9 年調淡水同知 | 乾隆 13 年陞汀州知府 |
| 15 | | 協輯 | 戴大冕 | 江蘇 上元 | 監生 | 臺灣府淡水同知 | 乾隆 4 年 | | |
| 16 | | 協輯 | 胡格 壽平 | 湖廣 將夏 | 舉人 | 署澎湖通判 | | | |
| 17 | | 協輯 | 楊允璽 | 廣東 大埔 | 雍正 2 年 舉人 | 臺灣縣知縣 | | | |
| 18 | | 協輯 | 程芳 | 安徽 休寧 | 貢生 | 鳳山縣知縣 | 乾隆 3 年 | | |
| 19 | | 協輯 | 何衢 | 四川 廣元 | 康熙 59 年 舉人 | 諸羅縣知縣 | 乾隆 6 年 | | |
| 20 | | 協輯 | 費應豫 | 湖南 巴陵 | 拔貢 | 彰化縣知縣 署澎湖通判 | 乾隆 6～9 年 | | |
| 21 | | 同輯 | 薛士中 | 福建 閩縣 | 雍正 12 年 進士 | 臺灣府學教授 | 康熙 10～12 年 | 乾隆 5 年再任臺灣府學教授 | |
| 22 | | 同輯 | 徐弘祚 | 福建 將樂 | 康熙 47 年 舉人 | 臺灣縣學教諭 | 乾隆 3 年 | | |
| 23 | | 同輯 | 周元 | 福建 長樂 | 拔貢 | 鳳山縣學教諭 | 乾隆 3 年 | | |
| 24 | | 同輯 | 陳振甲 | 福建 浦城 | 雍正元年 拔貢 | 諸羅縣學教諭 | 乾隆 3 年 | | |
| 25 | | 同輯 | 鄒熊 | 福建 清流 | 雍正元年 舉人 | 彰化縣學教諭 | 乾隆 3 年 | | |
| 26 | | 分輯 | 陳邦傑 俊千 | 臺灣 | 乾隆 3 年 舉人 | | | | |
| 27 | | 分輯 | 陳輝 旭初 | 鳳山縣 | 乾隆 3 年 舉人 | | | 1.重修臺灣縣志（編纂）、（鑒定） 2.著有《旭初詩集》 | |
| 28 | | 分輯 | 張從政 達夫 | 臺灣縣 | 雍正元年 恩貢生 | | | 著有《剛齋詩文稿》 | |
| 29 | | 分輯 | 黃佺 伴俁 | 臺灣縣 | 雍正 12 年 拔貢 | 候選州判 | | 著有《草廬詩草》、《東寧遊草》 | |

| 編號 | 方志名稱 | 纂修職務 | 姓名 | 籍貫 | 出身 | 修志時的官職 | 任職時間 | 經歷 | 備註 |
|---|---|---|---|---|---|---|---|---|---|
| 30 | | 分輯 | 范學洙 | 臺灣 | 乾隆6年歲貢生 | 任安溪訓導 | | | |
| 31 | | 校對 | 楊友竹 | 福建連江 | 廩貢 | 臺灣府學訓導 | 乾隆5年 | | |
| 32 | | 校對 | 朱士顯 | 浙江蕭山 | 監生 | 臺灣府經歷 | 乾隆4年 | | |
| 33 | | 監刻 | 施士安 佰欽 | 臺灣縣 | 康熙54年例貢 | | | | |
| 34 | | 監刻 | 翁昌齡 鶴年 | | 生員 | | | | |
| 35 | 重修臺灣府志（范志）乾隆11年 | 纂輯 | 六十七 居魯 | 滿州鑲紅旗 | | 巡視臺灣戶科給事中 | 乾隆9～10年 | 著有《台海番社采風圖考》、《使署閒情》 | |
| 36 | | 纂輯 | 范咸 貞吉 | 浙江仁和 | 雍正元年進士 | 巡視臺灣兼提督學政監察御史 | 乾隆10～11年 | 著有《婆娑洋集》、《浣浦詩鈔》 | |
| 37 | | 協輯 | 莊年 榕亭 | 江蘇長洲 | 監生 | 分巡臺灣道按察使司副使 | 乾隆6～7年 | 1.以監生保舉福建福清知縣 2.乾隆6年擢淡水同知 3.著有《澄臺集》 | |
| 38 | | 協輯 | 褚祿 總百 | 江蘇青浦 | 雍正11年進士 | 臺灣府知府 | 乾隆10年 | | |
| 39 | | 參閱 | 陳繩 驪季 | 福建侯官 | 歲貢 | 諸羅學訓導 | 乾隆9年 | 1.雍正12年召舉博學鴻詞 2.協纂《台海番社采風圖考》 | |
| 40 | | 校輯 | 曾日瑛 芝田 | 江西南昌 | 例監 | 臺灣府淡水同知 | 乾隆10～13年 | 1.淡水同知兼彰化縣事 2.乾隆18年臺灣知府 3.建白沙書院 | |
| 41 | | 校輯 | 汪天來 溯潢 | 江南徐州 | 監生 | 澎湖通判 | | | |
| 42 | | 校輯 | 李闇權 衡宜 | 山西安邑 | 貢生 | 臺灣縣知縣 | | | |
| 43 | | 校輯 | 呂鍾秀 集九 | 廣東饒平 | 舉人 | 鳳山縣知縣 | | | |
| 44 | | 校輯 | 趙軾臨 湘右 | 浙江蕭山 | 監生 | 署鳳山縣知縣 | | | |

| 編號 | 方志名稱 | 纂修職務 | 姓名 | 籍貫 | 出身 | 修志時的官職 | 任職時間 | 經歷 | 備註 |
|---|---|---|---|---|---|---|---|---|---|
| 45 | | 校輯 | 周緝敬 作侯 | 廣東新會 | 舉人 | 諸羅縣知縣 | | | |
| 46 | | 校輯 | 陸廣霖 用賓 | 江南武進 | 乾隆4年進士 | 彰化縣知縣 | 乾隆9～10年 | 1.乾隆11年再任彰化知縣 2.乾隆13年護理淡水同知 | |
| 47 | | 監刻 | 方邦基 樂只 | 浙江仁和 | 雍正8年進士 | 原任臺灣府海防同知 | | | |
| 48 | | 監刻 | 梁須梗 大木 | 漢軍正白旗 | 例監 | 臺灣府海防同知 | | | |
| 49 | | 監刻 | 張若霙 樹堂 | 安徽桐城 | 保舉拔貢 | 署臺灣府海防同知漳州府同知 | 乾隆11年 | 乾隆12年調臺灣知縣 | |
| 50 | | 校對 | 吳應造 鈞大 | 福建福清 | 雍正8年進士 | 臺灣府學教授 | 乾隆9年 | | |
| 51 | | 校對 | 伍兆崧 符年 | 福建寧化 | 優貢 | 臺灣縣學訓導 | 乾隆10年 | | |
| 52 | 重修臺灣縣志〈王志〉乾隆17年 | 編纂 | 陳輝 | 鳳山縣 | 乾隆3年舉人 | | | 1.重修福建臺灣府志〈劉志〉（分輯） 2.著有《旭初詩集》 | |
| 53 | | 編纂 | 方達聖 | 臺灣縣 | 廩生 | | | | |
| 54 | | 編纂 | 盧九圍 | 臺灣縣 | 生員 | | | | |
| 55 | | 鑒定 | 喀爾吉善 | 滿州正黃旗 | | 太子少保兵部尚書都察院右都御史總督閩浙等處地方軍務兼理糧餉世襲騎都尉 | | | |
| 56 | | 鑒定 | 陳弘謀 | 廣西桂林 | | 兵部侍郎巡撫福建等處地方提督軍務監都察院右副都御史 | | | |
| 57 | | 鑒定 | 立柱 | 滿州鑲紅旗 | 監生 | 巡察臺灣等處地方戶科給事中 | 乾隆16年 | 本名何鈞乾隆改名 | |
| 58 | | 鑒定 | 錢琦 相人、湘純 | 浙江仁和 | 乾隆2年進士 | 巡察臺灣等處兼提督學政河南道監察御史 | 乾隆16年 | 著有《碧澄齋詩鈔》、《別集》 | |
| 59 | | 鑒定 | 陳林每 | 福建 | 行伍 | 鎮守臺灣等處地方掛印總兵管 | 乾隆16年 | | |

| 編號 | 方志名稱 | 纂修職務 | 姓　名 | 籍貫 | 出　身 | 修志時的官職 | 任職時間 | 經　　歷 | 備　註 |
|---|---|---|---|---|---|---|---|---|---|
| 60 | | 鑒定 | 顧濟美 | 江蘇長州 | | 福建等處承宣布政使司布政使 | | | |
| 61 | | 鑒定 | 德　舒 | 滿州鑲紅旗 | 繙譯舉人 | 福建等處承宣布政使司布政使 | | | |
| 62 | | 鑒定 | 來謙鳴 | 浙江蕭山 | | 福建等處提刑按察使 | | | |
| 63 | | 鑒定 | 金　溶 | 順天大興 | 雍正8年進士 | 分巡臺灣道按察使司副使 | | | |
| 64 | | 鑒定 | 柁穆齊圖 | 長白蒙古鑲藍旗 | | 分巡臺灣道兼提督學政按察使司僉事仍兼世管佐領 | | | |
| 65 | | 鑒定 | 陳玉友 | 順天文安 | 雍正8年進士 | 署臺灣府知府 | | | |
| 66 | | 鑒定 | 王文昭 | 陝西淳化 | 拔貢 | 署臺灣府知府海防同知 | 乾隆17年 | | |
| 67 | | 鑒定 | 陳　輝 旭初 | 鳳山縣 | 乾隆3年舉人 | | | 1.重修福建臺灣府志〈劉志〉（分辨）2.著有《旭初詩集》 | |
| 68 | | 承脩 | 魯鼎梅 | 江西新城 | 乾隆7年進士 | 臺灣縣知縣護理海防同知事 | | | |
| 69 | | 總理 | 謝家樹 | 福建歸化 | 乾隆4年進士 | 臺灣府儒學教授 | 乾隆17年 | 1.乾隆26年再任臺灣府學教授 2.乾隆27年轉任臺灣府學訓導 | |
| 70 | | 總理 | 林起述 明卿 | 福建沙縣 | 廩貢 | 臺灣府儒學訓導 | 乾隆10年 | | |
| 71 | | 總輯 | 王必昌 克捷 | 福建晉江 | 乾隆10年進士 | 截選知縣未能登科 | | 曾纂修德化縣志 | |
| 72 | | 分輯 | 郭朝宗 | | 雍正12年拔貢 | 選授闓學縣訓導 | 乾隆2年 | | |
| 73 | | 分輯 | 蔡開春 修仲 | 臺灣縣 | 拔貢生 | | | | |
| 74 | | 分輯 | 金鳴鳳 | | 歲貢生 | 連江訓導 | 乾隆8年 | | |
| 75 | | 分輯 | 龔帝臣 | | 生員 | | | | |
| 76 | | 分輯 | 方達義 | | 監生 | | | | |
| 77 | | 分理 | 侯世輝 | | 生員 | | | | |
| 78 | | 繕寫 | 王志選 | | 儒童 | | | | |

| 編號 | 方志名稱 | 纂修職務 | 姓名 | 籍貫 | 出身 | 修志時的官職 | 任職時間 | 經歷 | 備註 |
|---|---|---|---|---|---|---|---|---|---|
| 79 | | 繕寫 | 陳正宗 | | | | | | |
| 80 | | 繕寫 | 吳初昇 | | | | | | |
| 81 | 續修臺灣府志（余志）乾隆23年 | 總裁 | 覺羅四明 朗停 | 滿州正藍旗 | （內閣中書） | 分巡臺灣道兼提督學政 | 乾隆 26～29年 | 1.乾隆22～26年任臺灣知府 2.重修鳳山縣志（總裁） | |
| 82 | | 主脩 | 余文儀 寶岡 | 浙江諸暨 | 乾隆2年進士 | 臺灣府知府臺灣道 | 乾隆25年 | 1.乾隆27年攝海防同知 2.29年陞臺灣道 3.重修鳳山縣志（主脩） | 俸滿臺灣知府陞臺灣道 |
| 83 | | 協輯 | 干從濂 靜專 | 江西星子 | 嘉慶13年進士 | 臺灣府淡水同知 | | | |
| 84 | | 協輯 | 夏瑚 | 浙江仁和 | 監生 | 臺灣府淡水同知 | 乾隆23年 | 1.乾隆23年臺灣知縣 2.乾隆25～28年調淡水同知 | |
| 85 | | 參輯 | 黃佾 樂序 | 福建侯官 | 舉人揀選知縣 | | | 重修鳳山縣志（參閱） | |
| 86 | | 校對 | 張源義 世文 | 臺灣縣 | 生員 | | | 重修鳳山縣志（校對） | 張士箱的孫子 |
| 87 | 重修鳳山縣志 乾隆29年 | 總裁 | 覺羅四明 朗停 | 滿州正藍旗 | 內閣中書 | 分巡臺灣道兼提督學政 | 乾隆 22～26年 | 1.乾隆22～26年任臺灣知府 2.乾隆26～29年任臺灣道兼提督學政 3.續修臺灣府志〈余志〉（總裁） | |
| 88 | | 主脩 | 余文儀 寶岡 | 浙江諸暨 | 乾隆2年進士 | 臺灣府知府臺灣道 | 乾隆25年 | 1.乾隆25年任臺灣知府 2.乾隆27年攝海防同知 3.乾隆29年陞臺灣道 4.續修臺灣府〈余志〉（主脩） | 俸滿臺灣知府陞臺灣道 |
| 89 | | 主脩 | 蔣允焄 為光 | 貴州貴筑 | 乾隆2年翰林 | 臺灣府知府 | | | |
| 90 | | 主脩 | 徐德峻 發巖 | 浙江蘭谿 | 乾隆2年進士 | 臺灣府海防同知 | | | |
| 91 | | 編纂 | 王瑛曾 玉裁 | 江南無錫 | 乾隆9年舉人 | 鳳山縣知縣 | | | |

| 編號 | 方志名稱 | 纂修職務 | 姓名 | 籍貫 | 出身 | 修志時的官職 | 任職時間 | 經歷 | 備註 |
|---|---|---|---|---|---|---|---|---|---|
| 92 | | 參閱 | 黃份 樂序 | 福建侯官 | 乾隆18年舉人 | 揀選知縣 未能登科 掌教海東書院 | | 續修臺灣府志〈余志〉（參輯） | |
| 93 | | 參閱 | 卓肇昌 思克 | 鳳山縣 | 雍正15年舉人 | 揀選知縣 | | 1.揀選知縣不赴 2.著有《栖碧堂全集》 | |
| 94 | | 校對 | 張源義 世文 | 臺灣縣 | 生員 | | | 續修臺灣府志〈余志〉（校對） | 張士箱的孫子 |
| 95 | | 校對 | 柯廷第 聲侯 | 鳳山縣 | 乾隆27年例貢 | | | | |
| 96 | | 校對 | 林夢麟 | 鳳山縣 | 生員 | | | | |

## 表3-1-4：清嘉道年間臺灣方志纂修人員的背景出身統計表

| 編號 | 方志名稱 | 纂修職務 | 姓名 | 籍貫 | 出身 | 修志時的官職 | 任職時間 | 經歷 | 備註 |
|---|---|---|---|---|---|---|---|---|---|
| 1 | 續修臺灣縣志 嘉慶12年 | 總裁 | 薛志亮 耘廬 | 江蘇江陰 | 嘉慶12年賜進士出身 | 陞授鹿港海防兼北路理番同知臺灣縣知縣 | | | |
| 2 | | 總纂 | 謝金鑾 巨廷、退谷 | 福建侯官 | 乾隆53年舉人 | 嘉義學教諭 | 嘉慶9年 | 著有《噶瑪蘭紀略》、《二勿齋文集》 | |
| 3 | | 總纂 | 鄭兼才 文化 | 福建德化 | 乾隆54年拔貢 嘉慶3年解元 | 臺灣縣學教諭 | 嘉慶9年 | 1.嘉慶25年再任臺灣縣學教諭 2.著有《六亭文選》 | |
| 4 | | 鑒定 | 清華 | 滿州鑲黃旗 | 官生 | 按察史銜分巡臺澎兵備道兼提督學政 | | | |
| 5 | | 鑒定 | 楊廷理 双梧 | 廣西柳州 | 拔貢生 | 臺灣府知府前按察史銜臺澎兵備道兼提督學政 | 乾隆51～52年 | 1.乾隆51～52年任臺灣府海防同知署臺灣知府 2.乾隆52～53年實授臺灣知府 3.乾隆53年護任分巡臺澎兵備道兼提督學政 4.嘉慶11～12年二度來臺任知府 5.嘉慶14～16年三度來臺後補知府駐辦開蘭委員 6.著有《東遊詩草》 | 推崇宋儒 |

| 編號 | 方志名稱 | 纂修職務 | 姓　名 | 籍貫 | 出　身 | 修志時的官職 | 任職時間 | 經　歷 | 備　註 |
|---|---|---|---|---|---|---|---|---|---|
| 6 | | 鑒定 | 錢　澍 | | | 道銜候補知府臺兼南路理番同知前署臺灣府事 | | | |
| 7 | | 分纂 | 洪　禧 | 臺灣縣 | 乾隆59年進士 | 分發山西知縣 | | | |
| 8 | | 分纂 | 潘振甲 | 臺灣縣 | 乾隆51年舉人 | | | | |
| 9 | | 分纂 | 郭紹芳 | 臺灣縣 | 嘉慶3年舉人 | | | | |
| 10 | | 分纂 | 黃汝濟 | | 嘉慶5年拔貢生 | | | | |
| 11 | | 分纂 | 韓必昌 | | 乾隆60年歲貢生 | | | | |
| 12 | | 採輯 | 游　化 | 臺灣縣 | 乾隆59年歲貢生 | | | | |
| 13 | | 採輯 | 陳廷瑜 握卿 | 臺灣縣 | 邑增廣生 | | | | |
| 14 | | 採輯 | 陳震曜 煥東 | 嘉義縣 | 嘉慶15年優貢生 | 軍功陞授州同安學訓導 | | 1.任福建教諭監理福鼇書院 2.助修福建通志 3.彰化縣志（總纂） | |
| 15 | | 採輯 | 林奎章 | 臺灣縣 | 邑生員 | | | | |
| 16 | | 採輯 | 林　珅 | | 府學生員 | | | | |
| 17 | | 採輯 | 王　瑞 | 鳳山縣 | 鳳山學生員 | | | | |
| 18 | | 採輯 | 林棲鳳 | 臺灣縣 | 邑廩膳生員 | | | | |
| 19 | | 總理志局事 | 吳春貴 | 嘉義 | 候補郎中拔貢生 | 候選州判 | | | |
| 20 | | 校對 | 黃　繢 | 鳳山 | 嘉慶5年拔貢 | 候補州判 | | | |
| 21 | | 校對 | 黃本淵 虛谷 | 臺灣縣 | 府學廩生 | | | | 陞常汀縣訓導 |
| 22 | | 校對 | 洪　坤 | | 府學廩生 | | | | |
| 23 | | 校對 | 黃殿臣 | | | | | | |

| 編號 | 方志名稱 | 纂修職務 | 姓 名 | 籍貫 | 出 身 | 修志時的官職 | 任職時間 | 經 歷 | 備 註 |
|---|---|---|---|---|---|---|---|---|---|
| 24 | 彰化縣志 道光16年 | 總纂 | 陳震曜 煥東 | 嘉義縣 | 嘉慶15年優貢生 | 軍功陞授州同安學訓導 | | 1.任福建教諭監理福鼇書院 2.助修福建通志 3.續修臺灣縣志（採輯） | |
| 25 | | 總纂 | 周璽 | 廣西臨桂 | 嘉慶4年進士 | 原署彰化縣知縣 | | | |
| 26 | | 總纂 | 吳春蘭 廷香 | 福建建寧 | 嘉慶12年舉人 | 彰化縣學教諭 | 道光9年 | | |
| 27 | | 總纂 | 方岱 | 福建霞浦 | 嘉慶13年舉人 | 彰化縣學教諭 | 道光12年 | | |
| 28 | | 總纂 | 曾作霖 雨若 | 彰化縣 | 嘉慶21年舉人 | 教諭銜管閩清縣學訓導事 | | | |
| 29 | | 鑒定 | 托克通阿 | 滿州 | 嘉慶21年舉人 | 陞授司知彰化縣知縣 | | | |
| 30 | | 鑒定 | 李廷璧 | 雲南晉寧 | 嘉慶5年舉人 | 陞授鹿港海防兼理番同知彰化縣知縣 | | | |
| 31 | | 鑒定 | 賈懋功 | 山西 | 嘉慶16年進士 | 彰化縣知縣 | | | |
| 32 | | 分纂 | 廖春波 | 彰化縣 | 拔貢生 | | | | |
| 33 | | 分纂 | 楊占鰲 | 彰化縣 | 軍功六品銜廩生 | | | | |
| 34 | | 分纂 | 楊奎 | 彰化縣 | 增廣生 | | | | |
| 35 | | 總理志局事 | 羅桂芳 | 彰化縣 | 軍功六品銜候補訓導廩貢 | | | | |
| 36 | | 總理志局事 | 曾拔萃 | 彰化縣 | 恩貢生 | | | | |
| 37 | | 總理志局事 | 戴天定 | 彰化縣 | 軍功八品銜貢生 | | | | |
| 38 | | 採訪 | 林廷璋 | 彰化縣 | 嘉慶21年舉人軍功候補直隸州州同 | | | | |
| 39 | | 採訪 | 賴占梅 | 彰化縣 | 恩貢生 | | | | |
| 40 | | 採訪 | 紀夢熊 | 彰化縣 | 歲貢生 | | | | |

| 編號 | 方志名稱 | 纂修職務 | 姓　名 | 籍貫 | 出　身 | 修志時的官職 | 任職時間 | 經　　歷 | 備　註 |
|---|---|---|---|---|---|---|---|---|---|
| 41 | | 採訪 | 羅在田 | 彰化縣 | 歲貢生 | | | | |
| 42 | | 採訪 | 陳仁世 | 彰化縣 | 廩生 | | | | |
| 43 | | 採訪 | 李鳳翔 | 彰化縣 | 生員 | | | | |
| 44 | | 採訪 | 張　襄 | 彰化縣 | 生員 | | | | |
| 45 | | 採訪 | 莊日躋 | 彰化縣 | 生員 | | | | |
| 46 | | 採訪 | 楊廷琛 | 彰化縣 | 道光17年貢生 | | | | |
| 47 | | 採訪 | 洪對揚 | 彰化縣 | 監生 | | | | |
| 48 | 噶瑪蘭廳志　咸豐2年 | 鑒裁 | 姚　瑩　石甫 | 安徽桐城 | 嘉慶13年進士 | 前任按察使銜福建臺澎兵備道兼提督學政 | | 1.嘉慶24年臺灣知縣旋署南路海同知　2.道光元年任噶瑪蘭通判　3.道光18年陞臺灣道　4.著有《東槎紀略》、《中復堂全集》、《石甫文鈔》 | |
| 49 | | 鑒裁 | 熊一本 | 安徽六安 | 嘉慶19年進士 | 前任按察使銜福建臺澎兵備道兼提督學政 | | | |
| 50 | | 鑒裁 | 徐宗幹 | 江蘇通州 | 嘉慶25年進士 | 欽加按察使銜福建臺澎兵備道兼提督學政 | | | |
| 51 | | 監修 | 薩　廉 | 滿州鑲紅旗 | 筆帖式 | 原署噶瑪蘭通判後補同知 | | | |
| 52 | | 監修 | 仝卜年潤南 | 山西平陸 | 嘉慶16年進士 | 原任臺灣府知府前噶瑪蘭通判 | 道光11～15年 | 1.噶瑪蘭通判　2.海防同知 | 卒於仕 |
| 53 | | 監修 | 裕　鐸 | 滿州鑲藍旗 | 舉人 | 特授臺灣府知府 | | | |
| 54 | | 監修 | 董正官鈞伯 | 雲南太和 | 道光13年進士 | 特授噶瑪蘭通判 | 道光29年 | 噶瑪蘭仰山書院山長 | |
| 55 | | 總纂 | 陳淑均友松 | 福建晉江 | 嘉慶21年舉人 | 噶瑪蘭仰山書院山長 | 道光10～14年 | 道光18年掌鹿港文開書院 | |
| 56 | | 續輯 | 李棋生壽泉 | 噶瑪蘭廳 | 生員 | | | | |
| 57 | | 採訪 | 盧永昌 | | 例貢生 | | | | |

| 編號 | 方志名稱 | 纂修職務 | 姓　名 | 籍貫 | 出　身 | 修志時的官職 | 任職時間 | 經　　歷 | 備　註 |
|---|---|---|---|---|---|---|---|---|---|
| 58 | | 採訪 | 潘廷勳 | | 六品頂帶監生 | | | | |
| 59 | | 採訪 | 楊德昭 | | 六品頂帶監生 | | | | |
| 60 | | 採訪 | 林逢春 | | 例貢生 | | | | |
| 61 | | 採訪 | 蔡長青 | | 八品頂帶監生 | | | | |
| 62 | | 檢案 | 林瑞遠 | | 監生 | | | | |
| 63 | | 檢案 | 盧本立 | | 監生 | | | | |
| 64 | | 檢案 | 林國翰 | | 八品頂帶監生 | | | | |
| 65 | | 檢案 | 林華簪 | | 八品頂帶監生 | | | | |
| 66 | | 彙校 | 黃學海匯東 | 噶瑪蘭廳 | 道光17年拔貢 | 六品頂帶候選直隸州州判 | | | |
| 67 | | 彙校 | 黃纘緒龍芸 | 噶瑪蘭廳 | 道光20年舉人 | | | | |
| 68 | | 彙校 | 張四維 | | 生員 | | | | |
| 69 | | 彙校 | 蔣常昭 | | 廩生 | | | | |
| 70 | | 彙校 | 李際春 | | 廩生 | | | | |
| 71 | | 彙校 | 林瑞圭 | | 生員 | | | | |
| 72 | | 彙校 | 朱長城 | | 廩生 | | | | |
| 73 | | 彙校 | 黃肇昂 | | 生員 | | | | |
| 74 | | 續校 | 黃　鏘 | | 歲貢生 | | | | |
| 75 | | 續校 | 李春華 | 噶瑪蘭廳 | 咸豐元年舉人 | | | | |
| 76 | | 續校 | 林維讓巽甫 | 淡水廳 | 欽賜舉人 | 戶部湖廣司員外郎選部副郎 | | 淡水廳志（採訪） | |
| 77 | | 續校 | 林維源時甫 | 淡水廳 | | 賞戴藍翎三品候選道選部副郎 | | 淡水廳志（採訪） | |
| 78 | | 續校 | 潘永清定民 | 淡水廳 | 咸豐恩貢生 | 銓選部副郎軍功議敘訓導恩 | | 淡水廳志（採訪） | |

表 3-1-5：清同光年間臺灣方志纂修人員的背景出身統計表

| 編號 | 方志名稱 | 纂修職務 | 姓名 | 籍貫 | 出身 | 修志時的官職 | 任職時間 | 經歷 | 備註 |
|---|---|---|---|---|---|---|---|---|---|
| 1 | 淡水廳志 同治9年 | 纂輯 | 陳培桂 | 廣東高要 | 道光26年舉人 | 知府銜署臺灣府淡水同知澎湖通判 | | | |
| 2 | | 閱定 | 黎兆棠 | 廣東順德 | 雍正11年進士 | 按察使銜屬臺灣兵備道兼提督學政 | | | |
| 3 | | 採訪 | 林維讓 巽甫 | 淡水廳 | 欽賜舉人 | 戶部湖廣司員外郎 | | 噶瑪蘭廳志（續校） | |
| 4 | | 採訪 | 林維源 時甫 | 淡水廳 | | 賞戴藍翎三品候選道 | | 噶瑪蘭廳志（續校） | |
| 5 | | 採訪 | 潘永清 定民 | 淡水廳 | 衛生員 | 銓選部副郎軍功議敘訓導恩貢生員外郎 | | 噶瑪蘭廳志（續校） | |
| 6 | | 採訪 | 楊承藩 敏甫 | 福建侯官 | 附生 | 任署臺灣府學訓導 | 同治12年 | | |
| 7 | | 採訪 | 吳子光 芸閣 | 廣東嘉應 | 舉人 | | | 著有《一肚皮集》、《小草拾遺》 | |
| 8 | | 採訪 | 翁林萃 史雲 | 淡水廳 | 候選同知 | | | | |
| 9 | | 採訪 | 張書紳 子訓 | 淡水廳 | 舉人 | | | | |
| 10 | | 採訪 | 陳霞林 洞漁 | 淡水廳 | 咸豐5年舉人候選知府內閣中書 | | | | |
| 11 | | 採訪 | 蘇袞榮 子奭 | 淡水廳 | 舉人候選內閣中書 | | | | |
| 12 | | 採訪 | 鄭如梁 稼田 | 淡水廳 | 候選道 | | | | |
| 13 | | 採訪 | 李彤恩 迪臣 | 福建閩縣 | 五品銜後補府經 | | | | |
| 14 | | 採訪 | 翁林福 史貞 | 淡水廳 | 五品銜通判 | | | | |
| 15 | | 採訪 | 王春塘 鏡波 | 淡水廳 | 知州銜 | | | | |
| 16 | | 採訪 | 李聯英 參前 | 淡水廳 | 州同銜候選縣丞 | | | | |

| 編號 | 方志名稱 | 纂修職務 | 姓　名 | 籍貫 | 出　身 | 修志時的官職 | 任職時間 | 經　　歷 | 備　註 |
|---|---|---|---|---|---|---|---|---|---|
| 17 | | 採訪 | 鄭化南 濟卿 | 淡水廳 | 候選縣丞 | | | | |
| 18 | | 採訪 | 鄭秉經 貞甫 | 淡水廳 | 州同 銜訓導 | | | | |
| 19 | | 採訪 | 林紹唐 詩賓 | 淡水廳 | 六品 銜訓導 | | | | |
| 20 | | 採訪 | 林汝梅 若村 | 淡水廳 | 同治 生員 道銜分 布郎中 | | | | |
| 21 | | 採訪 | 李騰芳 香谷 | 淡水廳 | 舉人 | | | | |
| 22 | | 採訪 | 陳　經 君治 | 淡水廳 | 廩生 | | | | |
| 23 | | 採訪 | 黃中理 海州 | 淡水廳 | 廩生 | | | | |
| 24 | | 採訪 | 蘇章榮 子泉 | 淡水廳 | 生員 | | | | |
| 25 | | 採訪 | 陳鸞升 浴雪 | 淡水廳 | 生員 | | | | |
| 26 | | 採訪 | 傅以揚 丕承 | 淡水廳 | 生員 | | | | |
| 27 | | 採訪 | 高廷琛 英甫 | 淡水廳 | 監生 | | | | |
| 28 | | 採訪 | 林維讓 巽甫 | 淡水廳 | 欽賜舉人 | 戶部湖廣司員 外郎 | | | |
| 29 | | 校對 | 汪達利 次安 | 江蘇 六合 | 監生 | | | | |
| 30 | | 校對 | 裴　坤 幼衡 | 福建 閩縣 | 舉人 | | | | |
| 31 | | 校對 | 查仁壽 靚先 | 浙江 海甯 | | 候選從九品 | | | |
| 32 | | 校對 | 劉　椿 魯生 | 山東 | | 候選鹽大使 | | | |
| 33 | | 校對 | 余　寬 子和 | 浙江 | | 候補從九品 | | | |
| 34 | | 校對 | 李　莊 徵之 | 福建 侯官 | 生員 | | | | |

| 編號 | 方志名稱 | 纂修職務 | 姓名 | 籍貫 | 出身 | 修志時的官職 | 任職時間 | 經　歷 | 備註 |
|---|---|---|---|---|---|---|---|---|---|
| 35 | 苗栗縣志　光緒19年 | 纂輯 | 沈茂蔭 槐堂 | 浙江蕭山 | 監生 | 同知銜特受苗栗縣知縣 | | | |
| 36 | | 採訪 | 謝錫光 耀卿 | 苗栗縣 | 舉人 | | | | |
| 37 | | 採訪 | 謝維岳 崧生 | 苗栗縣 | 舉人 | | | | |
| 38 | | 採訪 | 黃文哲 仲明 | 苗栗縣 | 生員 | | | | |
| 39 | | 採訪 | 李鍾萼 祥甫 | 苗栗縣 | 生員 | | | | |
| 40 | | 採訪 | 杜式珪 棠南 | 苗栗縣 | 恩貢生 | | | | |
| 41 | | 採訪 | 曾肇楨 藎臣 | 苗栗縣 | 附貢生 | | | | |
| 42 | | 採訪 | 郭鏡清 謀澄 | 苗栗縣 | 生員 | | | | |
| 43 | | 採訪 | 黃肇儒 照卿 | 苗栗縣 | 廩生 | | | | |
| 44 | 恆春縣志　光緒20年 | 主修 | 陳文緯 | 浙江山陰 | | 補用同知知恆春縣事甘蕭皋蘭縣 | | | |
| 45 | | 纂輯 | 屠繼善 芝君 | 浙江會稽 | 明經貢生 | 佐豫章貳尹 | | | |
| 46 | | 採訪 | 汪春元 | 恆春縣 | | 千戎 | | | |
| 47 | | 採訪 | 邱輔康 | 恆春縣 | | 茂才 | | | |
| 48 | | 校對 | 康作銘 子驥 | 廣東南澳 | | 茂才 | | 任教於恆春 | |
| 49 | | 校對 | 吳廷光 | 嘉應州 | | | | | |
| 50 | | 校對 | 劉鑫 | 嘉應州 | | | | | |
| 51 | 澎湖廳志　光緒20年 | 監修 | 蔡麟祥 | 廣東澄海 | 監生 | 提舉銜即補通判署澎湖糧捕海房通判 | 光緒4年 | | |
| 52 | | 監修 | 潘文鳳 | 涇縣 | | 知府銜卓異候陞候補同知直隸州調補埔裏社通判署澎湖通判 | | | |
| 53 | | 監修 | 陳步梯 子岳 | 廣東大埔 | | 補用同知後補通判署澎湖糧捕海房通判 | | | |

| 編號 | 方志名稱 | 纂修職務 | 姓名 | 籍貫 | 出身 | 修志時的官職 | 任職時間 | 經歷 | 備註 |
|---|---|---|---|---|---|---|---|---|---|
| 54 | | 總修 | 林豪嘉卓、卓人 | 福建金門 | 咸豐9年舉人 | 選用教諭主講文石書院 | | 著有《誦清堂詩集》、《東瀛紀事》 | |
| 55 | | 協修 | 蔡玉成 | 澎湖廳 | | 候選訓導 | | | |
| 56 | | 協修 | 黃濟時 | | | 補用訓導署臺灣府彰化縣學教諭 | | | |
| 57 | | 採訪總校 | 郭鶚翔 | 澎湖廳 | 舉人 | 大挑教諭署臺灣府學教授 | | 未登科舉人 | |
| 58 | | 採訪總校 | 陳維新 | 澎湖廳 | 增廣生 | | | | |
| 59 | | 採訪總校 | 薛元英 | | 廩膳生 | | | | |
| 60 | | 採訪總校 | 徐癸山 | | 生員 | | | | |
| 61 | | 採訪分校 | 許占魁 | 澎湖廳 | 候選訓導 | | | | |
| 62 | | 採訪分校 | 陳雁標 | | 廩膳生 | | | | |
| 63 | | 採訪分校 | 許棻 | | 廩膳生 | | | | |
| 64 | | 採訪分校 | 洪朝陽 | | 廩膳生 | | | | |
| 65 | | 採訪分校 | 洪捷元 | | 生員 | | | | |
| 66 | | 採訪分校 | 林維藩 | | 生員 | | | | |
| 67 | | 採訪分校 | 洪純仁 | | 生員 | | | | |
| 68 | | 採訪分校 | 許晉纓 | | 生員 | | | | |
| 69 | | 採訪分校 | 蔡時文 | | 生員 | | | | |
| 70 | | 採訪分校 | 李煥章 | | 生員 | | | | |
| 71 | | 採訪分校 | 許家修 | | 生員 | | | | |
| 72 | | 採訪分校 | 陳徵湖 | | 生員 | | | | |
| 73 | | 採訪分校 | 陳錫命 | | 生員 | | | | |

| 編號 | 方志名稱 | 纂修職務 | 姓名 | 籍貫 | 出身 | 修志時的官職 | 任職時間 | 經歷 | 備註 |
|---|---|---|---|---|---|---|---|---|---|
| 74 | | 採訪分校 | 鄭祖年 | | 生員 | | | | |
| 75 | | 採訪分校 | 呂作甘 | | 生員 | | | | |
| 76 | | 採訪分校 | 陳精華 | | 生員 | | | | |
| 77 | | 採訪分校 | 高攀 | | 生員 | | | | |
| 78 | | 採訪分校 | 劉承命 | | 生員 | | | | |
| 79 | | 採訪分校 | 黃文衡 | | 生員 | | | | |
| 80 | | 採訪分校 | 許樹林 | | 生員 | | | | |
| 81 | | 採訪分校 | 洪清奇 | | 生員 | | | | |
| 82 | | 採訪分校 | 黃欽明 | | 生員 | | | | |

資料來源：
1. 上表所列之各方志（版本詳列於參考書目）。
2. 高志彬，《臺灣書目解題第一類（方志）》（臺北：中央圖書館臺灣分館，1987年）。
3. 陳捷先，《清代臺灣方志研究》（臺北：臺灣學生書局，1996年）。
4. 高志彬，《臺灣方志解題》（臺北：成文出版社，1985年）。
5. 方豪，《方豪六十自定稿（上）》（臺北：撰者印，1969年）。
6. 尹章義，〈清修臺灣方志與近三十年所修臺灣方志之研究比較〉，《臺灣開發史研究》（臺北：聯經出版公司，1989年）。
7. 臺灣省文獻委員會，〈臺灣方志總論〉，《文獻專刊》卷3第2期（1952）（南投：臺灣省文獻委員會，1955年）。
8. 尚小明，《清代士人游幕表》（北京：中華書局，2005年）。
9. 國家圖書館，《臺灣史人物小傳—明清暨日據時期》（臺北：國家圖書館，2003年）。
10. 臺灣省文獻委員會，《重修台灣省通志》（南投：臺灣省文獻委員會，1996年）。
11. 臺灣省文獻委員會，《清朝耆類徵選篇（上）（中）（下）》（南投：臺灣省文獻委員會，1994年）。

　　表3-1-2中，筆者以成書先後序列了幾個關於編修人員的背景資料，其中包含了編修人員的職務、籍貫、出身、經歷、修志時所任之職位等。在分析表3-1-2～3-1-5之前，筆者先予提出在製作此表時所遭遇的幾個難題：其一，除《蔣志》未列纂修人員名單外，其餘各志皆羅列纂修人員名單及其纂修職務，但詳細的職務分工大多未有交代，故分析時，無法細部描繪在纂修的場

域中,各纂修人員實際參與的程度,僅能就其客觀的背景條件,呈現清代各臺灣方志纂修過程的普遍性。其次在表 3-1-2~3-1-5 中,除前期幾部府志與縣志中的纂修人員資料搜羅較為齊全外,其餘各志多少皆有缺漏,如:《重修福建臺灣府志》總纂修人數共 26 人,籍貫待查者 1 人,出身待查者 5 人;《重修臺灣縣志》總纂修人數 29 人,籍貫待查者 8 人,出身待查者 7 人;《續修臺灣縣志》總纂修人數共 23 人,籍貫待查者 6 人,出身待查者 2 人;《噶瑪蘭廳志》總纂修人數共 31 人,籍貫待查者 16 人,出身待查者 1 人;《澎湖廳志》總纂修人數共 32 人,籍貫待查者 21 人,出身待查者 5 人,這些待考人員其中主要以低階的修志人員為主,推其原因可能是出身及纂修職務皆低微,爾後在仕途上又未能有較好的發展,以致於在其它的文獻史料中未有載列。其三,在表 3-1-2~3-1-5 中各纂修人員之籍貫,乃是依據各部方志及相關史料記載所列,但清代儒學學額及科舉名額的分配,都是依地區做考量,因而籍貫就成為能否入官學及應試科舉的必要條件之一,因此歷來冒籍之事,層出不窮、屢禁不止,故其是否名實相符,仍有待考證。然考證史載纂修人員之籍貫非本文之重點,但若論及臺灣居民在清代臺灣方志纂修的場域中所扮演的角色,是一不可忽略之因素。

雖然筆者在耙梳整理纂修人員背景時有其侷限,但表 3-1-2~3-1-5 仍然提供了一個概括性的訊息。下方表 3-1-6 乃是針對清代臺灣方志纂修人員的背景出身內容作一概括性的統計:

### 表 3-1-6:清代臺灣方志纂修人員的背景出身統計表

| 方 志 名 稱 | 籍 貫 | | | | 出 身 | | | | | | | |
|---|---|---|---|---|---|---|---|---|---|---|---|---|
| | 總數 | 滿人人數 | 臺人人數 | 閩人人數 | 待考 | 進士 | 舉人 | 廩生 | 貢生 | 監生 | 生員 | 儒童 | 待考 |
| 臺灣府志(蔣) | | | | | | 1 | | | 1 | | | | |
| 臺灣府志(高) | 26 | | 15 | 4 | | 2 | 3 | 2 | 7 | 2 | 10 | | |
| 重修臺灣府志(周) | 21 | | 12 | 3 | | 1 | 1 | | 9 | 3 | 8 | | |
| 重修福建臺灣(劉) | 34 | 4 | 6 | 6 | 1 | 7 | 7 | | 9 | 5 | 1 | | 5 |
| 重修臺灣府志(范) | 17 | 1 | | 3 | | 5 | 2 | | 4 | 6 | | | 1 |
| 續修臺灣府志(余) | 6 | 1 | 1 | 1 | | 2 | 1 | | | 1 | 1 | | |
| 諸羅縣志 | 9 | 1 | 2 | 2 | | | 2 | | 4 | 1 | 1 | | 1 |

| 方志名稱 | 籍貫 | | | | | 出身 | | | | | | | |
|---|---|---|---|---|---|---|---|---|---|---|---|---|---|
| | 總數 | 滿人人數 | 臺人人數 | 閩人人數 | 待考 | 進士 | 舉人 | 廩生 | 貢生 | 監生 | 生員 | 儒童 | 待考 |
| 鳳山縣志 | 11 | | 4 | 1 | 1 | | 1 | | 4 | 2 | 2 | | 2 |
| 臺灣縣志 | 11 | | 4 | 1 | 3 | | 1 | | 3 | 2 | | | 3 |
| 重修臺灣縣志 | 29 | 5 | 5 | 4 | 8 | 6 | 3 | | 5 | 2 | 4 | 1 | 7 |
| 重修鳳山縣志 | 10 | 1 | 4 | 1 | | 3 | 3 | | 1 | | 2 | | 1 |
| 續修臺灣縣志 | 23 | 1 | 12 | 2 | 6 | 2 | 3 | | 8 | | 8 | | 2 |
| 彰化縣志 | 24 | 1 | 18 | 2 | | 2 | 6 | | 9 | 1 | 6 | | |
| 苗栗縣志 | 9 | | 8 | | | | 2 | | 2 | | 4 | | 6 |
| 恆春縣志 | 7 | | 2 | | | | | | 1 | | | | 6 |
| 噶瑪蘭廳志 | 31 | 2 | 7 | 1 | 16 | 5 | 5 | | 6 | 7 | 6 | | 1 |
| 淡水廳志 | 34 | | 23 | 4 | | 1 | 8 | | | | | | 15 |
| 澎湖廳志 | 32 | | 5 | 21 | | 2 | | | | 1 | 24 | | 17 |

資料來源：據本節表 3-1-2～3-1-5 統計。

由表 3-1-6，我們可清楚地知道，清代臺灣方志纂修人員的籍貫無論為何，他的出身背景大多來自於中央政府或地方政府的官學機構與科舉制度下所構成的士紳集團。正如本文前言中所提出：這些書寫者如何觀看，這樣的觀看又源自於什麼樣特殊化的觀點或是意識？是否有自覺的迎合抑或是被包覆在一個更大的集體意識而不自覺？

在討論這個集體意識前，筆者想先引用卡西勒（Ernst Cassirer）對人類的探討：

> 對於統轄一切其它有機體生命的生物學規律來說，人類世界並不構成什麼例外。然在人類的世界中我們發現了一個看來是人類生命特殊標誌的新特徵。人的功能圈不僅僅在量上有所擴大，而且經歷了一個質的變化。在使自己適應於環境方面，人彷彿已經發現了一種新的方法。除了在一切動物屬中都可看到的感受器系統合效應器系統之外，在人那裡還可以發現可稱之為符號系統的第三環節，它存在於這兩個系統之間。……人只活在一個單存的物理宇宙之中，而是生命在一個符號宇宙之中。語言、神話、藝術和宗教則是這個符

號宇宙的各部份，它們是組成符號之網的不同絲線，是人類經驗的
交織之網。人類在思想和經驗之中取得的一切進步都使這符號之網
更為精巧合牢固。……他是如此地使自己被包圍在語言形式、藝術
的想像、神話的符號，以及宗教的儀式之中，以致除非憑藉這些人
為媒介物的中介，它就不可能看見或認識任何東西。人不再能直接
地面對實在，它不可能面對面地直觀實在了。人的符號活動能力進
展多少，物理實在似乎也就相應地退卻多少。……所有這些文化形
式都是符號形式。因此，我們應當把人定義為符號動物。〔註5〕

卡西勒認為烏克威爾所提出的動物功能圈〔註6〕，不能充份的表現人類世界的
特徵，他認為人類在動物的功能圈外，又多了一個符號系統，人類的文化便
是經由這套符號系統所交織而成的網絡，所以不能直觀任何現實的存在，必
須透過這套符號系統來認識所有的事物，並藉由教育、儀式使這套符號系統
更為牢固。

　　文字本身只是個符號，符號誠然可以代表事物，但它總不等於事物。文
字這個象徵系統，與社會實際的結構系統之間，只是一種象徵的指涉關係，
它永遠不能等於社會現實。其次，象徵系統是作者主觀地安排組織而創造出
來的，它表面上彷彿複現了一個客觀的世界，但實際上這一有組織的象徵經
驗，卻來自作者特殊的臆造〔註7〕。

　　清代臺灣方志的纂修人員出身於龐大的士紳集團，而此集團因為過於龐
大而導致於形成了一個文化模式，若根據卡西勒的理論，在此集團內的人便
自此習得了該集團的符號系統，並透過此符號系統來看見或認知所經驗的事
物，而唐宋以降並由明清兩代發揚光大的科舉制度，便是建構此集團符號系
統的主軸。

---

〔註5〕卡西勒（Ernst Cassirer），甘陽譯《人論》（臺北：桂冠圖書，2005 年），頁 36
　　　～39。

〔註6〕烏克威爾認為生命體各自有一套察覺之網和一套作用之網——一套感受器系
　　　統和一套效應器系統。沒有這兩套系統的互相協作和諧平衡，生命體就不可
　　　能生存。靠著感受器系統，生物體接受外部刺激；靠著效應器系統，它對這
　　　些刺激作出反應。這兩套系統在任何的狀況下都是緊密交織、互不可分的。
　　　他們被聯結在同一個系列之中——這個系列被烏克威爾稱為動物的功能圈。
　　　見於卡西勒（Ernst Cassirer），甘陽譯《人論》（臺北：桂冠圖書，2005 年），
　　　頁 36。

〔註7〕龔鵬程，《文學散步》（臺北：漢光文化事業，1885 年），頁 138。

　　那麼就帝國政府而言，科舉制度意味著什麼？整個集團皓首窮經又爲的是甚麼？此已由唐太宗一語道破：「天下英雄入吾彀中」〔註8〕。帝國政府知道通過科舉制度，已將這個居於領袖地位的社會集團置於掌握之中，而皓首窮經的士子知道通過這樣的制度可以躋身於官吏之列。清代對於這制度的掌握更是有過之而無不及，秦始皇控制儒生是設法禁止他們讀經，但清政府控制知識分子是設法迫使他們讀經，將他們的思想導入官方的思想渠道，皓首窮經地學習八股文，使之充塞紳士的頭腦，以致無時間獨立思考和讀書，這些官方思想所強調的儒學名教不僅出現在考試中，亦在學校裡一再強調。而處最下層士紳總有一個連續不斷的制約，他們的地位可能會經常變換，所以因長期的應考壓力而爲政府所控制，即便是已無須參與考試的官員依然要面對各層級的考核，有無亮眼的政績便是決定晉升的關鍵。這使得任何一個地方官，都對在他任期內看得到結果的計畫感到興趣〔註9〕。此在清代前幾部方志可得到證明，如《高志》的纂修人員，其中除李中素卒於任內、朱繡憂去外，幾乎所有的編纂人員皆晉升（請參閱表 3-1-2～3-1-5）。雖說編纂方志不是晉升唯一因素，但參與方志的編纂亦可成爲各官員業績考核的項目之一。

　　而由此集團所發展出來的符號系統或者說是集體意識，便根深柢固地影響了集團內成員的價值取向，這些主觀的價值取向，或多或少的都造成了一些限制，正如筆者在前言中所談的：當觀看者觀看之時，主觀的價值取向早已讓觀看者深陷於一套習慣與限制當中，這些主觀的價值取向，早在「采風問俗」前便深植在清代臺灣方志編纂人員的心中，並在方志的制式規範架構中決定其敘述的軸線，而這個「價值取向」便是如此的被包覆在這樣的集體意識裡。

# 第二節　清代臺灣方志纂修視域的形構

## 一、清代臺灣方志編纂團隊的知識系統與價值取向

　　透過前面的討論，我們已清楚從 17 世紀末至 19 世紀所纂修的臺灣方志，其背後的編纂團隊大抵出自於中國因中央政府的選才、教育策略所因應而生的士紳集團。而本節的重點將探討這個集團如何建構它的知識系統及整個集團的集體意識。

---

〔註8〕　張仲禮，《中國紳士研究》（北京：人民出版社，2008 年），頁164。
〔註9〕　張仲禮，《中國紳士研究》（北京：人民出版社，2008 年），頁145。

　　清代的教育制度與中央政府的選才制度，大抵沿自明代。在教育政策方面分爲中央官學與地方官學，其主要的目的，中央官學是爲國家培養領導人才，地方官學則是化民成俗、提倡儒道統一思想、爲中央政府網羅培育人才〔註10〕。官學的學生按身分分爲監生與貢生兩類，其中監生包括恩監、廕監、優監及例監等四種；而貢生則包括歲貢、恩貢、拔貢、優貢、副貢及例貢等六種，其學生的來源不僅是貴冑、官員子弟，亦有平民子弟。至於此集團身分的獲得及構成途徑可參見圖 3-2-1，此爲張仲禮在《中國紳士研究》一書中，所繪製的〈紳士身分的獲得以及紳士集團的構成圖〉：

### 圖 3-2-1：紳士身分的獲得以及紳士集團的構成

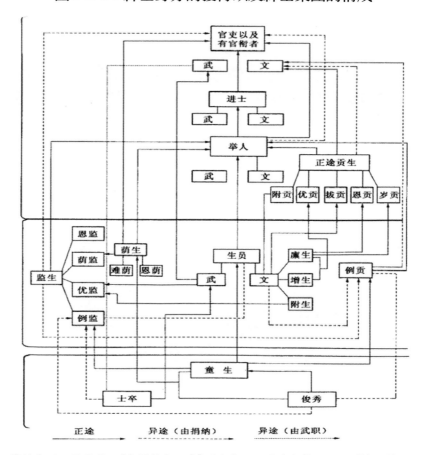

資料來源：張仲禮，《中國紳士研究》（北京：人民出版社，2008 年），頁 9。

---

〔註10〕毛禮銳、沈灌群，《中國教育通史》卷二（濟南：山東教育出版社，1989 年），頁 417～418。

　　張仲禮將近代中國出現的紳士分爲上下階層，上層包括官吏、進士、舉人、貢生，下層則包括生員。取得身分的方式主要是透過科舉或捐納、庇蔭形式。他們享有免刑、免勞役、免丁稅、持納賦、參加儀禮、著特別服飾等特權〔註11〕，所以致使各階層的人對於取得這個身分趨之若鶩，而不管是透過任何一種形式取得士紳身分，其背後皆是一個龐大的知識系統在支撐——儒學。

　　儒家經典不僅是學校教育與考課的依據，亦是科舉考試的藍本，即便是民間成立的書院，其教授的內容亦淪爲科舉考試的附庸。其內涵是中央政府控制士人思想的一種手段，結合「道統」與「治統」並將他們的思想導入官方思想的渠道，這些官方思想所強調的正是儒學名教，不僅在考試中出現且在學校教育中亦不斷地強調，爾後出仕任官更將這一整套的知識系統運用於地方管理與地方教育，整個官學和科舉制度的目的，便是造就一個滿足於清朝統治和現存社會結構的清平世界〔註12〕。在臺灣方志的編纂人員中可以找到例子，如高拱乾曾在《臺灣府志》的自序中提到：

> 今天下車書大一統矣！我皇上仁德誕敷，提封萬里；東西朔南，莫不覆被。顧臺灣叢爾土，越在海外，游氛餘孽，蔚爲逋藪，煢煢番黎，茫然不知有誨明日月。……我皇上好生知天，以普天之下皆吾赤子，悉忍獨遺？二十一年，特命靖海將軍施公率師討平，郡縣其地。〔註13〕

高拱乾的出身是陝西榆林廕生，他不僅擔任過台灣的知府亦曾是管理臺灣教育行政業務的長官，發表此序時他已從「分巡臺廈道兼理學政」陞任「浙江等處提刑按察使司按察使」。而從這段文字中，高拱乾道出如何讓中央熟悉與教化這新附之地，且讓該地的人民感受到聖恩浩蕩，亦是修志的重要目的，我們可以清楚的看出帝國的官方文化徹底地被灌輸於士人的思想中，且在史實上架構出一套符合帝國統治的說法，爾後歌功頌德。又如季麒光在〈臺灣志書前序〉言：

> 臺灣天末之荒島，無君長以別氏號也，無裘葛以時寒暑也，無父子兄弟伯叔甥舅以正親疏上下也，無衣冠宮室歲時服伏臘通往來，裡

---

〔註11〕　張仲禮，《中國紳士研究》（北京：人民出版社，2008年），頁1～6。
〔註12〕　張仲禮，《中國紳士研究》（北京：人民出版社，2008年），頁164～167。
〔註13〕　高拱乾，《臺灣府志》（南投：臺灣省文獻委員會，1993年），頁7。

祭祀也。三代以來，不通貢賦，不登記載。〔註14〕

在〈自序〉又言：

> 則以此志上陳皇御，凡艱難瑣尾之情形，草昧混茫之氣象，聖天子
> 惻然軫念，當有殊恩曠典，恤此一方民，謂臺灣之志即監門之圖
> 也。〔註15〕

故《蔣志》在風俗篇中，對於漢人的描述多是負面的擷取，如：「賭博」、「佞佛鬼迷信」、「婚姻論財」、「尚知讀書但稍長即輟」、「僧俗罔辨，男女混淆」等，意指臺灣這片土地充斥著不當的社會價值觀，須要有天子的「殊恩曠典」施以教化〔註16〕。於是我們不難推知，這樣的一套知識系統在士紳集團內不斷地被體現，並且形塑了集團內成員的思維模式。

英國的教育社會學家巴索・伯恩斯坦（Basil Bernstein）在論述學校教育時提及了印象分配：

> 以比喻的方式來說，學校豎起一面折射印象的鏡子。這裡有許多印
> 象，有正面，也有負面。一所學校的意識形態也許可以看成是鏡子的
> 構造，進而折射出印象。……就此意義來看，學校所折射的印象有視
> 覺和時間的特性，而且這些印象是一種階級性價值的投射。〔註17〕

既然這些方志的編纂人員大抵都出身於中國的士紳集團，那麼他們如何觀看？如何再現臺灣這「蕞爾土」？若借用伯恩斯坦的說法，在此集團的集體意識形塑下，所體現必也是相同的價值取向，何謂「善」？何謂「陋」？在他們觀看的習慣中，早已有一套可辨識的標準，亦有其固定的敘述模式，將其再現。薩依德（Said W. Edward）曾提到：

> 凡是有關異常事物的爭議，都極有可能是人為建構的，除了其客觀
> 的真實體面外，必有如小說般虛構的另一面事實。人對不熟悉的就
> 是「他們的」這種方式。我用「全然任意」來形容，是因為，凡是
> 人為疆界，用「我們一國／野蠻人」認可。「他們」之所以是「野蠻

---

〔註14〕 季麒光，〈附錄（一）臺灣志書前序——代周又文憲副〉，《臺灣府志》（南投：國史館臺灣文獻館，2002年），頁133。

〔註15〕 季麒光，〈附錄（一）臺灣志書前序——代周又文憲副〉，《臺灣府志》（南投：國史館臺灣文獻館，2002年），頁137。

〔註16〕 蔣毓英，《臺灣府志》（南投：國史館臺灣文獻館，2002年），頁57。

〔註17〕 巴索・伯恩斯坦（Basil Bernstein），《教育、象徵控制與階級認同》（臺北：學富文化，2005年），頁10～11。

> 的異類」，原因就在他們的疆界和心態，都不同於我們的。某種程度
> 而言，無論現代或原始社會，都是以此「非我族類」的負面思考方
> 法，找到集體認同……而這種觀念、感受就是建立在一個事實：所
> 有的假設、連結幻想都是起源於在疆界外的那邊，是我們不熟悉的
> 領域。〔註18〕

清代初期的臺灣方志，內容裁量的權力大多是由大陸仕宦來台的官員，除了
一些地理、歷史沿革及規制等的編寫，還有對當地風土民情的敘寫。若依照
清代臺灣方志的纂修模式來看，大抵都先有一批地方官學的學生擔任實地
的採訪，進行第一階段的汰選，在實際的走訪中或從現有的文本記錄，辨識
哪些現象是值得被蒐羅的、值得被書寫的，然後再由主纂修者做最後的裁量
並賦予論述。然而對這些仕宦來台的官員而言，清初剛收入帝國版圖的「臺
灣」，是空間感亦是時間感上的「異地」，且長期處於儒家文化意識下，所再
現的「臺灣」便不可避免地有文化認同的偏頗。

## 二、臺人在清代臺灣方志書寫的文化場域中所扮演的角色

當代文化理論學者薩伊德（Edward W. Said）對歐洲所形塑的東方主義提
出評論時曾提出：

> 我們一直被排除在歷史之外，也一定被排除在討論之外，而且被排
> 除的時間實在太長了。〔註19〕

> 以他人的名義說話（再現）最具有霸權的危險……被再現者將永遠
> 得不到正確的再現，所以它們確實需要有人能夠站在他們的名義說
> 話，對他們進行重新的再現。〔註20〕

若比之上述清代臺人參與在地方志編纂的狀況亦出現了相同的情形。清帝國
藉由方志來認識這初入版圖的陌生疆域，這疆域上的人、物無可避免地成為
被研究、被書寫的對象，且同時被蓋上「異己」的戳記，然後以制式的表現
形式──方志，再現於帝國統治者的面前，而臺人在這方志書寫的場域中，
若有參與其所扮演的角色充其量不過就是「提供資料的當地人」〔註21〕。

---

〔註18〕薩依德（Said W. Edward），王志弘等譯，《東方主義》（臺北：立緒出版社，
　　　　1999年），頁75。
〔註19〕朱剛，《薩伊德》（臺北：生智文化，1997年），頁84。
〔註20〕朱剛，《薩伊德》（臺北：生智文化，1997年），頁85。
〔註21〕薩依德（Said W. Edward），王志弘等譯，《東方主義》（臺北：立緒出版社，

　　方豪：「臺灣入清版圖不久，學校不很發達，不可能有科名較高的人，於是本地僅有一些稍有功名的士人，也祇好在地方修志事業上，充當一些不受重視的角色。」〔註22〕就表 3-1-6 的客觀呈現：

**表 3-2-1：清代臺灣方志纂修人員臺人比例表**

| 方　　志 | 臺人比例 | 方　　志 | 臺人比例 |
|---|---|---|---|
| 《蔣志》 | 無法統計 | 《重修臺灣縣志》 | 17.2% |
| 《高志》 | 57.6% | 《重修鳳山縣志》 | 40% |
| 《周志》 | 57.1% | 《續修臺灣縣志》 | 52.1% |
| 《范志》 | 0% | 《彰化縣志》 | 75% |
| 《余志》 | 16.6% | 《苗栗縣志》 | 88.8% |
| 《諸羅縣志》 | 22.2% | 《恆春縣志》 | 28% |
| 《鳳山縣志》 | 36.3% | 《淡水廳志》 | 67.6% |
| 《臺灣縣志》 | 36.3% | 《澎湖廳志》 | 無法統計 |

資料來源：據表 3-1-6 統計。

各志編纂工作者中臺灣人比例，《高志》佔 57.6%、《周志》佔 57.1%、《范志》佔 0%、《余志》佔 16.6%、《諸羅縣志》佔 22.2%、《鳳山縣志》佔 36.3%、《臺灣縣志》佔 36.3%、《重修臺灣縣志》佔 17.2%、《重修鳳山縣志》佔 40%、《續修臺灣縣志》佔 52.1%、《彰化縣志》佔 75%、《苗栗縣志》88.8%、《恆春縣志》佔 28%、《淡水廳志》佔 67.6%，其中《余志》、《諸羅縣志》臺灣人所佔的比例偏低，《范志》甚至沒有臺人的參與，而《高志》、《周志》比例看似不低，但實際參與的職務皆是基層的修志工作，這也表示在清代臺灣的 6部府志中，在地的臺灣人並沒有獲得書寫的權利，更遑論以在地的觀點呈現出臺灣的形貌。

　　而在清帝國積極的修志機制之下，清代臺灣因著仕宦來臺的地方官員的熱心，亦因應了這樣一個修志事業。吳密察以為「臺灣至少有半數的地方志

---

　　　1999 年），頁 135。筆者在論述清帝國與臺灣的關係，非將之歸類為《東方主義》中所涉及的殖民地議題，僅以其「再現」的概念類比清代臺灣方志的書寫。
〔註22〕　方豪，〈修志專家與臺灣方志的修纂〉，《方豪六十自定稿（上）》（臺北：撰者印，1969 年），頁 622。

之所以纂修，是因爲躬逢一些熱心修志的官僚。」〔註23〕方豪更是直指，這些提倡修志的地方官，除了對於個人文墨事業的重視外，另有更現實的考慮，即是藉此修志一事作爲「留名之工具」〔註24〕。雖然在這場文化事業中，清代的臺籍人士只是「被動參與」的資料蒐羅者，但不管如何，此修志編纂團隊的形成，的確使得「被動參與」的臺灣人能有機會參與採訪自己生長的土地〔註25〕。

不過方豪所指出的這種現象並非毫無變化，在陳文達編修《臺灣縣志》、《鳳山縣志》時狀況有了不同，臺人得以參與較高的編修職務，其中《苗栗縣志》、《彰化縣志》、《淡水廳志》動員臺灣人的比例更是高達了七成以上，但《苗栗縣志》內容相當潦草，記事非常簡略，方豪認爲其體例幾乎完全仿照《淡水廳志》，不僅卷數相同，其字句也多雷同〔註26〕。此志雖除纂輯人外，其餘採訪皆爲苗栗縣人，但以內容觀照似乎並未善盡採訪之責，更違論增補、改訂前志（淡水廳志）之謬。另這些臺人占有的比例中，亦包含了冒籍來臺以便參與科舉應試的臺人，如編纂《臺灣縣志》與《鳳山縣志》的張士箱及其家族便是一例〔註27〕，他們是否又真能代表在地人的觀點？

即使比例超過七成以上，修志的工作依然是在帝國的機制下進行，對方志的內容能有多少的裁量權？即便獲得了裁量權又是否能掙脫集體意識的包覆，又或者對他們而言，他們所書寫「臺灣的相」亦是一種「異己文化」，我們不得而知，只能進入書寫者的字裡行間去計量。

---

〔註23〕吳密察，〈「歷史」的出現〉，《臺灣史研究一百年：回顧與研究》（臺北：中央研究院籌備處），頁1～21。

〔註24〕方豪，〈清初臺灣士人與地方志〉，《方豪六十自定稿（上）》（臺北：撰者印，1969年），頁621～646。

〔註25〕臺灣文人的「被動動員」乃是筆者由「修志」的角度來觀看，如筆者在上節中所述「修志非是臺灣人民的覺知」，故說臺灣人民在地方的「修志事業」上是「被動參與」，但如將修志一事看成是「參與官方事務」，因官府與地方士紳微妙的利益互動，那麼臺灣人看待「修志」一事又顯得積極。

〔註26〕方豪，〈修志專家與臺灣方志的修纂〉，《方豪六十自定稿（上）》（臺北：撰者印，1969年），頁622。

〔註27〕尹章義，《張士箱家族移民發展史》（南投：臺灣省文獻委員會，2001年），頁1～41。

# 第四章　實相與虛相——清代臺灣方志〈風俗〉類中對臺人形象的書寫

　　佛家謂：物來影現，物去鏡空，此類說法是將鏡子視爲一客觀的主體，意指所有透過鏡子映照的物體槪皆能眞實呈現，亦皆一切不立。而就經驗的現實世界而言，物體透過鏡子的反射，會因其外在條件的不同，而有不同的呈現，其條件如：鏡面的平整度、材質、鏡身的大小等等，都是其影響的因素。方志的書寫亦然，似是一種客觀的資料彙編，但事實上當現實社會中的一切化約成方志中的敘述時，或多或少都有其失眞的狀況。而影響的外在條件爲何？其主要原因還是在於人。透過人再現的事物大體而言是很難客觀的，人們受其本身的文化知識系統與相關知識閱讀的影響（甚至是制約），對於欲再現的事物以承襲和相互徵引的方式積累、形塑，進而編成一套制式的描述。

　　人們慣於意識形態領域作出價值論斷，是普遍的認知，而在意識形態領域起主導作用的是統治階級的思想，人類學家雷德斐爾德（Robert Redfield）在《農民社會與文化》一書中提出：「少數有思考能力的上層人士創造的文化系統爲大傳統，而下層農民在生活中自發形成的社會風習是小傳統，這與上層文化與下層文化，精英文化與民間文化有相似的涵義。」〔註1〕文化學者劉

---

〔註 1〕關於雷德斐爾德（Robert Redfield）的「大傳統」和「小傳統」的理論，筆者引自王銘銘《社會人類學與中國研究》（桂林：廣西師範大學出版社，2005年）與劉志琴，〈禮俗文化的再研究〉，《史學理論》第 1 期（2005），頁 30～40。

志琴曾引用此來詮釋：文化的大傳統是由思想家提煉的思想體系或制度化的
意識形態，它高於生活又指導生活成爲傳統文化中的主流，具有系統性、導
向性和穩定性，依靠權力的干預和灌輸，制約和規範小傳統的發展；小傳統
卻由於植根民眾的生活，貼近社會的實際，富有多樣性、易變性和自發性而
與大傳統有一定距離，從而又有相對的獨立性〔註2〕。

　　關於統治階級意識的引導作用，筆者於緒論中提及：明鄭後，臺灣始納
入清帝國的版圖，一個龐大的帝國機器正預備嵌合著這島嶼的齒輪啟動，並
賦予它身爲這帝國一份子所應有的節奏，讓此蕞爾小島熟悉這佫大運作體系
的搏動。而因臺灣複雜的歷史文化脈絡，這其中「嵌合」的意涵，單純只是
帝國內部的地方治理，或是將其視爲一種「異域」的歸化？抑或是兩者皆有
之？此涉及的論述層面甚廣，或許不能一語概之，但其可確定的是，清代臺
灣方志的編纂者受其統治階層的統治意識制約，清帝國以纂修臺灣方志的文
化策略，來認識臺灣並藉此掌控民情、鞏固政權，致使清代臺灣方志的纂修
人員，在進行對臺灣描述時，始終跳脫不出「資治」、「教化」的框架。另清
帝國對於地方的治理策略，亦能影響方志的編纂意識，如雍正年間所設的「觀
風整俗使」的設立，與清代臺灣方志風俗類的編寫，其目的與作法皆類似，《清
史稿列傳》所載：

　　　七年，上將設福建觀風整俗使，諮世遠，命與同籍京朝官議之。僉
　　　謂：「福建自海疆平定後，泉、漳將吏因功驟擢通顯，子弟驕悍，無
　　　所懻畏。皇上飭官方，興民俗，上年學政程元章奏以泉、漳風俗未
　　　醇，責成巡道整飭，自此益加儆戒。但人有賢愚，士或鄙劣薄行，
　　　民又多因怒互爭，未必洗心滌慮。應請設觀風整俗使，防範化導，
　　　於風俗人心有益。」得旨允行。〔註3〕

　　雍正七年，命師恕以內閣學士充福建觀風整俗使。〔註4〕
「觀風整俗使」的設置緣始於雍正初，因康熙晚年，政務廢弛，貪墨橫行，
雍正欲化風俗、正人心、端人望。便在朝中密簡儒臣差往各省，責成他整綱
飭紀，易欲移風，特命銜名「觀風整俗使」。始設於浙江，其後，如湖南、山

---

〔註2〕　劉志琴，〈禮俗文化的再研究〉，《史學理論》第1期（2005），頁30～40。
〔註3〕　中央研究院漢文典全文資料庫，《清史稿列傳》，清史稿卷二百八十九列傳七
　　　　十六，頁10278。
〔註4〕　中央研究院漢文典全文資料庫，《清史稿列傳》，清史稿卷二百八十九列傳七
　　　　十六，頁10295。

東、廣東等多省均有設置，與臺地關係密切的福建亦設有之。《噶瑪蘭廳志》
亦言：

> 「漢書」：以繫乎水土謂之風，因乎政教謂之俗。風俗者，治之跡也。
> 今將馴獷鷔爲善良，易狂榛以秩序，謂僅如伏波之撫交阯、武侯之
> 定猺蠻，不得也。則必濟之以文，黨之化蜀，昌黎之治潮，夫而後
> 天時、水土、風氣漸移，鑿齒、雕題、衣冠並治。蓋其始也，入祼
> 人而脫禹籫，權取從俗；其繼也，臨端委而治周禮，化及流風。世
> 道人心，所關豈獨一時，所繫豈獨一事哉？志風俗。〔註5〕

又如《台灣縣志》：

> 論曰：風俗之端，成於教化；從隆從污，惟風行草。邑固屬外海之
> 區乎，而俗沿革奢；行未盡合禮，風之所宜盃變也。去華而存樸、
> 去奢而遵儉，舍陋習而敦禮義，勿使流而愈下、趨而日蹶，惟曰：
> 先正、謹訓行。俾海濱鄒魯日率乃新。維俗之責於端型之君子，有
> 厚賴焉。〔註6〕

《苗栗縣志》：

> 風俗關乎人心，人心關乎治化；此輶軒之史，故殷殷採風而問俗也。
> 苗地係由新竹畫分，人文蔚起數十年、農商安業百餘載，則風俗既
> 蒸蒸日上矣。但大醇不無小疵，是在父母斯民者或沿而襲之、或移
> 而易之也。至於番俗，察其嗜欲、習尚有可施之教化者，亦不得漫
> 然忽之也！爰考風俗。〔註7〕

於此不難看出，「移風易俗」、「端正民情」不僅是當政者的統治策略，大多時
候亦是方志編纂的重要命題，也因爲欲「移」、欲「易」、欲「端正」，故對各
地風俗民情的觀察，是最好的切入點，而清代各部臺灣方志的〈風俗〉類便
是其結果。

　　再者除了統治階層的意識外，上層社會的文化模式亦有欲規範、引導下
層文化的意識，從而對地方不符合上層文化價值觀的風俗進行整飭、教化和
整合。在大一統的封建社會中，上層文化通過以禮化俗的過程把觀念形態推
向下層民眾，憑藉統治地位的優勢，以制度的、教化的威力切入生活習俗，

---

〔註5〕陳淑均，《噶瑪蘭廳志》（南投：臺灣省文獻委員會，1993年），頁187。
〔註6〕陳文達，《臺灣縣志》（南投：臺灣省文獻委員會，1993年），頁61。
〔註7〕沈茂陰、胡傳，《苗栗縣志》（南投：臺灣省文獻委員會，1993年），頁113。

以禮化俗，使得禮與俗亦即大小傳統的價值差異縮小到最小限度，增強各民族、各地區，不同風習的人群對禮的倫理價值認同〔註8〕，進而產生對體制、對國家的認同。而正如本文在第三章中所探討的，清代臺灣方志的編纂團隊大多來自於由科舉制度下所形成士紳集團，其集團內的價值取向或因迎合統治者的意念，或來自於士大夫在儒學知識系統下所形塑的教化使命感，故在面對臺灣這片陌生的土地時，所有的描述與探討，亦無可避免地導向了「移風易俗」、「端正民情」一途。

本章以實相與虛相為論述的命題，欲探討的並非是各部方志〈風俗〉類中所呈現的群體普遍性存在著多少真實，更非是指認其虛構的成份及其原因。筆者認為清代方志的編纂者在書寫該地之風俗民情時，或因其觀看的角度不同或受其既有的知識系統影響，抑或是方志書寫的傳統框架限制，正如上所言統治階層或是上層文化的意識的制約，致使書寫所呈現之形象有其偏頗失真的狀況，但不認為其書寫時有蓄意虛構的動機。本研究既是以清代臺灣方志為鏡，而鏡身本就非一客觀的主體，其鏡映之相必是虛實並呈，非全然為實亦非全然為虛，故本章擬探討的是在此一非客觀主體的鏡映下所映現的形象。

就清代臺灣方志的編纂的過程而言，除部份方志簡省行事抄襲既有的方志外，如《苗栗縣志》、《余志》等，其餘大多皆能盡採訪之實並比對既有的史料而進行纂修，大抵上可算是嚴謹，但筆者在將各部清代臺灣方志的〈風俗〉類依照描寫的主題進行分類歸納後，發現各部方志之〈風俗〉類對清代在臺漢人的描述，無論成書的年代或所描寫地域的差異，僅只詳略的不同，內容的陳述幾無不同，如前所言「對於欲再現的事物以承襲和相互徵引的方式積累、形塑，進而編成一套制式的描述。」乃至於擴充其制式描述的深度與廣度。

本章以清代臺灣方志的〈風俗〉類為主要材料，並依臺灣民風與社會現象、人民的日常生活，包含飲食、衣著、娛樂等計分為二節，爬梳各時期清代臺灣方志〈風俗〉類中對漢俗的書寫，並藉歸納出透過清代臺灣方志的鏡映，清代在臺的漢人呈現了如何的普遍性，進而描繪出清代臺灣方志〈風俗〉類中所建構的臺人之相。

---

〔註 8〕劉志琴，〈禮俗文化的再研究〉，《史學理論》第 1 期（2005），頁 30～40。

# 第一節　臺灣的民風與社會現象

　　本節探討清代臺灣的民風與社會現象，然每部方志之風俗類的敘述內涵龐雜，部分內容所書寫的臺人形象一再被複製重現，部份則僅單現於一、二部方志中，筆者就所探討的清代臺灣方志〈風俗〉類中對臺人的描述，依照各臺灣方志的書寫耙梳、摘要，取其〈風俗〉類中一再重複出現的書寫討論之。其摘要整理如下表：

表 4-1-1：清代臺灣方志〈風俗〉類中對臺人形象書寫摘要

| 方志名稱 | 風俗類的分目 | 臺灣人形象的書寫摘要 |
|---|---|---|
| 臺灣府志（蔣志） | 卷五－〈風俗〉附土番 | 1. 自紅彝以來因仍草昧，鄭氏時以盜竊爲戒。<br>2. 今爲害最大的是賭博。<br>3. 因賭博進而偷竊、結盟、結社，乃致於犯上作亂。<br>4. 婚姻論財不擇婿不計門戶，女子再嫁則多。<br>5. 佞佛鬼迷信，僧俗罔辨。<br>6. 尚知讀書但稍長即輟故要辦學開科取士。<br>7. 務農多，從商少。<br>8. 無久停親柩，無錮之女。<br>9. 男多女少。<br>10. 草地民貧俗陋。 |
| 臺灣府志（高志） | 卷七－〈風土志〉列漢人風俗、土番風俗、氣候、歲時、風信、潮汐、土產 | 1. 雕題黑齒之種、斷髮文身之鄉。<br>2. 爭利不知禮儀。<br>3. 俗尚偷安。<br>4. 生活可以無飢。<br>5. 侈靡成風，衣服華麗。<br>6. 迷信鬼神。<br>7. 好賭。<br>8. 四海皆兄弟有一朝之忿即以檳榔睦之。<br>9. 無久停之親柩。<br>10. 舟楫之往來皆安。<br>11. 女擇婿論財，喜新厭常。<br>12. 迷信。<br>13. 好戲劇。 |
| 重修福建臺灣府志（劉志） | 卷六－〈風俗〉附歲時、氣候、土番風俗、物產 | 1. 無久停親柩，無永錮婢女。<br>2. 尚奢侈。<br>3. 賭博，惡業也。<br>4. 男有耕而女無織，以刺繡爲工。俗尚華侈，衣服悉用綾羅。<br>5. 臺人雖貧，男不爲奴、女不爲婢。<br>6. 臧獲之輩，俱從內地來者。此亦風之不可多覯也。<br>7. 鄰里詬誶，片言解紛。通有無、濟緩急；失路之夫望門投止，鮮閉而不內者。 |

| 方志名稱 | 風俗類的分目 | 臺灣人形象的書寫摘要 |
|---|---|---|
| 重修臺灣府志（范志） | 卷十三－〈風俗一〉列習尚、歲時、氣候、潮信、風信、占驗<br>卷十四－〈風俗二〉<br>卷十五－〈風俗三〉皆列番社風俗<br>卷十六－〈風俗四〉列番語、番曲、番俗通考 | 1. 民非土著，俗尚奢華。<br>2. 其民五方雜處，里無一姓。<br>3. 視人若親，窮乏疾苦相爲周恤。<br>4. 婚姻論財、衣飾僭侈。<br>5. 鄰里訟諍，片言解紛。通有無、濟緩急；失路之夫望門投止，鮮閉而不內者。<br>6. 柩無久停。<br>7. 俗尚演劇。 |
| 鳳山縣志 | 卷七－〈風土志〉列漢俗、番俗、氣候、歲時、風信、潮汐、物產 | 1. 兄弟患鬩牆矣，臺則同居常至閱世，葬地在必擇矣，臺則親柩不致久焉。<br>2. 鄰里訟諍，檳榔可以解紛。<br>3. 巾幗之流，從容就義、白首完貞，所在多有，則女之能立節也。<br>4. 服飾僭侈。<br>5. 婚姻論財。<br>6. 好飲酒。<br>7. 喜賭博。<br>8. 子不擇師。<br>9. 婦入僧寺。<br>10. 親異俗。<br>11. 縟節太煩而眞實不足，浮費過盛而權輿難承。 |
| 臺灣縣志 | 另列封域、星野、形勝、里至、沿革、山川、土產、氣候、歲時、風信、潮汐、海道 | 1. 婚俗華奢。<br>2. 迷信。<br>3. 無久停之棺。<br>4. 其民多勞、游手好閒的人少民多醇厚。<br>5. 非泉人即漳人無生事無非爲（因爲沒有客人）。<br>6. 男有耕、女無織。<br>7. 俗尚侈奢。<br>8. 祀仙不祀神。<br>9. 臺人雖貧不爲婢不爲奴。<br>10. 好賭博。<br>11. 檳榔。<br>12. 結拜風氣盛。<br>13. 養子。<br>14. 好戲劇。<br>15. 衣服豔麗。 |
| 諸羅縣志 | 卷八－〈風俗志〉列漢俗、番俗、氣候 | 1. 柩無久停，婢無永錮（閩有停柩在家暴露郊野數年不葬者，臺鮮有一、二年內不葬）。<br>2. 鄰里訟，片言解紛，失路之夫，望門投止鮮閉而不內者。<br>3. 乃若襟幗之流，從容就義，白首完貞。<br>4. 我朝置縣，流移者踵相接，多莫知所自，乃漸有非商、非農潛竄里社，不務職業，空拳思攫金以西者，巧佞者 |

| 方志名稱 | 風俗類的分目 | 臺灣人形象的書寫摘要 |
|---|---|---|
| | | 田話而附會，久益密。官司詰之，亦直任為族屬婚構而不移。乃至作奸犯科，傷倫理，助拳勇，長告訐，此非風俗之大蠹歟。<br>5. 衣飾侈僭、婚姻論財、豪飲呼盧、好巫、信鬼、觀劇全臺之敝俗。<br>6. 嫁娶送死侈靡。<br>7. 遇事蠡起，喜鬥輕生，圖賴歃血相要，約反覆，依溪山之險蠢動為他邑劇。<br>8. 衣食：多男少女，女好逸樂，即女紅不事紡績，男耕而食，女不織而衣，臺郡皆然矣。<br>9. 為農頗易，鮮不飽。<br>10. 自衣食多侈靡濫觴郡治。<br>11. 土著之民室無居積，秋冬之儲春夏罄之，習尚既侈、所恃官廩積貯，今不講求衣食之源流，民間之積貯，使之知節而富藏，欲求風俗之醇不可得。<br>12. 用庚帖者以謹始而慮終示無悔，但諸羅無庚帖寒盟負約者有之矣，不鄭重於始。<br>13. 祭以品差用三牲太簡。<br>14. 迷信有地獄。<br>15. 流寓者無期功強近之親，同鄉井如骨肉矣，疾病相扶、死喪相助、棺斂埋葬、鄰里皆躬親之，此風較內地猶厚。<br>16. 土產檳榔、無益饑飽，云可解瘴氣；薦客，先於茶酒。閭里雀角或相詬卒，大者親鄰置酒解之，小者輒用檳榔，百文之費，而息兩氏一朝之忿，物有以無用為有用者，此類是也，然男女咀嚼，競紅於一抹，或歲糜數十千，亦無謂。<br>17. 人無貴賤見賤必華美其衣冠，色取極者。雖有禁服飾奢侈但積習已錮，亦未盡改，宴客必豐。<br>18. 好戲劇，設醮賽神（浪費）。<br>19. 好賭。<br>20. 尚結盟，推有能力為大哥，一年少者殿後稱尾弟，歃血為盟。<br>21. 尚巫。<br>22. 購人子為己子曰螟蛉子。 |
| 噶瑪蘭廳志 | 卷五上－〈風俗上〉列士習、民風、農事、女紅、工役、商賈、飲食、衣服、氣候、潮信、風信、占驗、海船、漁具、寺觀、祥異<br>卷五下－〈風俗下〉列番俗、番情 | 1. 尚巫。<br>2. 喪禮，三日便葬。<br>3. 蘭中鮮聚族，故不必同支而共派。<br>4. 蘭俗，雖貧者，男不為奴，女不為卑。<br>5. 婦女出門，荊釵裙布亦不外假，此風洵不可多得。<br>6. 雖富饒之家概不乘輿。<br>7. 演劇多。<br>8. 蘭治闢未久，居民由淡屬來者強半，故弔慶應酬以及日用服食起居，尚多沿乎淡俗。<br>9. 女人工刺繡，衣裳咸定未嘗假之外人，淡北以來，比之南路女紅有過無不及。 |

| 方志名稱 | 風俗類的分目 | 臺灣人形象的書寫摘要 |
|---|---|---|
| | | 10. 貧女雖清苦，不爲婢妾，十指不足以當家，要不爲刺繡則爲縫裳。<br>11. 蘭屬地廣人稠，農有餘粟，山長水遠行不裹糧，見食相呼，闖然入座，雖素不曾相識，而賓無愧容，主無德色，亦不拘禮敘以情文。<br>12. 檳榔勝於瓜果，俗乎荖葉，雖婦孺亦如塗脂，日咀夜嚼。逢人輒欲持贈，無所吝惜。傳者以爲可以辟瘴癘，故蘭中尤宜。遇小詬誶，一盤呼來，彼此可以釋憾。 |
| 淡水廳志 | 卷十一－〈風俗考〉<br>（附番俗） | 1. 人文蔚起爲全臺之冠。<br>2. 敬字惜字，每屆子午卯酉年，士庶齊集，奉蒼頡神牌祀之，護送字灰，放之大海。<br>3. 雖不事蠶桑，紡績無聞，而刺繡之工，一花一卉，精緻如繪。<br>4. 甚有刀尺精良，爲裁縫家所不及。<br>5. 貧者不爲婢<br>6. 估客輳集也淡爲臺郡第一。<br>7. 淡俗簡樸，愛惜物力。<br>8. 檳榔最甚，嗜者齒盡黑，謂可辟瘴，每詣人多獻之爲敬。遇有小詬誶，一盤呼來，彼此釋憾矣。<br>9. 女喜著紅衣，男著短衣，每過膝不及脛。<br>10. 淡地膏沃易生財，亦易用財。搬演雜劇，費用無既。<br>11. 又信鬼尚巫，蠻陌之習猶存。<br>12. 有曰荼堂，吃齋拜佛，男女雜居。<br>13. 有爲客師。有爲乩童。有紅姨。乘間取利，信者牢不可破。 |
| 彰化縣志 | 卷九－〈風俗〉列服習、儀文、歲時、風尚 | 1. 重成人道。<br>2. 彰化向少停柩之風，三年內鮮有不葬者。<br>3. 不重倫理（蟆蛉子）。<br>4. 彰化初闢時，風頗近古，先來臺者皆爲後來臺之所主，雖望門投址，未嘗拒絕也。厥後乃有緣事生波累，或久反噬，以德爲怨，於是有閉門不納者。<br>5. 好演劇。<br>6. 築室規模，與泉、彰相似。城市地狹，尤尚層樓，與內地同。村庄貧民，結茅爲屋，範土爲牆，編竹爲垣，則猶存古樸之風。<br>7. 海風凜冽，村民每防落帽，以青布裹其頭，不濱海者亦效顰焉。<br>8. 檳榔爲散煙瘴之物，則不論貧富、不分老壯，皆不離口，所以有黑齒之譏也。<br>9. 城市宴客好豐。<br>10. 文教頗興。<br>11. 同鄉如骨肉，疾病相扶，死喪相助，棺殮埋藏，鄰里皆躬親之。貧無歸則集眾傾囊襄事，雖慳者亦畏譏議。此風較內地猶厚。 |

| 方志名稱 | 風俗類的分目 | 臺灣人形象的書寫摘要 |
|---|---|---|
| | | 12. 土產檳榔，無益饑飽，云可解瘴氣，薦客先於茶酒。閭里雀角，或相詬誶，大者親鄰置酒解之，小者輒用檳榔數十文之費，而息兩家一朝之忿焉。然男女咀嚼，或日費百餘文，黑齒耗氣，不知節矣。<br>13. 奢侈。<br>14. 俗素尚巫。<br>15. 好演劇。<br>16. 俗喜賭博。 |
| 苗栗縣志 | 卷七─〈風俗考〉（附番俗）（多是根據噶瑪蘭廳志或淡水廳志所改） | 1. 苗屬自道光以來，人文輩起，競行設塾延師，其束脩較各屬為尤厚。<br>2. 苗俗簡僕、愛惜物力。<br>3. 好檳榔。 |

資料來源與說明：1. 上表所列之各方志（版本詳列於參考書目）。
　　　　　　　　2. 摘要的部份內容為筆者擷取方志原文並加以簡省修改。

　　本節取其〈風俗〉類最常出現的描述作為論述，其餘非大量複製的形象則為其參考，計分五個主題：重利、好賭博、好鬥、好結盟、奢靡成風、迷信及不重倫理等，探討清代臺灣方志〈風俗〉類中所書寫的民風及其社會現象。

## 一、重利、好賭博

　　在本文探討清代臺灣方志中，不分方志成書時間、書寫區域，無一不提及臺灣人的「好賭」，《鳳山縣志》更直言，此為「全臺之弊俗」〔註9〕。

　　賭博是人類生活模式所產生的社會現象，原是一種遊戲活動而後蛻變成貪婪投機的惡俗。賭業的蓬勃，在於社會進入至重商、重利的型態，投機的心理乃成普遍之現象，若重以社會富足，人們衣食無慮，便企圖以僥倖投機的方式快速的累積財富，而賭博便是可滿足這種刺激娛樂、一夕致富、填補心理空虛等需求〔註10〕。臺灣自荷蘭、西班牙、明鄭統治時期，商業貿易是普遍的社會型態，鄭若曾於《籌海圖編》記載：「沿海地方，人趨重利……漳泉為甚〔註11〕。」而臺灣漢人又多是來自漳泉的移民，原鄉的影響再加上移民社會的特性，冒險、趨利便造就了臺人「賭性堅強」的社會性格。康熙24年《蔣志》：

〔註9〕陳文達，《鳳山縣志》（南投：臺灣省文獻委員會，1993年），頁80。
〔註10〕許春金，《犯罪學》（臺北：三民書局，2003年），頁1。
〔註11〕鄭若曾，《籌海圖編》（北京：中華書局，2007年）第四卷，頁281。

民心之澆薄也。<u>而最滋害者，莫甚于賭博</u>。夫賭博惡業也，不肖之
子挾貲登場，呼盧喝雉以爲快；以一聚兩，以五聚十，成群逐隊，
叫囂爭鬥，皆由於此。至于勝者思逞，負者思後，兩相負而不知
悔。及家無餘資，始則出於典鬻，繼則不得不出於偷竊，亦長奸之
囮也。<u>臺習父不禁其子兄不戒其弟，當令節新年，三尺之童亦索錢
于父母，以爲賭博之資，遂至流蕩忘返而不知所止</u>。〔註12〕（底線
爲筆者所加）

依照《蔣志》的描述，賭博是誘發當時臺灣社會問題的因素之一，滋害最深，
然當時的臺民卻不覺於此，不僅不禁戒甚至助長了此惡業。另康熙35年《高
志》亦載：「女鮮擇壻而婚姻論財，人情之厭常喜新、交誼之有初鮮終，與夫
信鬼神、惑浮屠、好戲劇、競賭博，爲世道人心之玷，所宜亟變者亦有之。」
〔註13〕同樣地認爲臺人的競賭之風是玷污世道人心的陋習，在康熙55年《諸
羅縣志》則有更具體的描寫：

臺人喜博，士農工商卒伍相競一擲；負者束手、勝者亦無贏囊，率
入放賭之家。乃有俊少子弟、白面書生，典衣賣履，辱身賤行，流
落而不敢歸者。<u>此風漳、泉多有，臺郡特盛</u>。拔木塞源，惟在嚴治
誘賭之無賴、放賭之窩家；而爲父兄者，教尤不可不先也。〔註14〕
（底線爲筆者所加）

賭博在臺擴及各個層面更甚於漳、泉，所帶來影響不小，爾後《重修臺灣縣
志》：「賭博之具不一，長幼皆知習之。市井無賴，每蹲踞街巷以相角逐；負
則窮無所歸，有流入於竊匪者」〔註15〕、《重修鳳山縣志》：「賭博一事，最爲
俗蠹。豪家子弟，自附雄傑之劉毅、倜儻之表耽，百萬一擲，蕩產傾家。其
擅技操勝者，祇以供聲色、恣醉飽，同歸於盡。至無賴之輩，袖挾錙兩，冀倖
雉盧；墜落陷穽，釀爲盜竊。長子孫者，宜父戒而兄勉之」〔註16〕，對臺灣
賭風的描述亦皆似如此。賭徒不論輸贏下場終究潦倒成空，非旦傾家蕩產、
流落失所甚至因此爲盜、爲賊導致社會治安不良，更甚者則引發集體械鬥，

---

〔註12〕 蔣毓英，《臺灣府志》（南投：臺灣省文獻委員會，1993年），頁91。
〔註13〕 高拱乾，《臺灣府志》（南投：臺灣省文獻委員會，1993年），頁187。
〔註14〕 周鍾瑄，《諸羅縣志》（南投：臺灣省文獻委員會，1993年），頁147。
〔註15〕 王必昌，《重修臺灣縣志》（南投：臺灣省文獻委員會，1993年），頁402～
403。
〔註16〕 王瑛曾，《重修鳳山縣志》（南投：臺灣省文獻委員會，1993年），頁56。

如乾隆 47 年、50 年，彰化與噶瑪蘭等地區便因賭博引發集體械鬥，最後由清廷派兵鎮壓平息〔註17〕，故賭博是各風俗志中認為最無益於民生的陋俗。

而賭風在臺灣全面性地發展，非僅是臺俗之陋與人民的縱容，另一個更具體的因素，是臺灣官吏的敗壞，如姚瑩於《東槎紀略》所載：

> 臺灣一鎮，水陸十六營，弁兵一萬四千有奇，天下重鎮也。兵皆調
> 自內地督、撫、提、鎮、協水陸五十八營，漳、泉兵數為多。上府
> 各營兵弱，向皆無事；興化一營稍點，多不法。其最難治者，漳、
> 泉之兵也。人素勇健，而俗好鬥，自為百姓已然，何況為兵？水提、
> 金門兩標尤甚。昔人懼其桀驁，散處而犬牙之，立意最為深遠。然
> 如械鬥、娼賭，私載違禁貨物，皆所不免。甚且不受本管官鈐束，
> 不聽地方官申理。蓋康熙、雍正之間尤甚，乾隆、嘉慶以後，屢經
> 嚴治，乃稍戢。〔註18〕

軍紀不佳，營兵參與械鬥、包庇娼賭、販毒，甚至私設賭場、煙館、妓館等，並放高利貸誘使愚民落入陷阱，壓榨民脂民膏，「寶場、骰席，十屋九家，燈火叢街，夜張賭市。而頑兵衙蠹，又互相包蔽」〔註19〕，此為臺賭風盛行的主因之一，然此因素在風俗志內並未有所檢討，筆者認為此是方志纂修者所諱於談論，而將臺灣賭風盛行的原因歸結於俗不善，民風不淳、父兄縱容，並籲主事官吏宜嚴禁及加強教化。

## 二、好鬥、好結盟

閩南的民風素稱強悍，遇糾紛容易產生爭執，往往是由於個人的爭執而演化成家族間武力的械鬥，《紹安縣志》對閩南械鬥的形成過程有生動的說明：械鬥往往是一個人膚愬，闔族持兵。無賴徒，從中煽影，勒派錢米，暗弱之家，欲違不敢，依阿附和，釀成巨禍，相尋報復，自此歲無寧日矣。而閩南一帶，往往因為風水、地界、結婚、迎神賽會等糾紛釀成大規模的械鬥，對地方的經濟社會造成了嚴重的影響〔註20〕。而清初的臺灣多是漳、泉

---

〔註17〕黃秀政，〈清代臺灣的分類械鬥事件〉，《臺灣史研究》（臺北：臺灣學生書局，1992 年），頁 29～80。

〔註18〕姚瑩，《東槎紀略》（南投：臺灣省文獻委員會，1996 年），頁 103。

〔註19〕臺灣銀行經濟研究室，《福建通志臺灣府》（南投：臺灣省文獻委員會，1993 年），頁 216。

〔註20〕林楓，范正義，《閩南文化述論》（北京：中國社會科學出版社，2008 年），頁 153～154。

移民，陳盛韶《問俗錄》載：

> 邊海之難治，閩、粵為最。閩粵之難治，漳、泉、惠、潮為最。四
> 府獷悍無賴之徒，內地不能容，偷渡臺灣與土匪類結一氣，窩娼、
> 包賭、械鬥、搶劫，不知有官刑。一旦趁釁夥黨，分股肆出為亂，
> 從者曰旗腳，倡者曰股頭，群尊謂大哥其人無勇無謀，樹大旗、乘
> 四轎，烏合之眾，勉強聽號令，實為劫倉庫、搶殷戶，得財計耳大
> 兵開砲，各鳥獸散。〔註21〕

然臺灣屬移墾社會，移墾渡臺者大多是單身的青壯男子，舉家或舉族遷徙者
少，再者開墾與自衛的需要，須集結勞力與防衛的能量，因社會結合的關係，
地緣色彩極其強烈，再者來臺移民中亦不乏亡命逋逃份子，故早期東渡拓荒
的漢人，大多具有剽悍獷放的好鬥性格，《蔣志》載：

> 莫甚于結盟，豪健家兒，自附於結納，聚少年無賴之徒，指皎曰以
> 盟心，撫白水而矢誓，稱兄呼弟，修登堂拜母之文，亦自謂雷陳復
> 出，古道相期。不知往來既頻，則飲酗之累生；聲援既廣，則爭競
> 之患起。大凡人情，寡則知檢，眾則傲放，習見習聞，口無擇言，
> 相與鼓其雄心，以致身蹈匪僻，實政治之蟊矣。甚至有結交營棍，
> 扛幫詞訟，箝制官長，稍拂其意，聚眾而譁之，恣行無忌，犯上作
> 亂，視為固然，誠可慨也。〔註22〕（底線為筆者所加）

現實生活中的結盟不僅僅只是防衛、生存的需要，當團體的力量雄厚時，亦
可是箝制官方的力量，甚至簒為地方的領導勢力。

對於清代臺人的好鬥性格，《諸羅縣志》對此的描述著力更深：

> 我朝置縣，流移者踵相接，多莫知所自；乃漸有非商、非農潛竄里
> 社，不務職業，張空拳思攫金以西者。其始草地之民聞鄉音，趯然
> 以喜；巧佞者餂而附會，久益密。官司詰之，亦直任為族屬婚媾而
> 不移。乃至作奸犯科，傷倫理、助拳勇、長告訐，此非風俗之大蠹
> 歟！佃田者，多內地依山之獷悍無賴下貧觸法亡命，潮人尤多，厥
> 名曰客；多者千人、少亦數百，號曰客莊。朋比齊力，而自護小故，
> 輒譁然以起，毆而殺人、毀匿其尸。先時，鄭氏法峻密，竊盜以殺
> 人論，牛羊露宿原野不設圍。國家政尚寬簡，法網疏闊；自流移人

---

〔註21〕陳盛韶，《問俗錄》（南投：臺灣省文獻委員會，1997年），頁80。
〔註22〕蔣毓英，《臺灣府志》（南投：臺灣省文獻委員會，1993年），頁92～93。

多，乃漸有鼠竊爲盜者。及客莊盛，盜益滋。莊主多僑居郡治，借
客之力以共其狙；猝有事，皆左袒。長吏或遷就，苟且陰受其私，
長此安窮乎〔註23〕？（底線爲筆者所加）

強悍險急近於秦，<u>遇事蠢起，喜鬥輕生，圖賴歃血相要、約反覆，</u>
<u>依溪山之險蠢動爲他邑劇</u>；班史所謂文翁倡其教、相如爲之師者，
雖未篤信道德，亦救時之急務焉。<u>若夫琴瑟不調，必起而更張之；</u>
<u>遊食唆訟，頑凶之尤者，所謂怙終不悛</u>。〔註24〕（底線爲筆者所加）

<u>尚結盟</u>，不拘年齒，推能有力者爲大哥；一年少者殿後，曰尾弟。
<u>歃血而盟</u>，相稱以行次。〔註25〕（底線爲筆者所加）

依臺灣方志風俗類中的描述，臺人好鬥、好結盟可歸結爲幾個原因：(1)臺灣
漳、泉移民甚多，故承襲漳、泉好勇鬥狠之民風。(2)渡臺之人，多爲獷悍無
賴的亡命之徒。(3)臺灣由於賭風盛行，進而偷竊、成群逐隊，叫囂爭鬥，甚
至犯上作亂。(4)家族力量薄弱，藉結盟以自衛。(5)客人、客莊的存在易滋
盜生事。在纂修人員的認知中，臺人的好勇鬥狠與喜結盟雖亦是俗之蠹，
但原因其來有自，其中除了對客莊的描述有失偏頗外，大抵上能說是客觀的
事實陳述。

## 三、奢靡成風

　　所謂的「奢靡」是超過生活必要開支的花費而稱之，但人們的消費行
爲與經濟能力、價值觀念、風俗習慣等都有密切的關聯，因此每個人對於
「生活必要」的認知亦各有不同的差距，這亦是最容易引發價值評斷的部
份。清代臺灣方志風俗類中對臺人奢靡之表現有諸多的敘述，其奢靡的表
現所涵蓋層面包含飲食、衣飾、住屋、交通、婚喪喜慶、宗教信仰等方面，
我們可循其時間的脈絡，探討清代臺灣方志的編纂者所描述臺人的奢靡之
風。

　　首先見於康熙35年的《高志》：
　　　　間或侈靡成風，如居山不以鹿豕爲禮、居海不以魚鼈爲禮，家無餘
　　　　貯而衣服麗都，女鮮擇壻而婚姻論財，人情之厭常喜新，交誼之有

---

〔註23〕周鍾瑄，《諸羅縣志》（南投：臺灣省文獻委員會，1993 年），頁 136。
〔註24〕周鍾瑄，《諸羅縣志》（南投：臺灣省文獻委員會，1993 年），頁 137。
〔註25〕周鍾瑄，《諸羅縣志》（南投：臺灣省文獻委員會，1993 年），頁 147。

初鮮終。〔註26〕

此處使用「間或」二字，顯然奢靡的現象並非是常態性及各面向的出現，但「成風」便可看出此非常態性出現的奢靡已不是生活中的一種特殊現象，如一般人情往來的禮品，必以遠方珍貴之物而鄙其近身之物，沒有儲蓄的習慣而衣著華麗，婚姻與交遊亦傾向功利、現實考量。後康熙末年的《諸羅縣志》、《臺灣縣志》、《鳳山縣志》對此三縣人民之奢靡現象亦有詳細而具體的描述，《諸羅縣志》載：「夫衣飾侈僭、婚姻論財、豪飲呼盧、好巫信鬼觀劇，全臺之敝俗也。」〔註27〕《高志》僅描述間或出現的奢靡之風，而《諸羅縣志》則直指「侈僭」為全臺敝俗之一。若「侈」解為超過生活必要所需，「僭」則是逾越了禮，亦即言當時的臺人在服飾方面於方志纂修人員的認知裡，不僅侈靡且逾越了身份，此除了現象的描述外，亦有道德上的評價。另《諸羅縣志》又載：

> 其一功利誇詐近於齊，高富下貧、好訾毀、以賭蕩為豪俠、<u>嫁娶送死侈靡</u>，故郡治差不相及。〔註28〕（底線為筆者所加）

> 自衣食侈靡，濫觴郡治；宴會之設，上下通焉。乃或廝童牧卒衣疊綺羅、販婦村姑粧盈珠翠，<u>一會中人之產、一飯終歲之蓄，漸染成風，流及下邑。</u>〔註29〕（底線為筆者所加）

> <u>室無居積，秋冬之儲，春夏罄之；習尚既侈，出纏金錢，入手輒盡。</u>所恃官廩積貯，歲一凶歉，平糶發賑。〔註30〕（底線為筆者所加）

> <u>人無貴賤，必革美其衣冠</u>，色取極艷者。靴韈恥以布，<u>履用錦，稍敝即棄之。</u>下而肩輿隸卒，褲皆紗帛。〔註31〕（底線為筆者所加）

> 莊神廟集多人為首，曰頭家。廟雖小，必極華采，稍圮；則鳩眾重修。歲時伏臘，張燈結彩鼓樂，祭畢歡飲，<u>動輒數十緡；雖曰敬神，未免濫費。</u>〔註32〕（底線為筆者所加）

---

〔註26〕高拱乾，《臺灣府志》（南投：臺灣省文獻委員會，1993年），頁187。
〔註27〕周鍾瑄，《諸羅縣志》（南投：臺灣省文獻委員會，1993年），頁136。
〔註28〕周鍾瑄，《諸羅縣志》（南投：臺灣省文獻委員會，1993年），頁137。
〔註29〕周鍾瑄，《諸羅縣志》（南投：臺灣省文獻委員會，1993年），頁138。
〔註30〕周鍾瑄，《諸羅縣志》（南投：臺灣省文獻委員會，1993年），頁139。
〔註31〕周鍾瑄，《諸羅縣志》（南投：臺灣省文獻委員會，1993年），頁146。
〔註32〕周鍾瑄，《諸羅縣志》（南投：臺灣省文獻委員會，1993年），頁147。

莊社地既寬曠，雞豚之畜數倍內地，非止五母、二母而已。<u>乃物價亦數倍內地，由習俗奢侈。中人之家食必舉肉</u>，且游手者眾。水次魚蝦，亦食者多而採捕者少，固宜其騰湧耳。〔註33〕（底線為筆者所加）

除了衣服華麗侈靡外，嫁娶送死、飲食用度亦奢，而宴會、祭祀重典的花用更是驚人，一場宴會可能就耗一中人之家的財產或一年的積蓄，人民更是沒有儲蓄的習慣，入者盡出，遇凶年歉收則端賴官廩的積貯。

大中丞雷陽陳公觀察臺灣時，躬以節儉訓俗，衣帷布素、食無兼味，禁諸服飾奢侈者；積習已錮，亦未盡改。〔註34〕

陳璸視察臺灣時，欲改善臺人生活之奢靡，故尚儉禁奢，然而臺人積習已久，故成效不彰。而《臺灣縣志》亦仔細著墨了女子對於衣服、飾品講求華麗：

婦人探親，無肩輿，擁傘而行，衣必麗都，飾必華艷。女子之未字者亦然。夫閨門不出，婦人之德宜爾也；今乃艷粧市行。其夫不以為怪，父母兄弟亦恬然安之，俗之所宜亟變也。〔註35〕

甚至連未婚配之閨女都習其風，而父母兄弟卻習以為常。且無論財力如何，都競相在服飾上矜誇炫耀。另如在飲食、宴客、婚聘均可見對臺人奢靡的描述。

就本文所探討的清代臺灣方志風俗類中，對臺人的奢靡成風共有三十筆（原文整理請參見附錄11），足見清代的台灣確實瀰漫著一股奢靡的風尚，無論是在飲食、衣飾、居處、舟車交通、歲時節慶、婚喪喜慶、宗教祭祀、休閒娛樂上，不論貧賤富貴，皆崇尚奢靡、競相炫耀甚至出現僭越的現象，政府官員的禁令與宣導，都無法有效抑制此風之長，而奢靡於國家社會又確實是有所戕害，<u>亟</u>需導正教化，無怪乎清代臺灣方志的編纂者，對臺地此一現象著墨甚多。

## 四、迷信

民間的信仰起源於對自然界萬物的崇拜，遠古時期萬物有靈的概念對於後世的信仰有著根深柢固的影響。信仰具有鮮明的區域性，它的產生與居住

---

〔註33〕周鍾瑄，《諸羅縣志》（南投：臺灣省文獻委員會，1993年），頁149。
〔註34〕周鍾瑄，《諸羅縣志》（南投：臺灣省文獻委員會，1993年），頁146。
〔註35〕陳文達，《臺灣縣志》（南投：臺灣省文獻委員會，1993年），頁59。

環境、生產方式有著極密切的關係〔註36〕。先秦時期,閩南的土著居民以閩
越人爲主,閩越人流行巫術,其「斷髮文身」的習俗就是訪求巫術的一種,
即去髮、紋蛇的圖案於身,藉以嚇走水怪。閩越人信鬼尚巫的傳統一直延續
下來,在後世閩南民眾的生活中扮演著一個相當活耀的角色,遇上年節慶典、
神明誕日、廟裡廟外更加熱鬧,醮典的舉辦、神明的出遊、戲劇的演出、鞭
炮的燃放,交織出人神同樂的熱鬧場景〔註37〕。

臺民多爲閩地移民,渡海至一新闢之地,不僅須經歷渡海時險惡的考
驗,登陸後又屢爲瘴癘、瘟疫所苦,面對廣袤的荒地與不可預知的未來,
若無安頓人心的力量,人民便無法立足於這新闢之地,此時來自原鄉的信
仰便是最好的心靈慰藉。而宗教原在淨化人心,給予人們精神的撫慰與能
量,然大眾的信仰,往往流於庸俗化,人們期待透過某一種表層的儀式就
能獲得實質上的利益,如遇疾病不重醫而重巫、重神,甚至爲不肖人士所
利用。

在清代臺灣方志的風俗類中,對臺人的民間崇拜多用較負面的文字進行
描述,如《蔣志》:「佞佛諂鬼」〔註38〕、《高志》:「與夫信鬼神、惑浮屠、好
戲劇、競賭博,爲世道人心之玷」〔註39〕、《諸羅縣志》:「好巫信鬼觀劇,全
臺之敝俗也」〔註40〕、《淡水廳志》:「又信鬼尚巫,蠻貊之習猶存」〔註41〕。
足見編纂者視此爲陋俗,若根據《淡水廳志》的描述:

> 有曰菜堂,吃齋拜佛,男女雜居。有爲客師,遇病禳禱,曰進錢補
> 運。金鼓喧騰,晝夜不已。<u>有爲乩童,扶輦跳躍,妄示方藥,手執
> 刀劍,披髮剖額,以示神靈</u>;有爲紅姨,託名女佛,探人隱事:類
> 皆乘間取利,信之者牢不可破。最盛者莫如石碇堡:有符咒殺人者,
> 或幻術而恣淫,或劫財而隕命,以符灰雜於煙茗檳榔間食之,罔迷
> 弗覺,顛倒至死。其傳授漸廣。〔註42〕 (底線爲筆者所加)

菜堂裡男女雜居,顯然是有違禮教的,即便是吃齋念佛亦是不適宜的情事,

---

〔註36〕 何綿山,《閩文化概論》(北京:北京大學出版社,1996年),頁197。
〔註37〕 林楓,范正義,《閩南文化述論》(北京:中國社會科學出版社,2008年),頁
　　　　263～264。
〔註38〕 蔣毓英,《臺灣府志》(南投:臺灣省文獻委員會,1993年),頁93。
〔註39〕 高拱乾,《臺灣府志》(南投:臺灣省文獻委員會,1993年),頁187。
〔註40〕 周鍾瑄,《諸羅縣志》(南投:臺灣省文獻委員會,1993年),頁137。
〔註41〕 陳培桂,《淡水廳志》(南投:臺灣省文獻委員會,1993年),頁324。
〔註42〕 陳培桂,《淡水廳志》(南投:臺灣省文獻委員會,1993年),頁324。

更遑論是「扶輦跳躍」、「手執刀劍，披髮剖額」此類看似荒謬之事。有「客師」、有「紅姨」、有「乩童」，所謂的「客師」，《噶瑪蘭廳志》認為：「非僧非道者，以其出於粵客，名客子師」〔註43〕，皆是利用人民的緊急需求或欲念而乘隙取利，用符咒、用幻術迷惑眾生而顛倒至死，且罔迷不覺、深信不移。《諸羅縣志》亦載：

> 尚巫，疾病輒令禳之。又有非僧、非道，名客仔師；攜一撮米，往占病者，謂之米卦，稱說鬼神。鄉人為其所愚，倩貼符行法而禱於神；鼓角喧天，竟夜而罷。病未愈，費已三、五金矣。不特邪說惑人，亦糜財之一實也。〔註44〕

認為此一現象是邪說惑人，致使民眾不僅耗錢財還耽誤就醫。《澎湖廳志》的形容更為生動：

> 又有法師與乩童相結，欲神附乩，必請法師催咒。每賽神建醮，則<u>乩童披髮仗劍，跳躍而出，血流被面。或豎長梯，橫排刀劍，法師猱而上，乩童隨之。鄉人有膽力者，亦隨而上下。或堆柴熱火熾甚，躍而過之</u>，婦女皆膜拜致敬焉。〔註45〕（底線為筆者所加）

一場法事儼然成為乩童、鄉人競膽力的特技演出。《彰化縣志》更言：

> 又有尋神者，或男或女不等，到家排香燭金楮，其人以紅帕複首掩面，少頃即作鬼語，若亡魂來附其身而言者，竟日十數次，費數百錢。婦女尤信而好之。此風不可不嚴禁使止也。〔註46〕

民眾，尤其是婦女，信有亡魂托言一事，纂者則認為此不過就是一江湖術數，應該嚴加禁止。除此之外，亦因好鬼尚巫，遇特定節日有延僧道誦經、設醮之事，如清明、中元等，《諸羅縣志》云：

> 俗傳荒郊多鬼，白日幻形，雜過客為侶，至僻地即罹其害。晨昏或現相獰猙，遇者驚悸輒病。故清明、中元延僧道誦經，設醮之事日多。〔註47〕

《鳳山縣志》云：

> 七月十五日，作盂蘭會。以一老僧主之。黃昏後，登壇說法，設酒

---

〔註43〕陳淑均，《噶瑪蘭廳志》（南投：臺灣省文獻委員會，1993年），頁191。

〔註44〕周鍾瑄，《諸羅縣志》（南投：臺灣省文獻委員會，1993年），頁148。

〔註45〕林豪，《澎湖廳志》（南投：臺灣省文獻委員會，1993年），頁327。

〔註46〕周璽，《彰化縣志》（南投：臺灣省文獻委員會，1993年），頁293。

〔註47〕周鍾瑄，《諸羅縣志》（南投：臺灣省文獻委員會，1993年），頁150。

食以祀鬼，謂之「普施」。〔註48〕

「醮」原義祭也，為供酒祭神，後道教設壇祈禱亦謂之「醮」。後漸為對於曾經許願而有效驗時，賽神表示謝意之儀禮〔註49〕。除祭神、酬神外亦祀鬼，七月十五俗稱中元或稱盂蘭會，陳設飯食、牲醴、蕉果、糕餅堆高至七、八尺或丈餘，黃昏後，眾僧登壇說法、撒物食羹飯，以一粒飯可化作百千粒飯，以供祀無祀之鬼，稱之為「普度」〔註50〕，「作道場功果，或三晝夜，或一晝夜」〔註51〕，故《諸羅縣志》云：「雖曰敬神，未免濫費」〔註52〕。

清代的臺人，在當時瘴癘、瘟疫肆虐的生活環境，個人生命在極度不安全之局面下進行墾拓，不安緊張的情緒應然而生，若醫藥無法提供有效的解救，甚至無法取得，或對自然環境之不可抗的畏懼，人民自然趨向各種神明的庇護或驅邪一事，而使不肖人士可乘機斂財、迷罔眾生，但客觀而言，無論是民間幻術、或是祭祀儀式，多少具有撫慰和安定人心的作用，若觀現今文明社會此類現象之無法杜絕，更遑論兩、三百年的臺灣社會能消彌此風。

然在清代臺灣方志編纂者的觀點，依儒學傳統、依禮教、依民生之禆益，認為此信鬼、尚巫、好佛為一陋俗，亦無可厚非。

## 五、不重倫理

所謂禮俗社會，即是以民間生活習俗為基礎，以禮治為主導，實施秩序管理。這也就是王安石在《周官新義》中所說：「禮俗，以馭其民者。其民所履唯禮俗之從也。」依靠民間習慣勢力進行社會管理，並提升為禮的規範，教化民眾服從這種秩序，是儒家推行禮治的一貫主張，這與依仗權力馭民的法治有所不同，更與現代的法理社會有不同的實質。雖然在實施禮治的實踐中常有援法入儒，寓法於禮的情況，但它作為治國理政的藍圖，為歷代聖賢所推崇，並以禮義之邦的標榜，來表現有別於外邦異域的社會理想〔註53〕。臺灣在入清帝國的版圖中，初時的形象為「蠻陌之地」，所以禮俗的教化是其

〔註48〕陳文達，《鳳山縣志》（南投：臺灣省文獻委員會，1993年），頁86。
〔註49〕丸井圭治郎，《臺灣宗教調查報告書》。
〔註50〕劉良璧，《重修福建臺灣府志》（南投：臺灣省文獻委員會，1993年），頁96。
〔註51〕林豪，《澎湖廳志》（南投：臺灣省文獻委員會，1993年），頁316。
〔註52〕周鍾瑄，《諸羅縣志》（南投：臺灣省文獻委員會，1993年），頁147。
〔註53〕劉志琴，〈禮俗文化的再研究〉，《史學理論》第1期（2005），頁30～40。

首要，故編纂者無可避免地亦以禮的觀點來觀察臺灣社會。在清代臺灣〈風俗類〉中，最常被描述爲「悖其倫常」、「背理傷倫」的，莫屬「養子」和「男女相雜」的現象。

在移墾社會中，人口組合男多女少，如前述婚姻困難，《臺灣縣志》：「閩女既不可得，或買掠販之女以爲妻、或購掠販之男以爲子」〔註54〕，故所形成的社會習俗是「婚姻論財」，甚至有「買妻」的現象出現，更因爲成家困難，缺乏勞力及承祀者，故養子之風盛行，但方志纂寫人的眼中，顯然不認可這樣的現象，《諸羅縣志》：

> 自襁褓而育之者，曰螟蛉。臺俗八、九歲至十五、六，皆購爲己子。更有年未衰而不娶，忽援壯夫爲子，授之室而承其祀。有父無母，悖義傷倫，抑又甚矣。古人無子，必擇同姓之親者而繼之；今以非我族類之人承祀，他日能歆之乎〔註55〕？

纂者對於「養子之風」的盛行，大多能究其原因，皆認爲此雖屬無奈但仍有悖禮俗，認爲古人即使無子，亦必同姓之親者來繼嗣，需要有血緣關係才能授其室、承其祀，但臺俗不重血緣，「買他人之子爲己子」〔註56〕、「援他姓壯夫爲子」〔註57〕，實在不合禮統、悖理傷倫，並大聲疾呼必須挽此頹俗，關於此最帶情緒性的，莫過於《彰化縣志》的書寫：

> 若以非我族類之人，使承祀而爲之後，吾知九泉有知，必抱忽諸之痛。鬼其餒矣。夫既斬其祀，而以他人子續之，古所有以牛易馬之譏也。凡人之老而無子者，皆因妒婦欲擅專房之寵，不容買妾置媵，或妾媵有子，不以爲己子，故有生女而潛易，詐孕而假產。夫即明知，亦隱忍遷就，而強認爲子者。又或婦言是聽，舍弟同姓之子，而必取諸異姓者，欲隱其事而滅其跡，哀哉！禮無異姓爲後之文，朝無異姓爲後之律，安得大聲疾呼，挽此頹俗哉！〔註58〕（底線爲筆者所加）

將「養子之風」的臺俗全歸因於「妒婦爭寵」、「婦言是聽」實在有失公允，此風多是因清政府治臺的政策影響與移墾社會所造成的現象，纂修者所述可

---

〔註54〕陳文達，《臺灣縣志》（南投：臺灣省文獻委員會，1993年），頁59。
〔註55〕周鍾瑄，《諸羅縣志》（南投：臺灣省文獻委員會，1993年），頁184。
〔註56〕陳文達，《臺灣縣志》（南投：臺灣省文獻委員會，1993年），頁59。
〔註57〕周璽，《彰化縣志》（南投：臺灣省文獻委員會，1993年），頁285。
〔註58〕周璽，《彰化縣志》（南投：臺灣省文獻委員會，1993年），頁285。

能是特殊狀況，如此評論可謂是不明就裡。引文末段更是道出，於禮、於律
都應該大聲疾呼挽此頹俗的看法。

此外「男女相雜」的狀況，亦不得見容於方志纂修者，最早見於《蔣志》
的描述：「無論男女老幼，僧俗罔辨，男女混淆，廉恥既喪，倫常漸乖，故異
端之教不可不距也。」〔註59〕男女僅「常相率入禮拜堂誦經聽講」便是「廉
恥既喪」、「倫常漸乖」，未免過於嚴苛，《臺灣縣志》亦是同樣的看法：

> 婦女入寺燒香，臺俗最熾。閒時尚不多覯，一遇佛誕，則招群呼伴，
> 結隊而行，遊人遍於寺中，邂逅亦不相避。前臺廈道雷陽陳公示禁
> 特嚴，其風稍息，年久法弛，仍蹈故轍，豈盡婦人之過乎？為之夫
> 者與其父兄，實不得辭其咎也。〔註60〕

清代臺灣的婦女，對於進寺燒香頗為熱衷，即便入寺遇見男子亦不相避，曾
任臺道廈的陳璸認為此風不可長故示禁，但年久法弛故又復然，《臺灣縣志》
的纂修者認為此非僅婦人之過，而歸咎於父兄與夫的縱容。然不相避之現象
非僅入寺禮拜，《臺灣縣志》載：

> 臺鮮聚族，集異姓之人，結拜為兄弟，推一人為大哥，不論年齒也，
> 餘各以行次相呼，勝於同胞，妻女不相避，以伯叔稱之。狃習既久，
> 不無瓜李之嫌。〔註61〕

與異姓結盟，其家中之妻女亦不相避，以伯、叔稱呼之，日久難免會衍生問
題，亦不合倫常禮教，《諸羅縣志》亦載：

> 尚結盟，不拘年齒，推能有力者為大哥；一年少者殿後，曰尾弟。
> 歃血而盟，相稱以行次。家之婦女亦伯叔稱之，出入不相避，多凶
> 終隙末及閨閣蒙垢者。近設禁甚嚴，其風稍戢。〔註62〕

> 失路之夫，不知何許人，纔一借寓，同姓則為弟姪，異姓則為中表、
> 為妻族，如至親者。然此種草地最多。亦有利其強力，輒招來家，作
> 息與共；男女相雜，久而狃之，桑間濮上之風，非無自矣。〔註63〕

甚有不知其背景的流寓之人，視為親屬共一住，男女相雜。此皆方志纂修者
視為不重倫常之現象。

---

〔註59〕蔣毓英，《臺灣府志》（南投：臺灣省文獻委員會，1993年），頁193。
〔註60〕陳文達，《臺灣縣志》（南投：臺灣省文獻委員會，1993年），頁60。
〔註61〕陳文達，《臺灣縣志》（南投：臺灣省文獻委員會，1993年），頁59。
〔註62〕周鍾瑄，《諸羅縣志》（南投：臺灣省文獻委員會，1993年），頁147。
〔註63〕周鍾瑄，《諸羅縣志》（南投：臺灣省文獻委員會，1993年），頁148。

# 第二節　人民的日常生活

　　佛家謂：事物的情狀，表現於外而想像於心中者稱之爲「相」。若清代臺灣方志的纂修者欲藉方志的書寫，來呈現清代臺人之「相」，那麼臺人的生活樣貌便是展現於外的部份，而被模塑成如何的「相」，則端看纂修者如何表現其內在的想像。生活，包括食、衣、住、行和休閒在內，是人類賴以生存和發展的基本方式，文明的進化與差異往往表現在吃什麼、穿什麼、用什麼，怎樣吃、怎樣穿，怎樣用等等，這些方面的表現亦可以呈現該族群的內在思維與文化邏輯。

　　然於清代臺灣方志〈風俗〉類中，對於清代臺人的居處及舟車交通，鮮有具體的書寫，故於此略而不談，本節將著重於討論飲食、衣飾與休閒等方面之描述，進而探討清代臺灣方志〈風俗〉類中所書寫的社會「相」。

## 一、飲食──喜食檳榔

　　在清代臺灣方志中，「檳榔」一詞不斷地出現，檳榔並非糧食作物，但就清代臺灣方志中的書寫，檳榔似乎是早期臺灣人民「不可或缺」的生活用品。此「不可或缺」除了顯示它的重要及不可替代性，甚至有多重的功能。臺灣檳榔的盛產，除了自然條件的配合外，何以檳榔會成爲臺灣人「不可或缺」的民生用品？尹章義在〈臺灣檳榔史〉認爲：唾手可得的檳榔是清代移民面對臺灣新環境的不適，特別是辟瘴癘之氣的最佳良藥〔註64〕。另陳其南亦提出：臺灣早期的檳榔在社交場合中扮演著重要的功能〔註65〕。筆者整理本文所研究的清代臺灣方志中有關檳榔的敘寫，筆者認爲檳榔在清代臺灣人的生活中，至少有幾種功能，第一個是依據自然環境的需求──辟瘴氣，其二是社交禮儀的工具，如婚嫁喜慶、友善的表現、詬誶後的解紛。

　　臺灣初入版圖之初，仍是未闢之地，大陸東南沿海的漢移民來臺後，首要課題便是面對臺灣的自然環境，檳榔的食用在臺灣漢移民的原鄉是固有的習慣，一般認爲檳榔有驅避瘴氣的作用，故在臺灣這樣的瘴癘悍疫的自然環境下，更加深了檳榔的食用功能，再者，檳榔是一種易於上癮的食物，這使得檳榔因自然環境與自身特性在臺灣的社會逐漸流行。此外，在各地逐漸完成開墾之後，因臺地土地肥沃，人民的生活日漸富裕，檳榔的角色發生了改

---

〔註64〕尹章義，〈臺灣檳榔史〉，《歷史月刊》第35期，1990.12，頁78～87。
〔註65〕陳其南，〈檳榔文化的深度探索〉聯合報，1999.12.07，14版文化。

變，不再只是具有功能性的食用，因其在生活中的「不可或缺」於是漸漸地
扮演起社交的功能，亦因其具有社交功能，又更加深了它在臺灣人生活中的
「不可或缺」。

　　《臺灣府志》〈物產〉提到檳榔樹果的外形及功用：「向陽曰檳榔，向陰
曰大腹。實可入藥，叢似椰而低。實如雞心而差大，和蔞藤食之，能醉人。
粵甚盛，且甚重之，蓋南方地溼，不服此無以祛瘴。」〔註66〕《臺灣縣志》
則載其味道：「味苦澀，以扶留古賁并食，則滑香下氣。」〔註67〕因其味澀，
所以很少單獨食用，都是以蠣灰或其它蛤類的貝殼粉末相和食之，再包上扶
留葉或蔞藤，有特殊的香氣，郁永河的《裨海紀遊》有詩云：「獨幹凌霄不作
枝，垂垂青子任紛披；摘來還共蔞根嚼，贏得唇間盡染脂。」其後自注：「檳
榔無旁枝，亭亭直上，體龍鱗，葉同鳳尾。子形似羊棗，土人稱爲棗子檳榔。
食檳榔者必與蔞根、蠣灰同嚼，否則　口且辣。食後口唇盡紅。」〔註68〕如
此看來以蔞藤、蠣灰共食，該是臺灣檳榔的普遍吃法。其服食的功用，尹章
義在〈臺灣檳榔史〉中，提及前人文獻中關於食用檳榔的經驗，大多以檳榔
做爲避瘴厲、去痰、發汗、去悶氣的藥劑，且對於嚼檳榔產生「紅潮登頰醉
檳榔」以及「紅水滿口」的樣態頗有微詞〔註69〕。

　　清代臺灣方志〈風俗〉類中，對於臺人喜食檳榔與檳榔的功用多所記載，
如：《諸羅縣志》：「土產檳榔，無益饑飽，云可解瘴氣，薦客，先於茶酒。」
〔註70〕雖不能以檳榔充飢但卻可避瘴氣，若是招待客人是先於茶酒，檳榔儼
然是家庭常備品。《彰化縣志》：「惟檳榔爲散瘴之物，則不論貧富，不分老壯，
皆嚼不離口，所以有黑齒之譏也。」〔註71〕臺人對檳榔的喜好，不分年紀、
不分經濟狀況，在日常生活中皆不離口，也因此造成臺人齒黑的說法。《淡水
廳志》：「檳榔最甚，嗜者齒盡黑，謂可辟瘴，每詣人多獻之爲敬。」〔註72〕
《噶瑪蘭廳志》：「檳榔勝於瓜果，俗呼荖葉。雖婦孺亦口如塗脂，日咀夜嚼。
逢人輒欲持贈，無所吝惜。傳者以爲可辟瘴癘，故蘭中尤宜。」〔註73〕噶瑪

---

〔註66〕蔣毓英，《臺灣府志》（南投：臺灣省文獻委員會，1993年），頁41。
〔註67〕陳文達，《臺灣縣志》（南投：臺灣省文獻委員會，1993年），頁13。
〔註68〕郁永河，《裨海紀遊》（南投：臺灣省文獻委員會，1996年），頁15。
〔註69〕尹章義，〈臺灣檳榔史〉，《歷史月刊》第35期，1990.12，頁78～87。
〔註70〕周鍾瑄，《諸羅縣志》（南投：臺灣省文獻委員會，1993年），頁145。
〔註71〕周璽，《彰化縣志》（南投：臺灣省文獻委員會，1993年），頁239。
〔註72〕陳培桂，《淡水廳志》（南投：臺灣省文獻委員會，1993年），頁300。
〔註73〕陳淑均，《噶瑪蘭廳志》（南投：臺灣省文獻委員會，1993年），頁199。

蘭地區瘴癘之氣頗盛，故蘭中即便是婦孺亦日夜咀嚼，且是隨身攜帶，逢人便予持贈，似乎就如同現代臺灣社會「菸」的功能，朋友相遇或聚會聊天，便以「菸」相邀進而拉近距離。

　　檳榔逐漸成爲人民生活中的常見食品後，亦逐漸融入社會文化，成爲社交禮儀所必備之物，如招待客人、寒暄路上巧遇之友人，甚可作爲解紛的物品。

　　《高志》：「有一朝之忿，即以檳榔睦之。」〔註74〕

　　《諸羅縣志》：「閭里雀角或相詬誶，其大者親鄰置酒解之，小者輒用檳榔。百文之費，而息兩氏一朝之忿；物有以無用爲有用者，此類是也。」〔註75〕

　　《噶瑪蘭廳志》：「遇小詬誶，一盤呼來，彼此可以釋憾，則又有些作用云。」〔註76〕

　　《臺灣縣志》：「檳榔之產，盛於北路、次於南路，邑所產者十之一耳。但南北路之檳榔，皆鬻於邑中，以其用之者大也。無益之物，耗財甚多。然鄰里角競，親朋排解，即以此代酒席釋之，遂爲和好如初。客至，亦以此代茶焉。」〔註77〕

　　《重修鳳山縣志》：「鄰里詬誶，檳榔可以解紛。」〔註78〕

　　《重修臺灣縣志》：「南北路之檳榔輦來於邑中，男女競食不絕口。中人之家，歲靡數十千。云可解瘴氣，實無益也。鄰里詬誶，親送檳榔，事無大小，即可消釋。丹頰無端生酒暈，朱唇那復吐脂香。饑餐飽嚼日百顆，傾盡蠻州金錯囊。眦睚小忿久難忘，牙角頻爭雀鼠傷；一抹腮紅還舊好，解紛惟有送檳榔。」〔註79〕

　　《澎湖廳志》：「偶有雀角，或先投紳衿之洽望者爲評曲直，因而和解之；或怒目相仇，勢洶洶不可遏，及旁人開導，令理曲者奉檳榔賠禮，無難渙然冰釋。」〔註80〕

〔註74〕高拱乾，《臺灣府志》（南投：臺灣省文獻委員會，1993年），頁186。
〔註75〕周鍾瑄，《諸羅縣志》（南投：臺灣省文獻委員會，1993年），頁145。
〔註76〕陳淑均，《噶瑪蘭廳志》（南投：臺灣省文獻委員會，1993年），頁199。
〔註77〕陳文達，《臺灣縣志》（南投：臺灣省文獻委員會，1993年），頁58。
〔註78〕王瑛曾，《重修鳳山縣志》（南投：臺灣省文獻委員會，1993年），頁56。
〔註79〕王必昌，《重修臺灣縣志》（南投：臺灣省文獻委員會，1993年），頁403。
〔註80〕林豪，《澎湖廳志》（南投：臺灣省文獻委員會，1993年），頁323。

由此可知，檳榔在待客、人際溝通、小事和息上都產生了積極的作用。

另外，檳榔在臺灣的婚嫁喜慶中，檳榔亦有其深遠的意涵，兩位巡臺御史張湄與錢琦皆有詩道出檳榔於喜慶中的象徵，張湄：「妾作檳榔花，郎作椰子樹；願得同根生，結子不知數。坐妾白玉床，解郎金錯囊，記郎昨夜語，新市出檳榔。」〔註81〕錢琦：「檳榔顆顆鮮，服之顏色好；妾意不求仙，底用安期棗？」〔註82〕檳榔成為婚禮中不可或缺的喜慶物品，《劉志》：

> 禮榔雙座，以銀為檳榔形，每座四圓；上鑴「二姓合婚，百年諧老」
> 八字。收「二姓合婚」一座，回「百年諧老」一座。貧家則用乾檳
> 榔，以銀薄飾之。〔註83〕

《澎湖廳志》亦載：

> 聘金不論貧富，定例用番銀三十六員；女家回三員，以為折買鞋襪
> 之禮。又備禮一擔，內豬腿一付併雞、麵、糖、棗、婚書、啟書、
> 禮燭、禮香、檳榔等儀共十色。〔註84〕

男方至女方家中贈送聘禮時，聘禮中須有「禮榔雙座」，以銀形檳榔為物，取其結實纍纍之意，象徵一對新人多子多孫之意，此非臺灣獨有，為閩、粵一帶早存之風俗，隨臺灣移民東渡而流傳臺灣的漢人社會。

雖說檳榔可當醫藥與扮演重要的社交功能，但臺灣諸方志纂修者的眼中未必就是善俗，理由是因檳榔所引起的問題也不小，首先影響觀瞻，如黃叔璥於《臺海史槎錄》中言：

> 棗子檳榔，即廣東雞心。粵人俟成熟，取子而食，臺人於未熟食其
> 青皮，細嚼麻縷相屬，即大腹皮也。中心水少許，尚未成粒，間有
> 大者，剖視其實，與雞心無二。或云粵人食子，臺人食皮。一色青
> 者為雄，黑臍者為雌，雄者味厚，雌者味薄。顆向上長者，尤貴蠣
> 房灰用孩兒茶或柑仔蜜染紅，合浮留藤食之。按范石湖集云：「頃在
> 嶠南，人好食檳榔，合蠣灰、扶留藤（一名蔞藤），食之輒昏，已而
> 醒快」。三物合和，唾如膿血，可厭。〔註85〕

認為檳榔令人詬病之處，在於它食用後的濃稠的紅汁液，不僅「口如塗脂」，

〔註81〕王必昌，《重修臺灣縣志》（南投：臺灣省文獻委員會，1993年），頁403。
〔註82〕王必昌，《重修臺灣縣志》（南投：臺灣省文獻委員會，1993年），頁403。
〔註83〕劉良璧，《重修福建臺灣府志》（南投：臺灣省文獻委員會，1993年），頁93。
〔註84〕林豪，《澎湖廳志》（南投：臺灣省文獻委員會，1993年），頁312。
〔註85〕黃叔璥，《臺海使槎錄》（南投：臺灣省文獻委員會，1996年），頁58。

隨意吐棄殘渣與汁液，亦令人感到不舒服，故黃叔璥以「膿血」來表示厭惡。且檳榔食用多，會有上癮的現象，雖不致像鴉片這般毒害，但上癮者：「日費百錢」、「歲糜數十千，亦無謂矣」〔註86〕，亦不是良好的現象，〈又論治臺灣事宜書〉言：「家無斗米，服值千緡。饘粥弗充，檳榔不離於口。習俗相沿，餓死不變。則夫崇獎節儉，稍示等威，實轉移風俗之急務也。」〔註87〕在樸實的社會中造成極大的浪費。

再者，清代臺灣社會動盪不安，大小械鬥事件層出不窮，原本用來聯絡友誼待客和息小紛手的檳榔，在好鬥輕生、械鬥成風的情況下，轉而變成為召集黨羽和游民的寵物了〔註88〕。或有如《淡水廳志》所載：「有符咒殺人者，或幻術而恣淫，或劫財而隕命，以符灰雜於煙茗檳榔間食之，罔迷弗覺，顛倒至死。其傳授漸廣。」〔註89〕以符咒灰泡水與檳榔並食之，讓人昏迷劫財，此亦是另一個社會問題。

根據〈風俗〉志中對於檳榔的書寫，雖未直指其為陋俗，但在行文間對於臺人食檳榔對臺灣社會所造成的不良影響，亦頗有改易之意。

## 二、衣著

在〈風俗〉志對臺人服飾的描寫，多是伴隨著奢靡的敘述出現，如《高志》：「家無餘貯而衣服麗都。」〔註90〕家中無多餘的儲蓄，但衣服卻是華麗的。《諸羅縣志》：「以五絲刺雲日、花草、麟鳳、魚龍、美男子、婦人之狀相矜耀為觀美。」〔註91〕「夫衣飾侈僭」〔註92〕、「人無貴賤，必華美其衣冠，色取極艷者。靴韈恥以布；履用錦，稍敝即棄之。下而肩輿隸卒，褲皆紗帛。」〔註93〕無論貴賤，服飾圖樣、色采皆精美華麗、材質良好，稍有損壞即棄之，甚有僭越的現象，如商人為求衣飾貴雅，故著士大夫服飾。「衣服必麗，簪珥必飾。貧家亦然。」〔註94〕又以隨身佩飾的荷包為例，不僅大至八至九吋，

〔註86〕周鍾瑄，《諸羅縣志》（南投：臺灣省文獻委員會，1993年），頁146。
〔註87〕臺灣銀行經濟研究室，《福建通志臺灣府》（南投：臺灣省文獻委員會，1993年），頁216。
〔註88〕尹章義，〈臺灣檳榔史〉，《歷史月刊》第35期，1990.12，頁78～87。
〔註89〕陳培桂，《淡水廳志》（南投：臺灣省文獻委員會，1993年），頁33。
〔註90〕高拱乾，《臺灣府志》（南投：臺灣省文獻委員會，1993年），頁186。
〔註91〕周鍾瑄，《諸羅縣志》（南投：臺灣省文獻委員會，1993年），頁137。
〔註92〕周鍾瑄，《諸羅縣志》（南投：臺灣省文獻委員會，1993年），頁136。
〔註93〕周鍾瑄，《諸羅縣志》（南投：臺灣省文獻委員會，1993年），頁146。
〔註94〕周鍾瑄，《諸羅縣志》（南投：臺灣省文獻委員會，1993年），頁149。

並以「紅哆囉呢、漢府緞」等高級布料為材質，又以高價聘優異的女紅繡上美麗飾紋〔註95〕。

服飾的華麗就連貧家亦相當講究，《重修臺灣縣志》:「習尚華侈，衣服概用綾羅，不特富厚之家為然也。下而輿隸庸販，衣褲率多紗帛。」〔註96〕可見無論有財無財，甚至連尚未婚配，年紀尚輕的女孩皆競相在服飾上矜誇炫耀，如《臺灣縣志》中所述:「婦人探親，無肩輿，擁傘而行;衣必麗都，飾必華艷。女子之未字者亦然。」〔註97〕

《鳳山縣志》更直指「服飾僭侈」為「全臺之敝俗」，對人們熱烈追求服飾的華美有其具體的描述:「即廝役牧豎，衣曳綺羅;雖販婦村姑，粧盈珠翠。」即便是「僕人與童僕」多穿著綺麗華服，「販婦村姑」亦濃粧豔抹，滿戴珠飾〔註98〕。《重修鳳山縣志》的描述就更為生動:「儲無甔石，衣必綺紈;下至牛醫馬傭之輩、僕隸輿僮之賤，絲帛綾羅搖曳都市，古所謂服妖也。」〔註99〕此「搖曳都市」一詞之用，敘述的雖是不合身份的人對於華服的追求，然此亦悄然透露其纂者看待此現象不以為然的觀點。綜觀上述，可知清代臺人，因對於服飾要求十分講究，故衣料品質與工法皆甚佳，且非富貴人家所特有，乃是瀰漫於社會的普遍現象。

雖言追求華美服飾為全臺之普遍現象，但仍有例外，《澎湖廳志》:

> 男女衣服悉用布素，至於綾羅綢緞，則絕無僅有者也。地不產桑麻，女無紡績，棉夏布疋俱資於廈門。婦人喜著青布衣，上山討海，出門探親，俱用青布裹頭。男子喜著色繭衫褲，服此者則為有體面。人家有喜慶則穿鞋襪，平日俱赤足。秋冬時亦用青布包頭，以禦風寒。近日富室及秀士，間有服綢緞者。此亦風習日趨於華也，然亦少矣。〔註100〕

相較於臺灣島上的臺人所喜好的綾羅綢緞，澎湖廳內的居民就相對簡樸，不論男女全用來自廈門的素色布料，女子喜歡青布衣，出門皆以青布裹頭。而男子喜穿色繭衫褲，有喜慶之事才穿鞋，平日則赤足，雖有少數有錢人家與

---

〔註95〕周鍾瑄，《諸羅縣志》（南投:臺灣省文獻委員會，1993年），頁149。

〔註96〕王必昌，《重修臺灣縣志》（南投:臺灣省文獻委員會，1993年），頁402。

〔註97〕陳文達，《臺灣縣志》（南投:臺灣省文獻委員會，1993年），頁59。

〔註98〕陳文達，《鳳山縣志》（南投:臺灣省文獻委員會，1993年），頁80。

〔註99〕王瑛曾，《重修鳳山縣志》（南投:臺灣省文獻委員會，1993年），頁56。

〔註100〕林豪，《澎湖廳志》（南投:臺灣省文獻委員會，1993年），頁321。

讀書人，著綢緞衣，風俗趨近於華麗但仍是不普遍。

除此之外，依據不同地區的地理環境與氣候條件，或是因氣候的改變，各地的服飾亦有所不同，在〈風俗〉志中此類的敘述較近客觀，不帶道德性的評論，如《彰化縣志》：

> 彰化地當全臺之中，故寒次於淡水，大毛可不御。熱次於嘉義以南，紗葛穿不多時。濱海鹿港上下，海風凜冽，村民每防落帽，以青布裹其頭；而不濱海者亦效顰焉。〔註101〕

彰化地處臺灣中部，冷次於淡水，熱次於嘉義以南，過厚重的毛皮衣料可不用預備，夏天的紗葛衣穿的機會亦不多，但濱海地區，因海風凜冽故多以青布裹頭，不濱海地區亦然。此習與澎湖同。又如《噶瑪蘭廳志》：

> 蘭俗夏尚青絲，冬用綿綢，皆取之江、浙。其來自粵東者，惟西洋布；雪白則為衣、為褲，女子宜之，元青則為裘、為褂，男子宜之。其來自漳、泉者，有池布、眉布、井布、金絨布。諸莊數疋論筒，一盡白質，到蘭則金絨為毛烏，井眉為淺藍、為月白，皆隨後所淋染也。……地氣近熱，西風四起，單衣飄泊如蝴蝶，轉覺清爽。惟雨過倍涼，三伏不免。窮冬則綿襖短褂，便可禦寒。近年西北口羊皮，有由浙而入蘭者，或霍倫大（俗呼得勝褂）或巴圖魯（俗呼甲仔），人加一襲，且溫如挾纊矣。〔註102〕

蘭俗夏天取江浙一帶來的青絲，冬用綿綢，來自粵東的西洋布，白色為衣、為裙，較適宜女子穿，青色則為裘、為褂較適合男子穿。窮冬則綿襖短褂即可禦寒，或加一襲俗稱為「得勝褂」或「甲仔」。《淡水廳志》：

> 衣食足則廉恥生。庇身亦何可緩？淡俗蠶桑未興，其絲羅皆取之江、浙、粵。洋布則轉販而來，餘布多購於同安。所自染者有曰「毛烏」者，色勝內地，澣之不退。女子喜著紅衣，男著短衣，每過膝不及脛。製襟多直下者，曰「蘇裙」。夏衣之領，多上圓而下尖，半露其胸，曰瓜子領，不論頸之肥瘦也。愛施兜肚，下垂方布，有花紋，以護下體。〔註103〕

淡俗蠶桑未興，故其絲、羅大多來自江、浙、粵，自洋布購於同安後自染，

---

〔註101〕周璽，《彰化縣志》（南投：臺灣省文獻委員會，1993年），頁288。
〔註102〕陳淑均，《噶瑪蘭廳志》（南投：臺灣省文獻委員會，1993年），頁199。
〔註103〕陳培桂，《淡水廳志》（南投：臺灣省文獻委員會，1993年），頁300。

花色勝於內地，亦不易褪色，女子喜歡紅衣，男子著短衣，長過膝但不至於
腳跟，而「夏衣之領大多上圓下尖，半露其胸」與「愛施兜肚，下垂方布，
有花紋，以護下體」雖未特指男女，但前者的描述應是男子，後者是女子，
否則該志之纂修者理應不會僅一筆帶過，而無任何批判。

　　總括來說，〈風俗〉志對清代臺人衣著的敘述，除了客觀的田野調查式的
紀錄書寫外，多以「奢」、「靡」、「侈」、「僭」等字眼，來呈現一種概括性
的總結，不難看出臺人熱烈追求華美服飾的習慣，應是宜改善並施予教化的
部份。

## 三、娛樂（好演劇）

　　臺人好演劇的休閒娛樂，在清代臺灣方志的〈風俗〉類中，依然以「敝
俗」的角色登場，《高志》：「信鬼神、惑浮屠、好戲劇、競賭博，為世道人心
之玷，所宜亟變者亦有之。」〔註104〕《諸羅縣志》：「好巫信鬼觀劇，全臺之
敝俗也。」〔註105〕此處所指的戲劇非是具文學性的戲曲，而是地域色彩濃厚
的地方戲曲，在方志中，常用的「社戲」的名目，「社戲」既是一個聚落、社
會的共同體活動，也具有祭社、賽社的信仰文化意義，所以一般而言里社演
戲乃是迎神賽會活動的一環，如《諸羅縣志》：

> 神誕，必演戲慶祝。二月二日、八月中秋，慶土地尤盛。秋成，設
> 醮賽神，醮畢演戲，謂之壓醮尾。比日中元盂蘭會，亦盛飯僧；陳
> 設競為華美，每會費至百餘緡。事畢，亦以戲繼之。家有喜，鄉有
> 期會。有公禁，無不先以戲者，蓋習尚既然。又婦女所好，有平時
> 慳吝不捨一文，而演戲則傾囊以助者。〔註106〕

> 召巫設壇，名曰王醮。三歲一舉，以送瘟王。醮畢，盛席演戲，執
> 事儼恪跽進酒食。〔註107〕

> 二月二日，街衢社里斂錢演戲，賽當境土神；蓋倣古「春祈」之
> 意。〔註108〕

《鳳山縣志》：

---

〔註104〕高拱乾，《臺灣府志》（南投：臺灣省文獻委員會，1993年），頁187。
〔註105〕周鍾瑄，《諸羅縣志》（南投：臺灣省文獻委員會，1993年），頁136。
〔註106〕周鍾瑄，《諸羅縣志》（南投：臺灣省文獻委員會，1993年），頁147。
〔註107〕周鍾瑄，《諸羅縣志》（南投：臺灣省文獻委員會，1993年），頁150。
〔註108〕周鍾瑄，《諸羅縣志》（南投：臺灣省文獻委員會，1993年），頁151。

中秋，祭土地。鄉村里社悉演戲，爲費甚奢。〔註109〕

《臺灣縣志》：

臺俗演戲，其風甚盛。凡寺廟佛誕，擇數人以主其事，名曰頭家，斂金於境內，作戲以慶。鄉間亦然。〔註110〕

《范志》：

境內之人鳩金造木舟，設瘟王三座，紙爲之。延道士設醮，或二日夜、三日夜不等，總以末日盛設筵席演戲。〔註111〕

二月二日，各街社里逐戶鳩金演戲，爲當境土地慶壽。張燈結彩，無處不然，名曰「春祈福」。〔註112〕

《劉志》：

八月十五日曰中秋，祭當境土地，張燈演戲，與二月二日同。

〔註113〕

《淡水廳志》：

淡地膏沃易生財，亦易用財。凡遇四時神誕，賽願生辰，搬演雜劇，費用無既。〔註114〕

《彰化縣志》：

初九日，傳爲玉皇誕辰，家家慶祝。邑內嶽帝廟，俗訛爲玉皇廟。前後數日，燈綵輝煌，演劇歡慶。城內外士女，結隊來觀，每宵達旦。〔註115〕

年節香燈之外，必欲演戲，動費多金。凡神誕喜慶，賽願設醮，演唱累日夜。近日盂蘭會，飯僧極豐。事畢亦以戲繼之，名爲敬神以祈福。〔註116〕

《噶瑪蘭廳志》：

---

〔註109〕陳文達，《鳳山縣志》（南投：臺灣省文獻委員會，1993 年），頁 87。

〔註110〕陳文達，《臺灣縣志》（南投：臺灣省文獻委員會，1993 年），頁 59。

〔註111〕范咸、六十七，《重修臺灣府志》（南投：臺灣省文獻委員會，1993 年），頁 400。

〔註112〕范咸、六十七，《重修臺灣府志》（南投：臺灣省文獻委員會，1993 年），頁 402。

〔註113〕劉良璧，《重修福建臺灣府志》（南投：臺灣省文獻委員會，1993 年），頁 98。

〔註114〕陳培桂，《淡水廳志》（南投：臺灣省文獻委員會，1993 年），頁 317。

〔註115〕周璽，《彰化縣志》（南投：臺灣省文獻委員會，1993 年），頁 186。

〔註116〕周璽，《彰化縣志》（南投：臺灣省文獻委員會，1993 年），頁 294。

　　每年以二月三日文昌帝君誕辰，通屬士庶齊集宮中，排設戲筵，結
綵張燈。〔註117〕

　　天后宮在廳治南，相傳三月二十三日爲天后生辰，演劇最多。上元
節每神廟演戲一檯，俗號「打上元」。沿街高結燈彩，至十七、八日
方罷。〔註118〕

我們可以整理出清代臺灣民俗中幾個須演戲慶祝的日子，首先二月二日的「春
祈福」，其次是七月十五中元盂蘭會、八月十五中秋祭土地，另外是三年一次
的「送瘟王」或是寺廟佛誕（如二月三日文昌帝君誕辰、三月二十三天后生
辰）與不定期酬神、做醮。就一年而言，演戲慶祝的頻率頗高，但就當時清
代臺灣社會的狀況來看，在日常的工作期間之外，利用節慶、廟會的祭祀期
間以酬神還願或吉慶祈願之名，藉此演出連臺好戲，亦無可厚非，就如同休
閒社會學所說的「宗教性餘暇」〔註119〕。

　　看戲最重要的動機之一是求取娛樂或放鬆精神，使他們暫時忘卻個人的
憂慮，感覺安寧、滿足與新生。戲劇使觀眾在娛樂中，培養個人的才智、感
受力，例如官能感覺、智力、想像力、集中精神的能力，戲劇不但代表和反
映人生和社會行爲，在觀劇時，人往往亦會有群體感和群體意識，而這群體
感和群體意識會引使人們在戲劇外與社會有更和諧的關係〔註120〕。

　　由於民間看戲、聽戲的經驗，眞正能在商業性劇場享受的，從勾欄到戲
園，都需要有足以支持的社會經濟能力，此類演出的形式通常在帝都或都會
一類大城鎮始能勉力維持，而鄉村地方就須等待農閒時的節慶、祭典，那些
路境人在衝州撞府之餘也能光臨窮鄉僻壤或通衢觀寺，這些都是戲劇演出的
良好時間與空間。節慶、慶典的祭祀活動合理化了戲劇的演出，相對的也制
約了演出的劇目與劇場形式。地方演劇常會與宗族或廟會結合推動，通常會
根據慶祝活動不同，而有不同的劇目，如盂蘭節通常會演出「目蓮戲」，祭祀
性的如「夫人戲」，還願性的「北斗戲」等，足見演劇與祭祀的關係極爲密切，
且所搬演之「例戲」多爲所謂的「正戲」，也同樣可以彰顯其中所富含的教化
意義，發揮其社會功能〔註121〕。

---

〔註117〕陳淑均，《噶瑪蘭廳志》（南投：臺灣省文獻委員會，1993年），頁188。
〔註118〕陳淑均，《噶瑪蘭廳志》（南投：臺灣省文獻委員會，1993年），頁192。
〔註119〕李豐楙，〈儀式、演劇與祭祀〉，《傳統藝術》第44期（2004），頁8～12。
〔註120〕郭博信，〈戲劇與觀眾〉，《文史哲學報》第30期（1981），頁148～206。
〔註121〕李豐楙，〈儀式、演劇與祭祀〉，《傳統藝術》第44期（2004），頁8～12。

　　然令人費解的是，「好演劇」何以在清代臺灣方志的書寫中是以「敝俗」登場呢？雖說清代臺灣社會中的觀劇算是一宗教活動，或酬神祭祀或農閒的娛樂活動，皆可算是理由充足，亦非臺灣一地所獨有的現象，然「每宵達旦」、「演唱累日夜」、「搬演雜劇費用無既」、「為費甚奢」、「演劇殆無虛夕」、「不問晝夜」這才是引發議論之處，亦是一種奢靡的表現。另外，於本章第一節探討過，方志的纂修者對於臺人「男女相雜」及婦女出遊無所忌的現象，認為是「廉恥既喪」、「倫常漸乖」，而《諸羅縣志》：

> 演戲，不問晝夜，附近村莊婦女輒駕車往觀，三、五群坐車中，環臺之左右。有至自數十里者，不艷飾不登車，其夫親為之駕。〔註122〕

《臺灣縣志》：

> 每遇唱戲，隔鄉婦女駕牛車，團集於檯之左右以觀，子弟之屬代為御車，風之未盡美也。〔註123〕

> 而臺地僧家，每多美色少年，口嚼檳榔，檯下觀劇。〔註124〕

為觀演劇「不艷飾不登車」，而檯下又諸多「美色少年」，雖說是僧家依然於禮不合，且鄉里演戲可謂是宗教盛事或宗族重要活動，每每吸引觀劇的人無數，甚至有路境之人，但也顯示了參與慶典人物來源複雜，往往是容易滋事之時，或聚眾爭鬥，或男女混雜相狎。而依「附近村莊婦女輒駕車往觀」、「有至自數十里者」、「隔鄉婦女駕牛車，團集於檯之左右以觀」及「婦女所好，有平時慳吝不捨一文，而演戲則傾囊以助者」的情況來看，清代臺人婦女對演劇的熱忱，不比時下社會追逐影視紅星，此固然是戲劇本身的魅力，然就某方面來說，觀劇的場合未必不是清代臺人婦女展演「豔飾華服」的重要舞臺，是另一個造成奢靡民風的原因。若依照纂修者觀看事物的邏輯，無怪乎其要將「好演劇」列為「全臺之敝俗」。

　　明清兩代，儒家思想成為一穩定的官方意識型態，這套官方的意識型態擁有龐大的權勢和影響力。在中國，作為上層文化主導的儒家和民間信仰在基本取向上大相逕庭，所以傳統的士大夫或統治階層，往往對庶民文化抱持著鄙視不加聞問的態度。但當民間信仰、習俗對既存的政治、道德序構成威脅，或具有挑戰、顛覆性時，居上位者就會採行較為積極的手段，如雍正年

〔註122〕周鍾瑄，《諸羅縣志》（南投：臺灣省文獻委員會，1993年），頁149。
〔註123〕陳文達，《臺灣縣志》（南投：臺灣省文獻委員會，1993年），頁59。
〔註124〕陳文達，《臺灣縣志》（南投：臺灣省文獻委員會，1993年），頁60。

間所出現的「觀風整俗使」。但對於對違反道德倫理的民間信仰，士紳、統治
階層除了「嚴詞譴責」並沒有太多的著力處〔註125〕。

　　臺灣在清代臺灣方志編纂者的觀察與描述下，由一特定的微小細節，過
度放大爲所有臺灣社會的普遍性質。這些編纂者多出身於士紳等統治階層，
對於某些悖離儒家大傳統的民間信仰、風俗、習慣及婦女的習教自有一套看
法與定論，且牢不可破，但他們自身卻沒有多大的「矯正」能力，至多只能
因應政府的文化或統治策略書寫入方志的卷帙之中。或將方志所書寫的區域
改變，在清代臺灣方志的編纂者筆下所大聲疾呼改易的敝俗，或許依然存在
也未可知。

〔註125〕李孝悌，〈十七世紀以來的士大夫與民眾──研究回顧〉，《新史學》卷4第4
　　　　期（1993），頁99～139。

# 第五章　結　論

　　清代的臺灣，首次納入中國一統帝國的版圖，臺灣人民的生活樣貌，因
著纂修人員的價值取向，被書寫進方志卷帙分類之中，臺灣所呈現的便是一
個極需要教化的邊陲之地，即便有良善之俗，亦是政府「聲教之結果」。政治
的橫向移動，臺灣看似從邊陲逐漸地進入了帝國核心，但文化的縱向計量，
臺灣人在帝國文化底層的位置卻難以改變。

　　中國地方志的產生，原本就是緣於帝國統治的需求而編纂的，書寫偏執
的產生是必然的結果，所以只將方志單純的視為一種記錄地方的史料，而忽
略在成書的過程中纂修的脈絡，那麼透過方志中書寫的內容，所還原出的當
時地方各方面的樣貌，必然是不客觀的。林開世在探討十九世紀的《噶瑪蘭
廳志》時談到：

　　　　我們將可以看到這本方志如何一面無視於新領地的文化差距，製造

　　　　出可全面性掌握的知識分類；另一方面則開闢出新的門目來處理比

　　　　較大的差異，並啟動文字考證來馴化新事物的意義。〔註1〕

林開世將方志認為是依照官僚體系所支撐的知識系統，在既定的價值觀下，
所有事物的書寫必須透過客觀的策略來達到馴化的效果，故一般認為「嚴
謹」的「附考」便是將方志書寫內容合理化最好的方式。這雖然是一段對方
志纂寫者嚴厲的批判，但卻是一種看待方志的新觀點。筆者認為任何一種
形式的書寫，都會有該形式既定的書寫符碼，方志的編纂書寫亦不例外，雖
源流多元，但直至有清一代已蔚成一獨立的書寫型態與格式。符碼只是一

---

〔註1〕　林開世，〈方志的呈現與再現——以《噶瑪蘭廳志》為例〉，《新史學》卷18
　　　　第2期（2007.06），頁1～60。

種表徵，其背後還有許多對同類型事物的觀點，只是藉由一個書寫符號表現，所以若能理解甚至解構方志書寫的符碼，或許便能更貼近方志書寫事物的原貌。

本文命題以清修臺灣方志的〈風俗〉類爲鏡，探討清代臺灣方志編纂者的纂修視域，欲鏡映出清代臺灣人之相，其中除如實呈現方志中對臺灣人的書寫、梳理出清修臺灣方志編纂的概況、編纂者的背景，文中對於所鏡映的臺灣人之相，亦作了初步的探討與分析，其討論的範疇包含：統治者如何運用書寫權力？如何將這個權力變成一個製造意識的規則？清代臺灣方志的纂修人員，如何紀錄臺灣？他們心中良善的風俗是什麼樣子，他們如何敘述他們眼中所看見的事實，並使它們依照自己的價值取向與帝國既定的文化模式呈現？這些書寫者如何觀看，這樣的觀看又源自於什麼樣特殊化的觀點或是意識？是否有自覺的迎合，抑或是被包覆在一個更大的集體意識而不自覺？在清代龐大的修志事業中，臺灣居民是以怎樣的態度去對應？透過書寫者的再現後，清代的臺人之相又呈現了什麼樣的普遍性？

就統治者書寫的權力而言，筆者認爲此非清代特有的狀況，歷朝歷代（尤其是大一統的帝國）只要是官方性的文字書寫，多有此現象。帝國的統治政策與文化策略多是此官方書寫所欲迎合的方針，在潛移默化下形成一種書寫的意識型態，而書寫的文化觀看亦受此制約，再輔以中國歷代以來的士大夫意識，自然而然地就形成了書寫的規則，影響了編纂者的視域，正如筆者緒論所言：「這些主觀的價值取向，早在采風問俗前便深植在清代臺灣方志編纂人員的心中，並在方志的制式規範架構中決定其敘述的軸線。」

然而在這樣的書寫意識規則下，清代臺灣方志所形塑的臺人之相，我們仍須進入方志的字裡行間去做計量，故筆者依清代各部臺灣方志〈風俗〉類中的敘述，整理歸納編纂團隊對臺人的書寫邏輯及其意識。若綜觀〈風俗〉類中對臺人風俗的書寫，不難發現其客觀地敘事當中，挾有大量的價值批判，正如林開世所認爲的：依照官僚體系所支撐的知識系統，在既定的價值觀下，所有事物的書寫必須透過客觀的策略來達到馴化的效果。以客觀的策略來包裝其內的價值評斷，不過也不能就此斷定，在清代臺灣方志的〈風俗〉類中，所描述臺人形象的普遍性：重利、好賭、好鬥、好結盟、奢靡成風、迷信、不重倫理（其奢靡成風可由人民的日常生活的習慣看出，如喜食檳榔、衣著華麗、好演劇等），是嚴重的扭曲，只能謂是方志的編纂者對清代

的臺人的如是觀看。

　　筆者亦整理出清代的臺人在此官方的書寫場域中所佔的比例。清領前期
所編纂的方志中，臺人參與纂修的比例不高，所發揮的影響力不高，中後期
所編纂的方志，臺人參與纂修的比例則部份有較高的現象，但其對臺人的描
述並無太大的差異，甚至直取前人所撰一字無改。筆者認爲有兩種可能性，
一是參與編纂清代臺灣方志的臺人，全然地認同非在地臺人所看見的臺灣風
俗，亦是視爲一種庶民文化的觀看，非有地域之別，乃是士人文化與庶民文
化的取向不同。另外是清代的臺人在此官方的書寫場域中，並沒有獲得書寫
的權力或是裁量權。

　　就本文的研究過程，筆者在這樣的初步探討中有幾點收穫：

1. 任何的文字書寫，不管是作爲史料抑或是文學作品，都無可避免的有
   纂寫者的價值取向，雖因著纂寫者的價值取向造成文字書寫的侷限
   性，但亦不可完全抹煞其所呈現的現象或背後所隱藏的意識。清修臺
   灣方志〈風俗類〉的書寫，雖對描述之對象有價值上的評判，但仍是
   某一段時期社會觀察的結果，對建構臺灣社會文化的歷史圖像而言，
   是有不容忽視的價值。相對的，對其內容所書寫的眞實性，亦應持有
   保留的態度。

2. 探討歷史眞實的存在是歷史研究的重要目的之一，就文獻紀錄而言，
   各個不同的價值觀念系統所支配的參與者與紀錄者，往往會形成互動
   鍊，所以當我們要由史料檔案中建構歷史圖像時，便要周全比對對於
   同一事件但不同來源紀錄的表述，並盡可能有超越這互動鍊的視野之
   上。

3. 就筆者於本文第四章，概括性地對清修臺灣方志〈風俗類〉對臺灣人
   形象的歸納，其形象的形塑是與臺灣特殊的歷史、地理背景有著密不
   可分的關係，而不管是在人類學、民族學、歷史學等關於臺灣社會文
   化的現象與變遷，已有豐碩的研究成果可供參閱，若能以此作爲探討
   方志〈風俗類〉的輔助閱讀，將能對清代臺灣方志所呈現的社會內涵，
   提供一個較爲客觀的評斷。

　　本文耙梳、探討清修臺灣方志的概況與纂修人員，並從中揀選清修臺灣
方志切入特定的門類——〈風俗〉類作爲研究模式，嘗試建構方志中臺灣人
的形象，以及還原清代臺灣的社會概況。在此所涉及的論述，因筆者看待問

題的視野未臻成熟，部份只能指出現象的存在而未能細膩分析，如本文以各時期清修臺灣方志爲主要探討的史料，若能輔以清代官方檔案資料比較，是否就更能從此脈絡中瞭解清帝國對臺的統治策略與態度，以突破方志書寫的侷限性？纂修者的籍貫是否因原鄉地域性的差異而影響纂修視域？以及各方志纂修者的私人著述與其纂修方志的觀點是否一致？等此類更需細膩探討，礙於寫作時間，文中未周延之處，則有待筆者視野更臻成熟後，續其研究探討。

# 附　錄

## 附錄 1：清康熙年間臺灣文人作品

| 方志纂修 | 創作時間 | | 人物 | 著　述 | 單篇文章 | 詩　作 |
|---|---|---|---|---|---|---|
| | 永曆 6 年 | 1652 | 沈光文 | | | 〈偶成〉<br>〈夕餐不給戲成〉<br>〈感憶〉 |
| | 永曆 8 年 | 1654 | 沈光文 | | | 〈自疑〉 |
| | 永曆 10 年 | 1656 | 沈光文 | | | 〈寄跡效人吟〉 |
| | 永曆 12 年 | 1658 | 沈光文 | | | 〈陳草〉 |
| | 永曆 13 年 | 1659 | 沈光文 | | | 〈已亥除夕〉 |
| | 永曆 14 年 | 1660 | 沈光文 | | | 〈戲題〉<br>〈貸米於人無應者〉 |
| | 永曆 15 年 | 1661 | 徐孚遠 | 《釣璜堂存稿》 | | 全臺詩 25 首 |
| | 永曆 15 年 | 1661 | 沈光文 | | | 〈謝王愧兩司馬見贈〉<br>〈盧司馬惠朱薯賦謝〉 |
| | 永曆 16 年 | 1662 | 鄭成功 | | | 全臺詩 1 首 |
| | 永曆 16 年 | 1662 | 沈光文 | | | 〈別洪七峰〉<br>〈思歸〉 |
| | 永曆 17 年 | 1663 | 沈光文 | | 〈臺灣賦〉 | 〈癸卯端午〉 |
| | 永曆 18 年 | 1664 | 盧若騰 | 《留庵文集》<br>《留庵詩集》<br>《島噫詩》<br>《方輿互考》<br>《島居隨錄》<br>《浯洲節烈傳譜》 | | 全臺詩 12 首 |

| 方志纂修 | 創作時間 | | 人 物 | 著 述 | 單 篇 文 章 | 詩 作 |
|---|---|---|---|---|---|---|
| | 永曆18年 | 1664 | 沈光文 | | | 〈題寧靖王齋堂〉 |
| | 永曆21年 | 1667 | 王忠孝 | 《惠安王忠孝公全集》 | | 全臺詩16首 |
| | 永曆24年 | 1670 | 沈光文 | | | 〈別顧南金〉 |
| | 永曆35年 | 1681 | 鄭經 | 《東壁樓集》 | | 全臺詩490首 |
| | 永曆37年 | 1683 | 施琅 | 《靖海記》《平南事實》 | | 全臺詩1首 |
| | 永曆37年 | 1683 | 朱術桂 | | | 全臺詩1首 |
| | 永曆37年 | 1683 | 施世綸 | 《潯江詩草》《南堂集》 | | 全臺詩1首 |
| | 永曆37年 | 1683 | 周澎 | 《移亭集》 | 〈平南賦〉 | |
| ※ | 康熙23年 | 1684 | 季麒光 | 《臺灣郡志稿》《蓉洲詩文稿》《蓉洲詩稿》《臺灣雜記》《山川考略》《海外集》《華陽懷古》《三國史論》 | 〈詳免二十三年半徵文〉東寧政事30篇 | 全臺詩4首 |
| ※ | 康熙23年 | 1684 | 季麒光 沈朝聘 | 《東寧唱和詩》 | | |
| | 康熙23年 | 1684 | 沈朝聘 | 《省軒郊行》 | | |
| ※ | 康熙23年 | 1684 | 蔣毓英 | 纂修《臺灣府志》 | | |
| | 康熙23年 | 1684 | 楊文魁 | | 〈臺灣紀略碑文〉 | |
| | 康熙23年 | 1684 | 周昌 | | 〈詳請開科考試文〉 | |
| | 康熙23年 | 1684 | 江日昇 | 《臺灣外記》 | | 全臺詩17首 |
| | 康熙24年 | 1685 | 沈光文 等14人 | 《福臺新詠》 | | |
| | 康熙24年 | 1685 | 沈光文 | | 〈東吟社序〉 | |
| | 康熙24年 | 1685 | 楊宗城 | 《碧浪園詩》《東吟唱和詩》 | | 全臺詩1首 |
| ※ | 康熙24年 | 1685 | 季麒光 | 《蓉洲詩文集》 | | 〈乙丑歲首爲蒼崖六十甲子除夕正值迎春是日干支屬庚申賦此誌祝〉 |
| | 康熙26年 | 1687 | 林謙光 | 《澎湖臺灣紀略》 | 〈臺灣賦〉〈臺灣紀略附澎湖〉 | |
| | 康熙26年 | 1687 | 沈光文 | | 〈題梁溪季蓉洲先生海外詩文序〉 | |

| 方志纂修 | 創作時間 | | 人　物 | 著　　　述 | 單篇文章 | 詩　　作 |
|---|---|---|---|---|---|---|
| | 康熙27年 | 1688 | 沈爾懭鏵 | | 為《蓉洲詩文集》題詞 | |
| | 康熙27年 | 1688 | 沈光文 | 《臺灣輿圖考》《草木雜記》《流寓考》《臺灣賦》《文開文集》《文開詩集》 | | 〈大醉示洪七峰〉全臺詩107首 |
| | 康熙27年 | 1688 | 王　喜 | 輯《臺灣志稿》 | | |
| | 康熙27年 | 1688 | 王兆陞 | | | 全臺詩10首 |
| | 康熙29年 | 1690 | 殷化行 | | 〈始建海會寺記〉 | |
| | 康熙29年 | 1690 | 王善宗 | | | 全臺詩〈臺灣八景〉8首 |
| | 康熙29年 | 1690 | 昌閔逵 | | 〈總鎮府都督王功去思碑〉 | |
| ※ | 康熙30年 | 1691 | 齊體物 | 參與編纂《臺灣府志》 | | 全臺詩28首 |
| ※ | 康熙31年 | 1692 | 高拱乾 | | | 全臺詩22首 |
| ※ | 康熙32年 | 1693 | 王　璋 | | | 全臺詩12首 |
| ※ | 康熙33年 | 1694 | 高拱乾 | 開始纂修《臺灣府志》 | | |
| | 康熙33年 | 1694 | 王特昌 | | 〈季蓉洲先生詩文集序〉 | |
| ※ | 康熙34年 | 1695 | 王　璋 | 分修《臺灣府志》 | | |
| | 康熙34年 | 1695 | 徐懷祖 | 《臺灣隨筆》 | | |
| | 康熙34年 | 1695 | 林慶旺 | | | 全臺詩13首 |
| ※ | 康熙34年 | 1695 | 李中素 | 參與編修《臺灣府志》 | | 全臺詩1首 |
| | 康熙35年 | 1696 | 施　琅 | 《靖海紀事》 | | |
| | 康熙36年 | 1697 | 郁永河 | 《裨海記遊》 | | 全臺詩50首 |
| | 康熙36年 | 1697 | 施世榜 | | | 全臺詩6首 |
| ※ | 康熙36年 | 1697 | 盧芳型 | 分訂《重修臺灣府志》 | | 全臺詩2首 |
| ※ | 康熙36年 | 1697 | 林中桂 | | | 全臺詩1首 |
| | 康熙37年 | 1698 | 張玉麒 | | 〈建教場演武廳記〉 | |
| ※ | 康熙41年 | 1702 | 陳　璸 | 《陳清瑞公文選》 | | 全臺詩49首 |
| ※ | 康熙42年 | 1703 | 陳　璸 | | 〈臺邑求雨牒城隍文〉〈新建臺邑明倫堂碑記〉 | 〈祈雨〉〈臺陽八景詩〉 |
| | 康熙42年 | 1703 | 吳周禎 | | | 全臺詩1首 |

| 方志纂修 | 創作時間 | | 人物 | 著述 | 單篇文章 | 詩作 |
|---|---|---|---|---|---|---|
| | 康熙43年 | 1704 | 宋永清 | 《溪翁詩草》 | 〈新建鳳山縣署記〉 | 全臺詩30首 |
| ※ | 康熙43年 | 1704 | 陳璸 | | | 〈甲申行取時舟出鹿耳門遇險口占〉 |
| | 康熙43年 | 1704 | 林華昌 | | | 全臺詩1首 |
| | 康熙43年 | 1704 | 王敏政 | | | 全臺詩1首 |
| | 康熙43年 | 1704 | 陸登選 | | | 全臺詩1首 |
| | 康熙44年 | 1705 | 孫元衡 | 《赤崁集》 | | 全臺詩361首 |
| | 康熙44年 | 1705 | 婁廣 | | | 全臺詩11首 |
| | 康熙44年 | 1705 | 李清運 | | | 全臺詩1首 |
| | 康熙45年 | 1706 | 孫襄 | | 〈諸羅學文廟記〉 | 全臺詩1首 |
| | 康熙45年 | 1706 | 孫元衡 | | 〈新建諸羅縣署記〉 | 〈朔四日泛海赴安平鎮〉〈居赤崁樓一載矣計日有感〉〈日入行〉 |
| ※ | 康熙46年 | 1707 | 陳文達 | | | 全臺詩3首 |
| | 康熙46年 | 1707 | 孫元衡 | | | 〈安平鎮〉〈雜謠十首〉〈海吼〉 |
| ※ | 康熙46年 | 1707 | 周元文 | | 〈詳請緩徵帶徵稿〉〈捐置本府庄田碑記〉 | |
| ※ | 康熙47年 | 1708 | 張宏 | | 〈學舍記〉〈始建縣城隍記〉 | 全臺詩8首 |
| | 康熙47年 | 1708 | 施士嶽 | | 〈鳳山文廟記〉 | |
| | 康熙47年 | 1708 | 陳聖彪 | | | 全臺詩3首 |
| | 康熙47年 | 1708 | 孫元衡 | | | 〈二月朔三日即事〉〈澎湖〉〈冬至日即席賦別黃萍谷同寅〉 |
| | 康熙47年 | 1708 | 宋永清 | | 〈火神廟記〉 | |
| ※ | 康熙47年 | 1708 | 陳文達 | | 〈臺灣縣儒學廣文陸公去思碑記〉 | |
| ※ | 康熙48年 | 1709 | 郭必捷 | | | 全臺詩2首 |
| | 康熙48年 | 1709 | 陳宗達 | | | 全臺詩3首 |
| | 康熙48年 | 1709 | 張琮 | | | 全臺詩8首 |
| ※ | 康熙48年 | 1709 | 陳璸 | | 〈祭中憲大夫衛公南村先生〉 | |

| 方志纂修 | 創作時間 | | 人　物 | 著　　述 | 單篇文章 | 詩　　作 |
|---|---|---|---|---|---|---|
| | 康熙48年 | 1709 | 鄭鳳庭 | | 〈諸羅文廟記〉 | 全臺詩1首 |
| | 康熙48年 | 1709 | 宋永清 | | 〈鳳山文廟告成詳文〉〈諸羅文廟告成詳文〉 | |
| ※ | 康熙48年 | 1709 | 李欽文 | | 〈鳳山義學田記〉 | |
| ※ | 康熙49年 | 1710 | 陳　璸 | | 〈郡守衛南村公德政碑記〉 | 〈題盤景〉〈舟次初度〉 |
| ※ | 康熙49年 | 1710 | 康卓然 | | 〈臺灣學文廟記〉 | |
| | 康熙49年 | 1710 | 宋永清 | | 〈增修臺灣府志序〉 | |
| ※ | 康熙49年 | 1710 | 陳　聲 | | 〈諸羅義學田記〉 | |
| ※ | 康熙50年 | 1711 | 張纘緒 | | | 全臺詩1首 |
| ※ | 康熙50年 | 1711 | 周元文 | | 〈申請嚴禁偷販米穀詳稿〉〈申禁無照偷渡客民詳稿〉 | |
| ※ | 康熙51年 | 1712 | 陳　璸 | 刻《臺廈試牘》 | 〈臺廈試牘序〉〈上帝廟求雨文〉〈媽祖宮求雨文〉 | 〈求雨〉〈苞樟遇雨〉〈雨夜海島〉 |
| ※ | 康熙51年 | 1712 | 周元文 | | 〈重修臺灣府志序〉 | |
| ※ | 康熙51年 | 1712 | 張　宏 | | 〈學舍記〉 | |
| ※ | 康熙52年 | 1713 | 陳　璸 | | 〈新建臺灣朱子祠記〉〈重修臺灣孔子廟碑記〉〈文昌閣記〉 | 〈朱子祠手植梅花〉〈文昌閣落成〉 |
| ※ | 康熙52年 | 1713 | 張　宏 | | 〈臺邑城隍廟記〉 | |
| ※ | 康熙52年 | 1713 | 洪成度 | | | 全臺詩1首 |
| | 康熙52年 | 1713 | 鄭應球 | | 〈重濬蓮池潭碑記〉 | 全臺詩4首 |
| ※ | 康熙53年 | 1714 | 周鍾瑄 | | | 全臺詩15首 |
| | 康熙53年 | 1714 | 勞之辨 | 《靜觀堂詩集》《介巖百篇稿》 | | 全臺詩4首 |
| | 康熙54年 | 1715 | 阮蔡文 | | 〈祭淡水將士文〉 | 全臺詩8首 |
| ※ | 康熙54年 | 1715 | 陳　璸 | | 〈重修臺灣孔廟碑〉鄉民立〈去思碑〉感懷之 | |
| ※ | 康熙54年 | 1715 | 施士安 | | | 全臺詩1首 |
| | 康熙54年 | 1715 | 李　霂 | | | 全臺詩4首 |
| ※ | 康熙55年 | 1716 | 陳夢林 | 纂修《諸羅縣志》《遊臺詩》 | 〈九日遊北香湖觀荷記〉 | 全臺詩11首 |

| 方志纂修 | 創作時間 | | 人物 | 著述 | 單篇文章 | 詩作 |
|---|---|---|---|---|---|---|
| ※ | 康熙55年 | 1716 | 林中桂 | | | 〈弔殉節五妃墓〉〈九日北香湖觀荷〉 |
| ※ | 康熙55年 | 1716 | 李欽文 | | | 〈九日北香湖觀荷〉 |
| | 康熙55年 | 1716 | 蔡世遠 | 《二望堂文集》《鰲峰及約》《朱子家禮輯要》《歷代名臣傳》輯《安海詩》 | 〈諸羅縣學記〉〈靖海記跋〉〈安海詩序〉 | 〈題臺灣周明府鍾瑄小照即以贈行〉 |
| ※ | 康熙55年 | 1716 | 周鍾瑄 | | 〈諸羅縣城隍廟碑記〉 | |
| ※ | 康熙55年 | 1716 | 梁文科 | | 〈新建龍王廟碑記〉〈新建田祖廟碑記〉 | |
| ※ | 康熙55年 | 1716 | 王珍 | | 〈鳳山縣志序〉 | |
| | 康熙55年 | 1716 | 潘鼎珪 | 詩文集20餘卷 | 〈聖廟賦〉 | 全臺詩1首 |
| ※ | 康熙56年 | 1717 | 陳夢林 | | 〈望玉山記〉 | 〈丁酉正月初五羅山署中大風以次早風歇飲酒記之以詩〉 |
| ※ | 康熙56年 | 1717 | 梁文科 | | 〈重修萬壽亭碑記〉 | |
| ※ | 康熙56年 | 1717 | 李丕煜 | | | 全臺詩4首 |
| ※ | 康熙56年 | 1717 | 周鍾瑄 | 《諸羅縣志》 | 〈諸羅縣志序〉 | |
| ※ | 康熙57年 | 1718 | 陳璸 | 《陳清瑞公文選》 | | |
| ※ | 康熙58年 | 1719 | 李丕煜 | | 〈鳳山縣志序〉〈重修縣署記〉〈新建城隍廟記〉 | |
| ※ | 康熙58年 | 1719 | 梁文煊 | | 〈鳳山縣志序〉 | |
| ※ | 康熙58年 | 1719 | 王禮 | | 〈鳳山縣志序〉 | 全臺詩6首 |
| ※ | 康熙58年 | 1719 | 富鵬業 | | 〈重修鳳山文廟記〉 | |
| ※ | 康熙58年 | 1719 | 王珍 | | 〈鳳山縣志序〉 | |
| | 康熙58年 | 1719 | 李日煜 | | 〈重建郡學大成殿碑記〉 | |
| ※ | 康熙58年 | 1719 | 李欽文 | | 〈重修櫺星門泮池碑記〉 | |
| | 康熙58年 | 1719 | 呂猶龍 | | 〈進呈臺灣番樣疏〉 | |
| ※ | 康熙58年 | 1719 | 李丕煜 | 《鳳山縣志》 | | |
| ※ | 康熙59年 | 1720 | 王禮 | 《臺灣縣志》 | 〈臺灣縣志序〉 | |
| ※ | 康熙59年 | 1720 | 梁文煊 | | 〈臺灣縣志序〉 | |

| 方志纂修 | 創作時間 | | 人　物 | 著　　述 | 單篇文章 | 詩　作 |
|---|---|---|---|---|---|---|
| ※ | 康熙59年 | 1720 | 王　珍 | | 〈臺灣縣志序〉 | |
| | 康熙59年 | 1720 | 吳觀域 | | | 全臺詩3首 |
| | 康熙59年 | 1720 | 施世驃 | | 〈臺灣縣志序〉〈鳳山縣志序〉 | |
| | 康熙59年 | 1720 | 張　駴 | | | 全臺詩2首 |
| | 康熙60年 | 1721 | 藍鼎元 | | 〈擒賊首朱一貴等遂平南北二路露布〉〈紀虎尾溪〉〈紀水沙連〉 | 全臺詩〈臺灣近詠十首呈巡使黃玉圃先生〉15首 |
| | 康熙60年 | 1721 | 覺羅滿保 | 《檢心堂稿》 | 〈題報生番規化疏〉〈祭水師協鎮許雲文〉〈題義民效力議敍疏〉 | 全臺詩2首 |
| | 康熙60年 | 1721 | 施世驃 | | | 全臺詩1首 |
| | 康熙60年 | 1721 | 曾源昌 | 《臺灣雜詠》《逢齊詩集》 | | 全臺詩2首 |
| ※ | 康熙60年 | 1721 | 李欽文 | | 〈紅毛城賦〉〈赤崁城賦〉 | 全臺詩8首 |
| | 康熙60年 | 1721 | 卓夢采 | | | 〈避寇鼓山〉全臺詩14首 |
| | 康熙60年 | 1721 | 鄭大樞 | | | 全臺詩〈風物吟〉12首 |
| | 康熙61年 | 1722 | 藍廷珍 | | 〈東征集序〉 | |
| | 康熙61年 | 1722 | 黃叔璥 | 《臺灣海使槎錄》〈赤崁筆談〉〈番俗六考〉〈番社雜記〉《南征紀程》 | 〈海疆十要〉 | 全臺詩〈壬寅仲冬過斗六門〉〈詠水沙連社〉〈番社雜詠〉36首 |
| | 康熙61年 | 1722 | 藍鼎元 | 《東征集》《平臺紀略》 | 〈請班師書〉〈論周彩書〉 | |
| | 康熙年間 | | 陳兆蕃 | | | 全臺詩2首 |
| | 康熙年間 | | 李　泌 | | | 全臺詩2首 |
| | 康熙年間 | | 黃元弼 | | | 全臺詩2首 |
| | 康熙年間 | | 施陳慶 | | | 全臺詩2首 |
| | 康熙年間 | | 何借宜 | | | 全臺詩3首 |
| | 康熙年間 | | 張方高 | | | 全臺詩2首 |
| | 康熙年間 | | 吳王坦 | | | 全臺詩4首 |
| | 康熙年間 | | 呂謙恆 | 《青要集》 | | 全臺詩1首 |

| 方志纂修 | 創作時間 | 人物 | 著　　述 | 單篇文章 | 詩　作 |
|---|---|---|---|---|---|
| | 康熙年間 | 柏　謙 | | | 全臺詩 2 首 |
| | 康熙年間 | 陸榮柜 | | | 全臺詩 4 首 |
| | 康熙年間 | 黃吳祚 | | | 全臺詩 4 首 |
| | 康熙年間 | 彭夏琴 | | | 全臺詩 4 首 |
| | 康熙年間 | 黃學明 | | | 全臺詩 4 首 |
| | 康熙年間 | 萬　經 | | 〈赤崁集序〉 | |
| | 康熙年間 | 汪　灝 | | 〈赤崁集序〉 | |
| | 康熙年間 | 杜　臻 | 《經緯堂集》<br>《閩粵巡視紀略》<br>《海防述略》 | 〈澎湖臺灣紀略〉 | |
| | 康熙年間 | 陳元圖 | | | 全臺詩 1 首 |
| | 康熙年間 | 莊一煝 | | | 全臺詩 2 首 |

## 附錄 2：清雍正年間臺灣文人作品

| 方志纂修 | 創作時間 | | 人物 | 著　　述 | 單篇文章 | 詩　作 |
|---|---|---|---|---|---|---|
| | 雍正 2 年 | 1724 | 黃叔璥 | | 〈重修臺灣縣學碑記〉 | |
| | 雍正 2 年 | 1724 | 吳昌祚 | | 〈題郡守高公詩序〉 | |
| | 雍正 2 年 | 1724 | 何　勉 | | | 全臺詩 2 首 |
| | 雍正 3 年 | 1725 | 吳廷華 | 《三禮疑義》<br>《曲臺小錄》<br>《東壁書莊集》 | | 全臺詩 27 首 |
| | 雍正 3 年 | 1725 | 景考祥 | | | 全臺詩 1 首 |
| | 雍正 3 年 | 1725 | 黃叔璥 | 《臺灣海使槎錄》書成 | | |
| | 雍正 4 年 | 1726 | 汪繼景鉎 | 《恬村》<br>《燕臺小草》<br>《視臺草》<br>《雙椿草堂集》 | | 全臺詩 1 首 |
| ※ | 雍正 5 年 | 1727 | 劉良璧 | | | 全臺詩 2 首 |
| | 雍正 6 年 | 1728 | 夏之芳 | 輯《海天玉尺》<br>《臺灣紀巡詩》<br>又名《臺陽記遊百韻》 | 〈海天玉尺初編集序〉<br>〈海天玉尺編二集序〉 | |
| ※ | 雍正 7 年 | 1729 | 陳　慧 | | | 全臺詩 1 首 |
| | 雍正 7 年 | 1729 | 黃繼業 | | | 全臺詩 2 首 |
| ※ | 雍正 7 年 | 1729 | 劉良璧 | | 〈紅毛城記〉 | |

| 方志纂修 | 創作時間 | | 人　物 | 著　　　述 | 單篇文章 | 詩　　作 |
|---|---|---|---|---|---|---|
| | 雍正 8 年 | 1730 | 高　山 | | | 全臺詩 1 首 |
| | 雍正 8 年 | 1730 | 陳倫炯 | 《海國聞見錄》 | 〈海國聞見錄序〉 | |
| | 雍正 9 年 | 1731 | 王鳳池 | | | 全臺詩 1 首 |
| | 雍正 9 年 | 1731 | 黃明臣 | | | 全臺詩 2 首 |
| | 雍正 10 年 | 1732 | 張應渭 | | | 全臺詩 1 首 |
| ※ | 雍正 10 年 | 1732 | 張士箱 | | | 全臺詩 3 首 |
| ※ | 雍正 10 年 | 1732 | 張嗣昌 | 《巡臺錄》 | | |
| | 雍正 11 年 | 1733 | 施士景鉀 | | | 全臺詩 2 首 |
| | 雍正 11 年 | 1733 | 周于仁 | | 〈觀海賦〉〈文石賦〉 | 全臺詩 2 首 |
| | 雍正 12 年 | 1734 | 江冰鑑 | | | 全臺詩 1 首 |
| | 雍正 12 年 | 1734 | 林興泗 | | | 全臺詩 4 首 |
| | 雍正 12 年 | 1734 | 秦士望 | | | 全臺詩 8 首 |
| ※ | 雍正 12 年 | 1734 | 蔡開春 | | | 全臺詩 1 首 |
| | 雍正 12 年 | 1734 | 袁弘仁 | | 〈藏書記〉 | |
| ※ | 雍正 12 年 | 1734 | 黃佺 | 《草廬詩集》《東寧吟草》 | | 全臺詩 7 首 |
| | 雍正 13 年 | 1735 | 陳璸 | | | 全臺詩 3 首 |
| | 雍正 13 年 | 1735 | 尹士俍 | 《臺灣志略》 | | |

## 附錄 3：清乾隆年間臺灣文人作品

| 方志纂修 | 創作時間 | | 人　物 | 著　　　述 | 單篇文章 | 詩　　作 |
|---|---|---|---|---|---|---|
| ※ | 乾隆 1 年 | 1736 | 張從政 | 《剛齋詩文稿》 | 〈臺山賦〉 | 全臺詩 2 首 |
| | 乾隆 1 年 | 1736 | 周于仁 | | 〈澎湖志略序〉 | 〈丙辰六月別澎湖十六韻〉 |
| | 乾隆 1 年 | 1736 | 魯曾煜 | | 〈臺灣海使槎錄序〉 | |
| | 乾隆 2 年 | 1737 | 劉敬與 | | 〈澎湖志略序〉 | |
| | 乾隆 3 年 | 1738 | 俞荔 | | | 全臺詩 1 首 |
| ※ | 乾隆 3 年 | 1738 | 陳輝 | | 〈臺海賦〉〈老古石山記〉〈勸學箴〉 | 全臺詩 48 首 |
| | 乾隆 3 年 | 1738 | 王賓 | | | 全臺詩 8 首 |

| 方志纂修 | 創作時間 | | 人 物 | 著 述 | 單 篇 文 章 | 詩 作 |
|---|---|---|---|---|---|---|
| | 乾隆 3 年 | 1738 | 尹士俍 | | 〈臺灣志略序〉 | |
| ※ | 乾隆 4 年 | 1739 | 楊二酉 | | 〈海東書院記〉〈秀峰塔記〉 | 全臺詩 17 首 |
| | 乾隆 4 年 | 1739 | 周日燦 | | | 全臺詩 1 首 |
| | 乾隆 4 年 | 1739 | 蔡莊鷹 | | | 全臺詩 1 首 |
| | 乾隆 4 年 | 1739 | 格有文 | | 〈嘉蔭亭跋〉 | |
| ※ | 乾隆 5 年 | 1740 | 劉良璧 | 《臺灣風土記》 | | 〈沙轆行〉 |
| ※ | 乾隆 5 年 | 1740 | 舒 輅 | | 與楊二酉合寫〈祭惠獻貝子文〉 | 全臺詩 4 首 |
| | 乾隆 5 年 | 1740 | 郝 霔 | | 〈祀文昌祠〉 | 全臺詩 1 首 |
| | 乾隆 5 年 | 1740 | 施士膺 | | | 全臺詩 1 首 |
| ※ | 乾隆 5 年 | 1740 | 周于仁 胡 格 | 《澎湖志略》 | | |
| ※ | 乾隆 6 年 | 1741 | 劉良璧 | | 〈重修臺灣府志序〉〈張侍御《瀛壖百詠》跋〉 | |
| ※ | 乾隆 6 年 | 1741 | 張 湄 | 《珊枝集》《瀛壖百詠》《柳漁詩鈔》 | 〈海吼賦〉〈瀛壖百詠序〉〈觀風示〉 | 全臺詩 132 首 |
| ※ | 乾隆 6 年 | 1741 | 費應豫 | | | 全臺詩 1 首 |
| ※ | 乾隆 6 年 | 1741 | 范學洙 | | 〈道南統緒論〉 | 全臺詩 1 首 |
| ※ | 乾隆 6 年 | 1741 | 劉良璧 | 《重修福建臺灣府志》 | | |
| ※ | 乾隆 7 年 | 1742 | 書 山 | | | 全臺詩 10 首 |
| ※ | 乾隆 7 年 | 1742 | 范昌治 | | | 全臺詩 1 首 |
| | 乾隆 8 年 | 1743 | 熊學鵬 | | 〈重修崇聖祠記〉 | 全臺詩 10 首 |
| ※ | 乾隆 8 年 | 1743 | 莊 年 | 《澄臺集》 | 〈記采風圖後〉〈觀風示〉《婆娑洋集》跋〉 | 全臺詩 21 首 |
| ※ | 乾隆 8 年 | 1743 | 張 湄 | | | 〈留別書楸邨給諫及在臺諸同人即次原韻〉〈再泊澎湖〉〈海上東寄臺陽諸友〉 |
| ※ | 乾隆 8 年 | 1743 | 金鳴鳳 | | | 全臺詩 1 首 |
| ※ | 乾隆 9 年 | 1744 | 吳應造 | 《海錄碎事》 | | 全臺詩 1 首 |
| ※ | 乾隆 9 年 | 1744 | 陳 繩 | 曾修《惠獻貝子功績錄》 | 〈署鳳山學月課示〉〈諸羅學月課示〉 | 全臺詩 7 首 |

| 方志纂修 | 創作時間 | | 人　物 | 著　　述 | 單篇文章 | 詩　　作 |
|---|---|---|---|---|---|---|
| ※ | 乾隆 9 年 | 1744 | 陸廣霖 | | | 全臺詩 6 首 |
| ※ | 乾隆 9 年 | 1744 | 李閶權 | | 〈新修城隍廟前石道記〉 | 全臺詩 1 首 |
| ※ | 乾隆 9 年 | 1744 | 莊　年 | | 〈重葺斐亭記〉 | |
| ※ | 乾隆 9 年 | 1744 | 六十七 | 《臺海采風圖考》《番社采風圖考》《海東選蒐圖》 | 〈臺海采風圖序〉〈婆娑洋集序〉〈通飭慎婚姻重廉恥〉 | 全臺詩 60 首 |
| | 乾隆 9 年 | 1744 | 高　山 | | | 〈甲子奉命赴台清查官莊即事成詠〉 |
| | 乾隆 10 年 | 1745 | 曾日瑛 | | 〈白沙書院記〉 | 全臺詩 1 首 |
| | 乾隆 10 年 | 1745 | 林　菼 | | | 全臺詩 1 首 |
| ※ | 乾隆 10 年 | 1745 | 褚　祿 | | 〈文廟重修碑記〉 | 全臺詩 6 首 |
| ※ | 乾隆 10 年 | 1745 | 六十七 | | | 〈乙丑立春〉 |
| | 乾隆 10 年 | 1745 | 林翼池 | 《瀏江文集》《知以集》《遠游閒居》《鷺州拾草》《來鳳縣志》 | | 全臺詩 5 首 |
| ※ | 乾隆 10 年 | 1745 | 范　咸 | 《婆娑洋集》《浣浦詩鈔》 | | 全臺詩 112 首 |
| | 乾隆 10 年 | 1745 | 覺羅雅爾哈善 | | | 全臺詩 4 首 |
| | 乾隆 11 年 | 1746 | 董天工 | 《臺海見聞錄》 | | 全臺詩 9 首 |
| ※ | 乾隆 11 年 | 1746 | 張若霳 | | | 全臺詩 14 首 |
| ※ | 乾隆 11 年 | 1746 | 范　咸 | | 〈鳳山縣重建明倫堂記〉 | |
| ※ | 乾隆 12 年 | 1747 | 褚　祿 | | 〈重修臺灣府志跋〉 | |
| ※ | 乾隆 12 年 | 1747 | 六十七 | 《使署閒情》 | | |
| | 乾隆 12 年 | 1747 | 朱　澐 | 《平平居士詩稿》 | | 全臺詩 1 首 |
| | 乾隆 12 年 | 1747 | 高　山 | | 〈重修臺灣府志序〉 | |
| | 乾隆 12 年 | 1747 | 明　福 | | 〈重修臺灣府志序〉 | |
| | 乾隆 12 年 | 1747 | 陳正春 | | | 全臺詩 5 首 |
| ※ | 乾隆 12 年 | 1747 | 莊　年 | | 〈重修臺灣府志序〉〈使署閒情序〉 | |
| | 乾隆 12 年 | 1747 | 陳大受 | | 〈重修臺灣府志序〉 | |

| 方志纂修 | 創作時間 | | 人 物 | 著 述 | 單 篇 文 章 | 詩 作 |
|---|---|---|---|---|---|---|
| ※ | 乾隆 12 年 | 1747 | 喀爾吉善 | | 〈重修臺灣府志序〉 | |
| ※ | 乾隆 12 年 | 1747 | 范 咸 六十七 | 《重修臺灣府志》 | | |
| ※ | 乾隆 12 年 | 1747 | 范 咸 | | 〈使署閒情序〉 | |
| ※ | 乾隆 12 年 | 1747 | 張若霆 | | 〈使署閒情跋〉 | |
| ※ | 乾隆 12 年 | 1747 | 陳 繩 | | 〈使署閒情跋〉 | |
| | 乾隆 13 年 | 1748 | 書 成 | | | 全臺詩 1 首 |
| | 乾隆 14 年 | 1749 | 周芬斗 | | | 全臺詩 13 首 |
| ※ | 乾隆 14 年 | 1749 | 魯鼎梅 | | 〈勸修海會寺記〉 | |
| | 乾隆 14 年 | 1749 | 楊開鼎 | 《梯瀛集》 | 〈梯瀛集序〉 | |
| | 乾隆 15 年 | 1750 | 林大鵬 | | | 全臺詩 1 首 |
| ※ | 乾隆 15 年 | 1750 | 卓肇昌 | 《栖碧堂全集》 | 〈臺灣形勝賦〉 〈鳳山賦〉 〈鼓山賦〉 | 全臺詩 76 首 |
| | 乾隆 15 年 | 1750 | 楊開鼎 | | 〈重修府學文廟碑記〉 〈重修縣學文廟碑記〉 | |
| ※ | 乾隆 16 年 | 1751 | 錢 琦 | 《澄碧齋詩鈔》 《別集》 | | 全臺詩 44 首 |
| ※ | 乾隆 16 年 | 1751 | 陳玉友 | | 〈重修臺灣縣志序〉 | |
| ※ | 乾隆 16 年 | 1751 | 王必昌 | | 〈臺灣賦〉 〈澎湖賦〉 | |
| | 乾隆 16 年 | 1751 | 董天工 | 《臺海見聞錄》 | 〈臺海見聞錄序〉 | |
| ※ | 乾隆 16 年 | 1751 | 謝家樹 | | 〈巡臺錢公去思碑〉 | 全臺詩 14 首 |
| ※ | 乾隆 16 年 | 1751 | 立 柱 | | 〈重修臺灣縣志序〉 | 全臺詩 1 首 |
| ※ | 乾隆 16 年 | 1751 | 金 溶 | | 〈重修臺灣縣志序〉 | |
| ※ | 乾隆 16 年 | 1751 | 柆木齊圖 | | 〈重修臺灣縣志序〉 | |
| ※ | 乾隆 16 年 | 1751 | 錢 琦 | | 〈重修臺灣縣志序〉 | |
| ※ | 乾隆 16 年 | 1751 | 魯鼎梅 | | 〈重修臺灣縣志序〉 〈重修觀音宮序〉 | |
| ※ | 乾隆 16 年 | 1751 | 林起述 | | 〈重修臺灣縣志序〉 | |
| ※ | 乾隆 16 年 | 1751 | 盧鼎梅 | 《重修臺灣縣志》 | | |
| ※ | 乾隆 18 年 | 1753 | 張 湄 | | 〈臺海見聞錄序〉 | |
| | 乾隆 18 年 | 1753 | 陳思敬 | | | 全臺詩 3 首 |

| 方志纂修 | 創作時間 | | 人物 | 著　　述 | 單篇文章 | 詩　　作 |
|---|---|---|---|---|---|---|
| | 乾隆 18 年 | 1753 | 謝其仁 | | | 全臺詩 4 首 |
| | 乾隆 18 年 | 1753 | 董天工 | 《臺海見聞錄》 | | |
| | 乾隆 20 年 | 1755 | 丁居信 | | | 全臺詩 1 首 |
| ※ | 乾隆 20 年 | 1755 | 方達聖 | | | 全臺詩 2 首 |
| | 乾隆 21 年 | 1756 | 李友棠 | | | 全臺詩 4 首 |
| | 乾隆 21 年 | 1756 | 李鍾問 | | | 全臺詩 8 首 |
| ※ | 乾隆 22 年 | 1757 | 覺羅四明 | | 〈新建崇文書院記〉 | 全臺詩 13 首 |
| | 乾隆 22 年 | 1757 | 王克捷 | 《通虛齋集》 | | |
| | 乾隆 23 年 | 1758 | 秦定國 | | | 全臺詩 1 首 |
| ※ | 乾隆 23 年 | 1758 | 夏　瑚 | | | 全臺詩 4 首 |
| | 乾隆 23 年 | 1758 | 錢專瀇 | | | 全臺詩 2 首 |
| | 乾隆 24 年 | 1759 | 張世珍 | | 〈重修邑學碑記〉 | |
| | 乾隆 25 年 | 1760 | 湯世昌 | 《嘉藻堂集》 | | 〈巡臺紀事五十韻〉 |
| ※ | 乾隆 25 年 | 1760 | 余文儀 | | | 全臺詩 24 首 |
| ※ | 乾隆 26 年 | 1761 | 覺羅四明 | | 〈新建崇文書院記〉〈改建海東書院記〉 | 〈安平閱武晚歸〉 |
| | 乾隆 26 年 | 1761 | 衛克塏 | | | 全臺詩 2 首 |
| | 乾隆 26 年 | 1761 | 盧觀源 | | | 全臺詩 2 首 |
| | 乾隆 27 年 | 1762 | 陶紹景 | | | 〈次韻送夏寶成〉2 首 |
| | 乾隆 27 年 | 1762 | 林紹裕 | | | 全臺詩 2 首 |
| ※ | 乾隆 27 年 | 1762 | 柯廷第 | | | 全臺詩 3 首 |
| ※ | 乾隆 28 年 | 1763 | 卓肇昌 | | 〈攀桂橋關帝港書院田碑記〉 | |
| | 乾隆 28 年 | 1763 | 李宜青 | | | 〈北巡旋署留別諸羅令〉 |
| | 乾隆 28 年 | 1763 | 余國榆 | | | 全臺詩 2 首 |
| | 乾隆 29 年 | 1764 | 朱仕玠 | 《小琉球漫誌》《筠園詩稿》《和陶》《谿音》《音別》《龍山漫錄》 | | 全臺詩 177 首 |
| ※ | 乾隆 29 年 | 1764 | 余文儀 | | 〈續修臺灣府志序〉 | |
| | 乾隆 29 年 | 1764 | 莊天錫 | | | 全臺詩 3 首 |

| 方志纂修 | 創作時間 | | 人 物 | 著 述 | 單 篇 文 章 | 詩 作 |
|---|---|---|---|---|---|---|
| ※ | 乾隆 29 年 | 1764 | 夏 瑚 | | | 〈秩滿留別臺陽〉 |
| ※ | 乾隆 29 年 | 1764 | 林夢麟 | | 〈臺灣形勝賦〉 | 〈鳳山縣八景詩〉 |
| ※ | 乾隆 30 年 | 1765 | 蔣允焄 | | 〈鴻指園記〉 | |
| | 乾隆 32 年 | 1767 | 胡建偉 | 《澎湖紀略》 | | |
| | 乾隆 32 年 | 1767 | 張 珽 | 《海東試牘》 | | |
| | 乾隆 32 年 | 1767 | 譚 垣 | | 民立〈邑侯譚公德政碑〉紀念之 | 全臺詩 8 首 |
| | 乾隆 32 年 | 1767 | 鄒應元 | | 〈澎湖廳志序〉 | |
| ※ | 乾隆 33 年 | 1768 | 余文儀 | | | 〈留別松山觀察〉 |
| ※ | 乾隆 34 年 | 1769 | 蔣允焄 | 《東瀛祀典》 | | |
| | 乾隆 34 年 | 1769 | 陳元榮 | | | 全臺詩 3 首 |
| | 乾隆 34 年 | 1769 | 林振芳 | | | 全臺詩 2 首 |
| | 乾隆 34 年 | 1769 | 朱景英 | 《畬經室詩集》 | | |
| | 乾隆 37 年 | 1772 | 朱景英 | 《東海札記》 | | 全臺詩 219 首 |
| | 乾隆 38 年 | 1773 | 劉亨地 鄭際唐 | | 《《東海札記》序〉 | |
| | 乾隆 38 年 | 1773 | 胡建偉 | | | 全臺詩 34 首 |
| ※ | 乾隆 39 年 | 1774 | 余文儀 | | | 全臺詩 24 首 |
| | 乾隆 39 年 | 1774 | 鍾 音 | | 〈續修臺灣府志序〉 | |
| ※ | 乾隆 40 年 | 1775 | 書 山 | | | 全臺詩 8 首 |
| | 乾隆 44 年 | 1779 | 朱 珪 | 《知足齋文集》 | | 全臺詩 1 首 |
| ※ | 乾隆 47 年 | 1782 | 余文儀 | | | 全臺詩 24 首 |
| | 乾隆 49 年 | 1784 | 章 甫 | | 〈遊鯽魚潭紀〉 | |
| | 乾隆 51 年 | 1786 | 章 甫 | | 〈丙午林逆之變予募義堵禦戊申中堂福公奉命平臺誌慶〉 〈重修崇文書院文昌閣紀〉 | |
| | 乾隆 51 年 | 1786 | 曾中立 | | | 全臺詩 2 首 |
| | 乾隆 51 年 | 1786 | 陳壽祺 | | 〈平定臺灣恭六章〉 | 〈海外紀事〉8 首 |
| ※ | 乾隆 52 年 | 1787 | 楊廷理 | 委曾中立編輯《臺陽試牘》初集、二集、三集 | | 〈雨中即事〉 |
| | 乾隆 52 年 | 1787 | 張 璽 | | | 全臺詩 2 首 |

| 方志纂修 | 創作時間 | | 人物 | 著　述 | 單篇文章 | 詩　作 |
|---|---|---|---|---|---|---|
| | 乾隆 52 年 | 1787 | 趙翼 | | | 〈軍事將蕆余歸有日矣詩以誌喜〉〈軍中擒逆首林爽文檻送過泉紀事〉〈臺灣俘囚絡繹械送內地再作凱歌〉全臺詩 10 首 |
| | 乾隆 52 年 | 1787 | 章甫 | | 〈自題琴棋書小照引〉 | |
| | 乾隆 52 年 | 1787 | 吳文溥 | 《閩遊篇》《南野堂詩集》 | | |
| | 乾隆 53 年 | 1788 | 章甫 | | 〈戊申春與詩吳奇文邱瑞嵐邱桂芳夜集袖琴亭刻燭分詠拈得中庸語大爲題同以莫載從何說起予竊以天地物該之率成一律〉 | |
| | 乾隆 53 年 | 1788 | 趙翼 | 《皇朝武功紀盛》《二十二史箚記》《甌北詩話》《甌北詩集》 | | |
| ※ | 乾隆 54 年 | 1789 | 楊廷理 | 《臺陽試牘三集》 | 〈重修郡西關帝廟碑記〉 | |
| | 乾隆 54 年 | 1789 | 章甫 | | 〈曉鏡四吟引〉 | |
| ※ | 乾隆 55 年 | 1790 | 楊廷理 | | | 〈更戌秋暮赴澎湖賑卹風災遇颶折至東吉洋默禱於神始抵澎之峙裏澳詩以誌險〉 |
| | 乾隆 55 年 | 1790 | 鄒貽詩 | 《浮槎存詩集》 | | 全臺詩 9 首 |
| | 乾隆 56 年 | 1791 | 楊紹裘 | | | 全臺詩 1 首 |
| ※ | 乾隆 56 年 | 1791 | 楊廷理 | | | 〈詩以誌險〉 |
| | 乾隆 57 年 | 1792 | 章甫 | | 〈遊火山記〉 | |
| | 乾隆 58 年 | 1793 | 翟灝 | 《臺陽筆記》 | 〈閩海聞見錄〉 | |
| | 乾隆 58 年 | 1793 | 陳倫炯 | 《海國聞見錄》 | | |
| ※ | 乾隆 59 年 | 1794 | 楊廷理 | 《東遊草》 | | |
| | 乾隆 60 年 | 1795 | 王洪 | | | 全臺詩 2 首 |
| | 乾隆年間 | | 徐元 | | | 全臺詩 1 首 |
| | 乾隆年間 | | 傅汝霖 | | | 全臺詩 1 首 |
| | 乾隆年間 | | 孫灝 | 《道盥齋集》 | | 全臺詩 3 首 |
| | 乾隆年間 | | 福納 | 《白山詩鈔》 | | 全臺詩 2 首 |

| 方志纂修 | 創作時間 | 人物 | 著　述 | 單篇文章 | 詩　作 |
|---|---|---|---|---|---|
| | 乾隆年間 | 德　齡 | | | 全臺詩2首 |
| | 乾隆年間 | 嚴炳勳 | | 〈半石居詩集序〉 | |
| | 乾隆年間 | 董夢龍 | | 〈防海議〉〈臺灣風土論〉 | |
| ※ | 乾隆年間 | 盧九圍 | | | 全臺詩13首 |
| | 乾隆年間 | 楊世清 | | | 全臺詩2首 |
| | 乾隆年間 | 葉泮英 | | | 全臺詩2首 |
| | 乾隆年間 | 僧喝能 | | | 全臺詩2首 |
| | 乾隆年間 | 林　材 | | | 全臺詩2首 |
| | 乾隆年間 | 陳廷和 | | | 全臺詩9首 |
| | 乾隆年間 | 陳錫珪 | | | 全臺詩4首 |
| | 乾隆年間 | 陳廷藩 | | | 全臺詩2首 |
| | 乾隆年間 | 秦定國 | | | 全臺詩2首 |
| | 乾隆年間 | 戴　遜 | | | 全臺詩2首 |
| | 乾隆年間 | 王聯登 | | | 全臺詩4首 |
| | 乾隆年間 | 陳斗南 | 《東寧自娛集》 | | 全臺詩14首 |
| | 乾隆年間 | 施　枚 | | | 詞2首 |
| | 乾隆年間 | 湯尚鵬 | | | 全臺詩2首 |
| | 乾隆年間 | 張若雯 | | | 全臺詩2首 |
| | 乾隆年間 | 洪滄洲 | | | 全臺詩2首 |
| | 乾隆年間 | 錢元起 | | | 全臺詩4首 |
| | 乾隆年間 | 林青蓮 | | | 全臺詩4首 |
| | 乾隆年間 | 王之敬 | | | 全臺詩5首 |
| | 乾隆年間 | 陳　昂 | | | 全臺詩4首 |
| | 乾隆年間 | 林元俊 | | | 全臺詩2首 |
| | 乾隆年間 | 錢登選 | | | 全臺詩3首 |
| | 乾隆年間 | 錢時洙 | | | 全臺詩2首 |
| | 乾隆年間 | 錢元煌 | | | 全臺詩4首 |
| | 乾隆年間 | 陳斐文 | 《澄懷堂集》 | | 全臺詩3首 |
| | 乾隆年間 | 徐　葵 | 《澹如吟著》 | | 全臺詩1首 |
| | 乾隆年間 | 王　槐 | 《廢莪室詩草》 | | 全臺詩1首 |

| 方志纂修 | 創作時間 | 人　物 | 著　　　述 | 單篇文章 | 詩　　作 |
|---|---|---|---|---|---|
| | 乾隆年間 | 孫　霖 | | | 全臺詩 14 首 |
| | 乾隆年間 | 李如員 | 《遊臺雜錄》 | | 全臺詩 4 首 |
| | 乾隆年間 | 鄭　霄 | | | 全臺詩 5 首 |
| | 乾隆年間 | 方世泰 | | | 全臺詩 4 首 |
| | 乾隆年間 | 謝采藻 | 《冰壺集》 | | 全臺詩 1 首 |
| ※ | 乾隆年間 | 林夢麟 | | 〈臺灣形勝賦〉 | 全臺詩 8 首 |
| | 乾隆年間 | 陳洪圭 | | | 全臺詩 2 首 |
| | 乾隆年間 | 方文雄 | | | 全臺詩 4 首 |
| | 乾隆年間 | 史廷賁 | | | 全臺詩 1 首 |
| | 乾隆年間 | 錢元揚 | | | 全臺詩 4 首 |
| | 乾隆年間 | 莊天釬 | | | 全臺詩 2 首 |
| | 乾隆年間 | 金文焯 | | | 全臺詩 8 首 |
| | 乾隆年間 | 黃瑞超 | | | 全臺詩 1 首 |
| | 乾隆年間 | 陳志魁 | | | 全臺詩 1 首 |
| | 乾隆年間 | 姜宸熙 | | | 全臺詩 1 首 |
| | 乾隆年間 | 余延良 | | | 全臺詩 8 首 |

## 附錄 4：清嘉慶年間臺灣文人作品

| 方志纂修 | 創作時間 | | 人　物 | 著　　　述 | 單篇文章 | 詩　　作 |
|---|---|---|---|---|---|---|
| | 嘉慶 1 年 | 1796 | 林師聖 | | | 全臺詩 3 首 |
| | 嘉慶 2 年 | 1797 | 章　甫 | | 〈建敬聖廷疏〉〈重建水仙宮〉 | 〈丁巳秋年兄林煒如懸弧時長郎達卿偕弟靜有臺、夏遊泮雙喜〉 |
| | 嘉慶 2 年 | 1797 | 張青峰 | | | 〈贈陳握卿丁巳年改建南社文昌閣〉 |
| | 嘉慶 2 年 | 1797 | 吳玉麟 | 《素村小草》 | | 全臺詩 30 首 |
| ※ | 嘉慶 3 年 | 1798 | 郭紹芳 | | | 全臺詩 2 首 |
| | 嘉慶 3 年 | 1798 | 蕭　竹 | | | 全臺詩 4 首 |
| | 嘉慶 4 年 | 1799 | 柯　輅 | 《閩中文縣》《閩中舊事》《東瀛筆談》《淳庵詩文集》 | | 全臺詩 9 首 |

| 方志纂修 | 創作時間 | | 人 物 | 著 述 | 單 篇 文 章 | 詩 作 |
|---|---|---|---|---|---|---|
| ※ | 嘉慶 4 年 | 1799 | 謝金鑾 | | | 全臺詩 48 首 |
| ※ | 嘉慶 5 年 | 1800 | 黃 纘 | | | 全臺詩 1 首 |
| | 嘉慶 5 年 | 1800 | 蕭 竹 | | 〈甲子蘭記〉 | 佳城八景詩 |
| | 嘉慶 6 年 | 1801 | 黃驤雲 | | | 全臺詩 10 首 |
| | 嘉慶 6 年 | 1801 | 辛齊光 | | | 全臺詩 1 首 |
| ※ | 嘉慶 7 年 | 1802 | 黃汝濟 | | | 〈贈陳握卿壬戌年邀眾呈禁南北義塚積弊勒石示文於城前〉 |
| | 嘉慶 7 年 | 1802 | 王洪 | | | 全臺詩 2 首 |
| | 嘉慶 8 年 | 1803 | 陳廷憲 | | | 全臺詩 21 首 |
| | 嘉慶 8 年 | 1803 | 黃對揚 | | | 全臺詩 2 首 |
| | 嘉慶 9 年 | 1804 | 西成筱弓 | 《國姓爺忠義傳》 | | |
| ※ | 嘉慶 9 年 | 1804 | 鄭兼才 | | 〈巡城記事〉〈釐正安溪縣諸祠祀典並請補祀申文〉〈募修臺灣縣學宮序〉 | 全臺詩 13 首 |
| | 嘉慶 9 年 | 1804 | 林 瓊 | | | 〈贈陳握卿甲子年董修臺灣縣學文廟〉 |
| | 嘉慶 9 年 | 1804 | 章 甫 | | | 〈甲子年五十書懷〉 |
| | 嘉慶 9 年 | 1804 | 陳維菁 | | | 全臺詩 1 首 |
| ※ | 嘉慶 9 年 | 1804 | 謝金鑾 | 《蛤仔難紀略》 | | |
| ※ | 嘉慶 10 年 | 1805 | 鄭兼才 | | 〈安溪縣續建崇聖殿名宦鄉賢忠義孝悌節孝四祠暨新建文昌宮碑記〉 | |
| | 嘉慶 10 年 | 1805 | 慶 保 | 《赤崁筆談》《東征紀》 | | 全臺詩 1 首 |
| ※ | 嘉慶 10 年 | 1805 | 謝金鑾 | | | |
| | 嘉慶 10 年 | 1805 | 陳廷憲 | | | 全臺詩 21 首 |
| | 嘉慶 10 年 | 1805 | 章 甫 | | | 〈乙丑洋匪勾引山賊圍臺城平後誌慶〉〈疊乙丑洋匪勾引山賊圍臺城平後誌慶韻〉 |
| | 嘉慶 11 年 | 1806 | 章 甫 | | | 〈丙寅除夕坐夜有感〉 |
| | 嘉慶 11 年 | 1806 | 張鳳祥 | | | 〈贈陳握卿丙寅年興建魁星堂垣墻〉 |

| 方志纂修 | 創作時間 | | 人　物 | 著　　述 | 單篇文章 | 詩　　作 |
|---|---|---|---|---|---|---|
| | 嘉慶11年 | 1806 | 陳肇昌 | | | 〈贈握卿弟丙寅年呈禁扮粧武聖神像〉 |
| | 嘉慶11年 | 1806 | 吳成謨 | | | 〈初郡中魁堂會社吳區丙寅陳君握卿建諸子祠脩敬字堂顏曰中社書院以郡外有南北社此中立也〉 |
| | 嘉慶11年 | 1806 | 慶　保 | | | 〈嘉慶丙寅小春余將內渡念臺陽士民知方慕義此次守城剪寇之功備極勞苦臨別感懷兼以誌勗〉 |
| ※ | 嘉慶11年 | 1806 | 鄭兼才 | | | 〈喜李提軍舟師至〉〈蔡牽逸出鹿耳門聞信感作〉 |
| ※ | 嘉慶11年 | 1806 | 楊廷理 | | | 〈臺郡迎春口占〉 |
| ※ | 嘉慶11年 | 1806 | 潘振甲 | | | 〈乙丙歌〉 |
| | 嘉慶11年 | 1806 | 黃化鯉 | | | 全臺詩4首 |
| | 嘉慶11年 | 1806 | 黃清泰 | | | 全臺詩12首 |
| | 嘉慶11年 | 1806 | 陳廷璧 | | | 全臺詩4首 |
| ※ | 嘉慶11年 | 1806 | 游　化 | | | 全臺詩4首 |
| ※ | 嘉慶12年 | 1807 | 陳廷瑜 | 《與善錄》 | | 全臺詩3首 |
| | 嘉慶12年 | 1807 | 陳玉珂 | | | 〈贈握卿叔丁卯年採訪續脩臺灣縣誌〉 |
| ※ | 嘉慶12年 | 1807 | 楊廷理 | | | 〈宛裏溪阻水待渡〉〈後壠驛舍阻雨〉至〈伏讀上諭恭紀〉11首 |
| ※ | 嘉慶12年 | 1807 | 潘振甲 | | | 全臺詩2首 |
| | 嘉慶12年 | 1807 | 李長庚 | 《水戰紀略》《李忠毅公遺詩》《忠毅詩翰》 | | 全臺詩119首 |
| ※ | 嘉慶12年 | 1807 | 洪　坤 | | | 全臺詩2首 |
| ※ | 嘉慶12年 | 1807 | 洪　禧 | | 〈奇寵格傳〉〈穆和蘭賺〉〈朱景英傳〉 | 全臺詩1首 |
| ※ | 嘉慶12年 | 1807 | 韓必昌 | | 〈張挺〉〈鄒應元〉〈楊紹裘〉 | 全臺詩3首 |

| 方志纂修 | 創作時間 | | 人 物 | 著 述 | 單篇文章 | 詩 作 |
|---|---|---|---|---|---|---|
| | 嘉慶12年 | 1807 | 胡應魁 | | | 全臺詩 2 首 |
| ※ | 嘉慶12年 | 1807 | 鄭用錫 | | | 〈山雨欲來風滿樓〉 |
| ※ | 嘉慶13年 | 1808 | 謝金鑾 | | | 〈雷陽遺事〉 |
| ※ | 嘉慶13年 | 1808 | 楊廷理 | | | 〈戊辰生日遊竹溪法華諸寺〉<br>〈海上阻風〉至〈仲冬曉起寧福道署即事〉4 首 |
| ※ | 嘉慶13年 | 1808 | 郭紹芳 | | | 全臺詩 2 首 |
| ※ | 嘉慶13年 | 1808 | 黃汝濟 | | | 全臺詩 2 首 |
| ※ | 嘉慶14年 | 1809 | 謝金鑾 | 《教諭語》 | | |
| | 嘉慶14年 | 1809 | 張文雅 | | | 〈贈陳握卿己巳年董脩南社文昌閣〉 |
| | 嘉慶14年 | 1809 | 林啓泰 | | | 〈贈陳握卿己巳年脩寂凝壇呂祖廟〉 |
| | 嘉慶14年 | 1809 | 魏爾青 | | | 〈贈陳握卿己巳年引心書院首唱〉 |
| ※ | 嘉慶14年 | 1809 | 楊廷理 | | | 〈元正三日春游登望海樓〉<br>〈瓶中桃花嫣然感成一律〉至〈大里杙沿山行〉16 首 |
| ※ | 嘉慶15年 | 1810 | 陳震曜 | | | 全臺詩 1 首 |
| ※ | 嘉慶15年 | 1810 | 潘振甲 | | | 〈贈陳握卿更午年呈禁廟宇積弊〉 |
| | 嘉慶15年 | 1810 | 方維甸 | | | 〈庚午生日有感〉<br>〈孟夏六日重上三貂山頂口占〉至〈錫口社道中〉30 首 |
| ※ | 嘉慶16年 | 1811 | 楊廷理 | | | 〈元夕入蘭漫興〉<br>〈遣悶〉至〈得補建寧郡守信志喜〉11 首 |
| | 嘉慶16年 | 1811 | 楊桂森 | | 〈制聖廟禮樂器碑記〉 | |
| | 嘉慶17年 | 1812 | 楊桂森 | | | 全臺詩 16 首 |
| | 嘉慶17年 | 1812 | 噶瑪蘭通判 | | | 〈壬申生日志喜〉<br>〈噶瑪蘭道中口占〉至〈出山贈翟司馬〉12 首 |
| | 嘉慶17年 | 1812 | 陳士榮 | | | 全臺詩 10 首 |

| 方志<br>纂修 | 創作時間 | | 人　物 | 著　　　述 | 單篇文章 | 詩　　作 |
|---|---|---|---|---|---|---|
| | 嘉慶17年 | 1812 | 吳性誠 | | | 〈初到澎湖歌〉<br>〈留別澎湖諸生〉<br>〈澎湖九日登高〉 |
| | 嘉慶18年 | 1813 | 章　甫 | | | 〈癸酉冬夜翔兒入夢<br>哭成一律〉 |
| ※ | 嘉慶18年 | 1813 | 楊廷理 | | | 〈題夢趣圖〉<br>〈癸酉生日寓鴻指園<br>述懷〉至〈東游草鈔付<br>梓寄嘅〉11 首<br>全臺詩 126 首 |
| ※ | 嘉慶18年 | 1813 | 黃本淵 | | | 全臺詩 1 首 |
| | 嘉慶18年 | 1813 | 黃瑞玉 | 《蝸堂詩草》 | | 全臺詩 2 首 |
| | 嘉慶18年 | 1813 | 陳思敬 | 《鶴山遺集》 | | |
| | 嘉慶19年 | 1814 | 章　甫 | | | 〈甲戌暮春讀吳桐井<br>哭淦兒詩憶去年三月<br>翔兒殤淚次其韻〉<br>〈甲戌九月二十一夜<br>予方有秋興適奎垣以<br>詩見貺清話更闌疊次<br>其韻感賦二律〉 |
| | 嘉慶21年 | 1816 | 吳性誠 | | | 〈九日登高〉<br>〈入山歌〉<br>〈北行紀〉 |
| ※ | 嘉慶21年 | 1816 | 陳廷瑜 | 《選贈和齋詩集》 | | |
| | 嘉慶21年 | 1816 | 章　甫 | | 〈臺陽形勝賦〉 | 全臺詩 439 首 |
| | 嘉慶21年 | 1816 | 王紹蘭 | | | 全臺詩 1 首 |
| | 嘉慶21年 | 1816 | 林朝英 | | | 全臺詩 3 首 |
| | 嘉慶21年 | 1816 | 林　瀠 | 《一峰亭林朝英行略》 | | |
| ※ | 嘉慶24年 | 1819 | 徐宗幹 | | | 〈桂馨一山〉 |
| | 嘉慶24年 | 1819 | 陳玉珂 | | 〈義塚護衛示禁碑記〉 | 全臺詩 1 首 |
| ※ | 嘉慶25年 | 1820 | 姚　瑩 | | 〈復趙尚書顏臺灣兵<br>事書〉 | |
| ※ | 嘉慶25年 | 1820 | 謝金鑾 | 與鄭兼才合輯《續修<br>臺灣縣志》<br>《二勿齋文集》<br>《論語續註補義》<br>《教論語》<br>《大學古本說》<br>刻其故舊之詩《春樹<br>暮雲篇》 | | 全臺詩〈臺灣竹枝詞〉<br>〈赤崁荔支詞〉48 首 |

| 方志纂修 | 創作時間 | | 人　物 | 著　　述 | 單 篇 文 章 | 詩　　作 |
|---|---|---|---|---|---|---|
| ※ | 嘉慶年間 | | 陳廷瑜 | 《與善錄》《重纂福建通志》 | | |
| | 嘉慶年間 | | 薛　約 | | | 全臺詩 2 首 |
| | 嘉慶年間 | | 蕭　綸 | 《樊村草堂詩集》 | | 全臺詩 2 首 |
| | 嘉慶年間 | | 僧蓮芳 | | | 全臺詩 1 首 |
| | 嘉慶年間 | | 楊　賓 | | | 全臺詩 1 首 |
| | 嘉慶年間 | | 黃廷璧 | | | 全臺詩 1 首 |
| | 嘉慶年間 | | 游廷元 | | | 全臺詩 3 首 |
| | 嘉慶年間 | | 陳登科 | | | 全臺詩 4 首 |
| | 嘉慶年間 | | 陳廷珪 | | | 全臺詩 3 首 |
| | 嘉慶年間 | | 陳廷瑚 | | | 全臺詩 8 首 |
| | 嘉慶年間 | | 張以仁 | | | 全臺詩 2 首 |
| | 嘉慶年間 | | 祝道椿 | | | 全臺詩 1 首 |
| | 嘉慶年間 | | 林　松 | | | 全臺詩 1 首 |
| ※ | 嘉慶年間 | | 林奎章 | | | 全臺詩 2 首 |
| | 嘉慶年間 | | 呂宗健 | | | 全臺詩 1 首 |
| | 嘉慶年間 | | 呂成家 | | | 全臺詩 14 首 |

## 附錄 5：清道光年間臺灣文人作品

| 方志纂修 | 創作時間 | | 人　物 | 著　　述 | 單 篇 文 章 | 詩　　作 |
|---|---|---|---|---|---|---|
| ※ | 道光 1 年 | 1821 | 姚　瑩 | | 〈噶瑪蘭颱異記〉〈噶瑪蘭厲壇祭文〉〈臺北道里記〉 | |
| | 道光 1 年 | 1821 | 胡承珙 | 《禮儀古今文疏義》《毛詩後箋》 | | 〈辛巳二月二十六日鹿港登岸〉 |
| ※ | 道光 1 年 | 1821 | 黃本淵 | 《中隱齋集》 | | |
| ※ | 道光 2 年 | 1822 | 鄭兼才 | 《六亭文集》《鄭六亭詩鈔》《粕餘集》《六亭文選》 | | 全臺詩 13 首 |
| ※ | 道光 2 年 | 1822 | 姚　瑩 | | | 〈登韓氏園最高亭〉〈贈安道士〉〈送鹿春如內渡兼示陳垕村二十韻〉 |

| 方志纂修 | 創作時間 | | 人　物 | 著　　述 | 單篇文章 | 詩　　作 |
|---|---|---|---|---|---|---|
| | 道光 2 年 | 1822 | 黃清泰 | | | 全臺詩 12 首 |
| ※ | 道光 3 年 | 1823 | 鄭用錫 | | | 〈示松兒〉 |
| | 道光 4 年 | 1824 | 孔邵虔 | | 劇本〈葬花〉〈蕩婦秋思〉 | |
| | 道光 4 年 | 1824 | 孫爾準 | | | 〈噶瑪蘭北關〉 |
| | 道光 4 年 | 1824 | 胡承珙 | 《求是堂詩集》 | | 全臺詩 72 首 |
| | 道光 4 年 | 1824 | 劉功傑 | | | 全臺詩 1 首 |
| ※ | 道光 4 年 | 1824 | 姚瑩 | | 〈埔裏社紀略〉〈籌議噶瑪蘭定制〉〈改設臺北營制〉 | 〈甲申十月生日作〉 |
| ※ | 道光 4 年 | 1824 | 鄭用錫 | | | 〈余年四十五眼已花已近復能燈下作小楷〉 |
| | 道光 4 年 | 1824 | 吳希周 | | | 〈百蝶圖〉詩 |
| | 道光 4 年 | 1824 | 巫宜福 | | | 全臺詩 1 首 |
| | 道光 4 年 | 1824 | 黃文儀 | | | 〈紀許逆滋事五古十二首〉全臺詩 172 首 |
| | 道光 5 年 | 1825 | 烏竹芳 | | | 〈蘭城久雨〉〈蘭城中元〉〈蘭城公寓〉 |
| | 道光 6 年 | 1826 | 曾維禎 | | | 全臺詩 1 首 |
| | 道光 6 年 | 1826 | 楊士芳 | | | 全臺詩 3 首 |
| | 道光 6 年 | 1826 | 曾玉音 | 《或問大全》《文法大要》 | | |
| | 道光 7 年 | 1827 | 施鈺 | | 〈餘畦說〉 | |
| | 道光 7 年 | 1827 | 張維垣 | 《張維垣先生閒吟詩遺稿》收入《同治辛未科會試硃卷》 | | |
| | 道光 8 年 | 1828 | 盧振基 | 《四白山人遺稿》 | | |
| ※ | 道光 8 年 | 1828 | 徐宗幹 | | 〈披沙剖璞戊子山東考簾〉〈百川學海戊子同考擬作〉 | |
| | 道光 8 年 | 1828 | 黃鈺 | | 〈廣文紀後〉 | |
| | 道光 8 年 | 1828 | 川口長孺 | 《臺灣鄭氏紀事》 | | |

| 方志纂修 | 創作時間 | | 人物 | 著述 | 單篇文章 | 詩作 |
|---|---|---|---|---|---|---|
| | 道光9年 | 1829 | 施模 | | | 〈隨辦賑務畢作長歌四十韻爲蔣懌荐莩刺史誌別〉<br>全臺詩3首 |
| | 道光9年 | 1829 | 劉伯琛 | | 〈渡海歌〉<br>〈澎湖八景〉 | 全臺詩12首 |
| | 道光9年 | 1829 | 屠文照 | | | 〈九日登黃泥嶺〉<br>〈初旭時見玉山〉<br>〈龜山嶼歌〉<br>全臺詩3首 |
| ※ | 道光9年 | 1829 | 蔣鏞 | 《澎湖續篇》 | | |
| | 道光9年 | 1829 | 黃敬 | | | 〈遊和美將歸遇雨〉<br>〈江頭訪舟〉<br>〈東鄰吹笛〉<br>〈尋友不遇留題一絕〉 |
| | 道光9年 | 1829 | 陳壽祺 | 重纂《福建通志》 | | |
| | 道光9年 | 1829 | 陳國瑛 | 採輯《臺灣采訪冊》 | | |
| | 道光10年 | 1830 | 鄧傳安 | 《蠡測彙鈔》 | | |
| ※ | 道光10年 | 1830 | 陳淑均 | 編纂《噶瑪蘭廳誌》 | | 全臺詩8首 |
| | 道光10年 | 1830 | 烏竹芳 | | 爲《澎湖續編》作序 | 〈詠西嶼古塔〉<br>〈過黑水溝〉<br>〈之任澎湖遇風有感〉 |
| ※ | 道光11年 | 1831 | 仝卜年 | | | 全臺詩8首 |
| ※ | 道光11年 | 1831 | 林逢春 | 《青湄詩集》 | | |
| | 道光11年 | 1831 | 周凱 | | 〈僑園記〉 | |
| ※ | 道光11年 | 1831 | 徐宗幹 | | | 〈表裏盡虛明辛卯山東考簾〉<br>〈蟬聲驛路秋山裏辛卯同考擬作〉 |
| | 道光11年 | 1831 | 鄭用鑑 | | 〈世訓媽墓誌銘〉 | |
| ※ | 道光11年 | 1831 | 蔣鏞 | 《澎湖續編》 | 〈示文石書院諸生〉<br>〈芸皋觀察蒞澎澎撫卹恩及官民敬呈五律三十六韻〉<br>〈海南雜著題詞〉 | |
| | 道光12年 | 1832 | 周凱 | 《澎海紀行詩》 | 〈澎湖紀行詩序〉<br>〈自怡悅齋詩集序〉<br>〈明監國魯王墓考〉<br>爲《澎湖續編》作序 | 〈道光壬辰三月十七日放洋〉<br>〈再答蔡生〉<br>〈撫卹六首答蔡生廷蘭〉 |

| 方志纂修 | 創作時間 | | 人　物 | 著　　　述 | 單篇文章 | 詩　　作 |
|---|---|---|---|---|---|---|
| | 道光 12 年 | 1832 | 黃　金 | | | 〈壬辰春仲護送巡道周公抵澎撫卹賦呈二律〉 |
| | 道光 12 年 | 1832 | 沈長棻 | | | 〈壬辰春來澎辦賑務臨行賦此爲蔣懌荐刺史誌別〉〈壬辰春捧檄來澎隨同周芸皋觀察查辦撫卹蒙賜書畫聯扇賦詩申謝〉 |
| | 道光 12 年 | 1832 | 蔡徵蕙 | | | 全臺詩 1 首 |
| ※ | 道光 12 年 | 1832 | 姚　瑩 | 《東槎紀略》 | | 〈毗陵孔道也壬辰之冬孟瀆三河大工未已漕艘畢集又以臺灣有事豫陝官兵絡繹南下供應驕將悍卒曉夜扁舟與夫役奔走河干者三月雖寒熱之疾屢作風雪中竟亦無害作此示從役諸人〉 |
| | 道光 12 年 | 1832 | 吳德旋 | | 爲《東槎紀略》作序 | |
| | 道光 12 年 | 1832 | 孫爾準 | 《泰雲堂詩集》《泰雲堂文集》《雕雲詞》《荔香樂府》《海棠巢樂府拈題》 | | 全臺詩 18 首 |
| ※ | 道光 12 年 | 1832 | 羅桂芳 | | | 全臺詩 2 首 |
| | 道光 12 年 | 1832 | 蔡廷蘭 | | | 〈請急賑歌〉〈再呈周觀察二首〉〈夏日喜雨呈蔣懌荐鏞刺史〉 |
| | 道光 12 年 | 1832 | 黃　敬 | | | 〈步高梅園書齋元韻〉〈步陳晴川書齋元韻〉〈壬辰年閏九月芝東朱先生詠庭菊步其元韻〉 |
| | 道光 12 年 | 1832 | 陳維英 | | | 〈壬辰元日〉 |
| | 道光 12 年 | 1832 | 曾作霖 | 與周璽等總纂《彰化縣志》 | | 全臺詩 8 首 |
| | 道光 13 年 | 1833 | 陳盛韶 | 《問俗錄》 | | |
| | 道光 13 年 | 1833 | 胡承珙 | 《求是堂詩集》 | | |
| ※ | 道光 13 年 | 1833 | 姚　瑩 | 《東槎紀略》有《昭代叢書版》 | | |

| 方志纂修 | 創作時間 | | 人　物 | 著　　述 | 單篇文章 | 詩　　作 |
|---|---|---|---|---|---|---|
| | 道光 14 年 | 1834 | 沈長棻 | | | 全臺詩 4 首 |
| | 道光 14 年 | 1834 | 吳光亮 | | 〈訓番俚言〉 | |
| ※ | 道光 14 年 | 1834 | 謝金鑾 | 謝宗本重刊《蛤仔難紀略》 | | |
| | 道光 15 年 | 1835 | 鄭如蘭 | 《偏遠堂吟草》 | | 全臺詩 158 首 |
| | 道光 15 年 | 1835 | 陳維藻 | | | 全臺詩 2 首 |
| | 道光 15 年 | 1835 | 柯培元 | 纂《噶瑪蘭志略》 | | 全臺詩 22 首 |
| | 道光 15 年 | 1835 | 周　凱 | 《內自訟齋文集》 | 〈浯江書院碑記〉〈嘉義王君墓誌銘〉〈祥龍竇氏宗譜序〉 | |
| | 道光 16 年 | 1836 | 蔡廷蘭 | 《海南雜著》 | 周凱、劉鴻翱爲之作序熊一本爲之作跋 | |
| ※ | 道光 16 年 | 1836 | 周　璽 | 主纂《彰化縣志》定稿付梓 | | |
| | 道光 16 年 | 1836 | 楊克彰 | 《周易管窺》 | | |
| | 道光 17 年 | 1837 | 周　凱 | | 〈南海雜著序〉〈澎湖紀略序編序〉〈記臺灣張丙之亂〉 | 全臺詩 93 首 |
| | 道光 17 年 | 1837 | 林樹梅 | 《治海圖說》《戰船占測》《歗雲山人詩鈔》《日記》《歗雲詩鈔》《歗雲文鈔》《歗雲鐵筆》《文章寶筏》《雲影集》《詩文續抄》 | | |
| | 道光 17 年 | 1837 | 柯培元 | 主纂《噶瑪蘭志略》 | | |
| ※ | 道光 17 年 | 1837 | 楊廷理 | 五子楊立亮重刊《東瀛記事》 | | |
| ※ | 道光 17 年 | 1837 | 黃學海 | | 〈龜山賦〉 | 全臺詩 1 首 |
| | 道光 17 年 | 1837 | 施瓊芳 | | 〈北上夜宿泉城〉〈泉城曉發治橋南〉 | |
| | 道光 17 年 | 1837 | 蔡廷蘭 | 《海南雜著》刊行 | 〈題施見田同年詩冊〉 | |
| | 道光 17 年 | 1837 | 黃驤雲 | | | 全臺詩 8 首 |
| | 道光 18 年 | 1838 | 李若琳 | | | 〈職守〉〈月季花〉〈竹城〉等 15 首 |

| 方志纂修 | 創作時間 | | 人　物 | 著　　述 | 單篇文章 | 詩　　作 |
|---|---|---|---|---|---|---|
| | 道光18年 | 1838 | 閻　炘 | | | 全臺詩 1 首 |
| | 道光18年 | 1838 | 陳維英 | | | 〈警諸生〉〈半雞〉〈嘲薄待塾師〉 |
| | 道光18年 | 1838 | 施瓊芳 | | | 〈清湖鎮待計偕友未至正月六日無聊偶成〉〈和林晴皋太史旅館雜詠〉 |
| | 道光18年 | 1838 | 陳棨仁 | 《漢律輯釋》 | | 全臺詩 12 首 |
| ※ | 道光18年 | 1838 | 鄭用錫 | | | 〈水田福德祠余少時偕弟藻亭讀書處近漸廢圮命兒輩重新之感賦〉 |
| ※ | 道光19年 | 1839 | 姚　瑩 | | | 〈己亥五月十日病起登澄臺憶濟光內渡〉 |
| | 道光19年 | 1839 | 施瓊芳 | | | 〈六月望日水災書事道光己亥〉 |
| | 道光19年 | 1839 | 陳儒林 | 《又一村詩集》《棲塵膡稿》 | | |
| | 道光19年 | 1839 | 李凌霄 | 《紫薇山房集》 | | |
| | 道光20年 | 1840 | 陳維英 | | 〈遣懷〉 | |
| | 道光20年 | 1840 | 傅人偉 | | 〈芝山文昌祠記〉 | |
| ※ | 道光20年 | 1840 | 陳淑均 | 《格瑪蘭廳志》定稿 | | |
| ※ | 道光20年 | 1840 | 鄭兼才 | 《六亭文集》 | | |
| | 道光20年 | 1840 | 施瓊芳 | | 〈封翁邱履坦六秩壽序〉 | 〈恭祝萬壽節〉 |
| | 道光20年 | 1840 | 周　凱 | 《內自訟齋文集》雕版刊行 | | |
| | 道光20年 | 1840 | 陳登元 | | | 全臺詩 13 首 |
| | 道光21年 | 1841 | 黃驤雲 | | | 全臺詩 10 首 |
| | 道光21年 | 1841 | 曹　瑾 | 祝壽詩集結成《百壽詩錄》 | | |
| | 道光21年 | 1841 | 戴祥雲 | 《十番風雨錄》 | | |
| | 道光21年 | 1841 | 林宗衡 | | | 〈曹仁憲榮壽五言排律〉 |
| | 道光21年 | 1841 | 汪　昱 | 《閩遊詩草》 | | |
| | 道光21年 | 1841 | 施　鈺 | | 〈水圳圖考〉 | 〈辛丑再過除夜〉 |

| 方志纂修 | 創作時間 | | 人物 | 著述 | 單篇文章 | 詩作 |
|---|---|---|---|---|---|---|
| | 道光22年 | 1842 | 施鈺 | | | 〈人日〉〈元夕〉〈清明〉8首 |
| | 道光23年 | 1843 | 陳玉衡 | | | 全臺詩8首 |
| | 道光23年 | 1843 | 黎瑩 | 《吟香詩集》《高祖自作詩》 | | 全臺詩2首 |
| | 道光23年 | 1843 | 李聯芬 | | | 全臺詩1首 |
| | 道光23年 | 1843 | 施鈺 | | 〈覆彰邑魏立軒明府呈〉 | 〈癸卯元旦試筆〉〈元旦試筆〉〈立春日作〉 |
| | 道光23年 | 1843 | 蔡國琳 | 《叢桂堂詩鈔》 | | |
| | 道光24年 | 1844 | 鄭廷理 | | | 全臺詩1首 |
| ※ | 道光24年 | 1844 | 徐宗幹 | | | 〈挹露收新稼甲辰福建監試擬作〉 |
| | 道光24年 | 1844 | 施瓊芳 | | 代林鴞騰作〈莊牧亭駕部志謙令慈壽序〉 | |
| | 道光24年 | 1844 | 李秉鈞 | | 作品刊載於《臺灣日日新報》 | |
| | 道光25年 | 1845 | 施瓊芳 | | | 〈題陳忠愨公遺像有序〉〈熊介臣夫子六秩晉一壽詩〉 |
| | 道光25年 | 1845 | 陳維英 | | | 〈由尖山之霄里〉〈次西螺聽雨不寢〉〈鹽水港途中〉 |
| | 道光25年 | 1845 | 施鈺 | | 〈臺灣歷驗說〉 | |
| | 道光25年 | 1845 | 黃敬 | | | 〈曹仁憲榮壽〉 |
| ※ | 道光26年 | 1846 | 徐宗幹 | | | 〈半帆斜日一江風丙午江南擬作〉 |
| | 道光26年 | 1846 | 許超英 | | | 〈和韻林鶴山秋興五首〉？文詩 |
| | 道光26年 | 1846 | 施瓊芳 | | | 〈瓊芳祖墳被毀呈控文卷〉 |
| ※ | 道光26年 | 1846 | 黃學海 | | 〈龜山賦〉 | 全臺詩1首 |
| | 道光26年 | 1846 | 林鵬霄 | 《苦苓村人詩草》 | | |
| | 道光27年 | 1847 | 丁紹儀 | 《東瀛志略》 | 〈龜山賦〉 | |
| ※ | 道光27年 | 1847 | 徐宗幹 | | 〈問風俗〉〈露香告天賦〉 | |

| 方志纂修 | 創作時間 | | 人　物 | 著　　述 | 單篇文章 | 詩　　作 |
|---|---|---|---|---|---|---|
| | 道光 27 年 | 1847 | 徐必觀 | | | 全臺詩 24 首 |
| | 道光 27 年 | 1847 | 陳維英 | | | |
| ※ | 道光 27 年 | 1847 | 姚瑩 | | | 〈癸卯在臺灣就逮諸生有禱天后者得讖云制虎降龍靜煉丹從今縱躍出元關前途一片風光好不到蓬萊只等閒疑或不死而至登州及來蓬州乃知其應昔東坡出獄謫黃州四年至登州有海市詩余往來渡海者六由今思之何殊海市耶坡公至登州年始五十余今六十二矣然公六十二歲尚有儋耳之謫余幸不已多乎〉 |
| | | | 施瓊芳 | | 〈谿西社祀朱子祝文〉〈虎岫東樓中秋祭祀魁星祝祠〉〈祖塋重修告竣賽土神文〉〈增修虎岫寺亭碑記〉〈聚星樓喜金例序〉〈谿西社文昌祠修竣祝文〉〈太祖暨姚氏連太叔祖德沛公墳塋修竣祭告文〉 | 〈虎岫眞武觀樓上九日祠文昌〉〈題九日遊仙跡嚴倡和集〉 |
| ※ | 道光 28 年 | 1848 | 徐宗幹 | 編《瀛洲校士錄》 | | |
| | 道光 28 年 | 1848 | 許式金 | | 〈秋海棠賦〉〈雁來紅賦〉 | |
| | 道光 28 年 | 1848 | 黃希先 | | 〈榕壇賦〉〈虞美人花賦〉 | |
| | 道光 28 年 | 1848 | 許廷崙 | | 〈禮義爲干櫓賦〉〈團扇賦〉 | |
| | 道光 28 年 | 1848 | 潘乾策 | | 〈忠信爲甲冑賦〉 | |
| | 道光 28 年 | 1848 | 陳奎 | | 〈擬庾子山小園賦〉 | |
| | 道光 28 年 | 1848 | 毛士釗 | | 〈比目魚賦〉 | |
| | 道光 28 年 | 1848 | 施士升 | | | 全臺詩 3 首 |
| | 道光 28 年 | 1848 | 石福作 | 《湖心亭新裁》《稻香村雜著》《習靜軒詞鈔》《冽水山莊文集》 | 〈議開水沙連番界雜作六首〉文？詩？ | |

| 方志纂修 | 創作時間 | | 人物 | 著述 | 單篇文章 | 詩作 |
|---|---|---|---|---|---|---|
| | 道光28年 | 1848 | 盧春選 | | | 〈終歸日〉 |
| | 道光28年 | 1848 | 曹士桂 | 《宦海日記》 | | 〈道中口占〉〈東渡〉〈道上行〉全臺詩13首 |
| | 道光28年 | 1848 | 施瓊芳 | | 代吳敦仁作〈擬韋宏嗣戒戒博弈論〉〈燕窩賦〉代吳敦禮作〈香珠賦〉〈山澤通氣賦〉〈地瓜〉〈中議大夫刑部員外郎吳公誌銘〉 | |
| | 道光28年 | 1848 | 施　鈺 | 《臺灣別錄》 | | |
| ※ | 道光28年 | 1848 | 徐宗幹 | 《測海錄》 | | |
| | 道光29年 | 1849 | 彭廷選 | 《傍榕築詩文稿》 | | 全臺詩12首 |
| | 道光29年 | 1849 | 曹　敬 | 《曹愨民先生詩文略》 | | |
| | 道光29年 | 1849 | 劉家謀 | | | 〈度嶺寄東洋諸同志〉〈江樓題壁〉至〈義虎行〉35首 |
| | 道光29年 | 1849 | 李祺生 | | 〈龜山賦〉 | 全臺詩5首 |
| | 道光29年 | 1849 | 陳維英 | | | 〈噶瑪蘭仰山書院記事〉 |
| ※ | 道光29年 | 1849 | 董正官 | | | 〈由雞籠口上三貂嶺至遠望坑入蘭境〉〈蘭防即事〉〈蘭陽雜詠〉 |
| | 道光29年 | 1849 | 賴世英 | 修撰《嘉城賴仁記家普》《小隱山房詩鈔》 | | |
| | 道光29年 | 1849 | 施瓊芳 | | 〈育嬰堂給示呈詞〉 | |
| ※ | 道光29年 | 1849 | 韓必昌 | 《太陽真經》 | | |
| | 道光30年 | 1850 | 陳維英 | | | 〈先塋樹旗禮成感賦〉 |
| ※ | 道光30年 | 1850 | 徐宗幹 | 《虹玉樓詩選》 | | |
| | 道光30年 | 1850 | 吳德功 | 《戴施兩案紀略》《瑞桃齋詩稿》《吳德功先生全集》 | | |

| 方志<br>纂修 | 創作時間 | | 人　物 | 著　　　述 | 單篇文章 | 詩　　作 |
|---|---|---|---|---|---|---|
| | 道光30年 | 1850 | 林樹梅 | 《嘯雲文抄》<br>《詩抄》<br>《詩餘》<br>《沿海圖說》<br>《戰船占測》<br>《雲影集》<br>《日記》 | | |
| | 道光30年 | 1850 | 施　鈺 | | 〈玉壺冰賦〉<br>〈洪糜在手賦〉<br>〈半崧詩文集跋〉 | 〈邨居偶成〉<br>〈久雨〉<br>〈石房樵唱畫冊題詞〉 |
| | 道光30年 | 1850 | 劉家謀 | | | 〈鄭延平郡王祠〉<br>〈懷姚石甫先生十韻〉<br>〈題獻雲叢記〉等 37<br>首 |
| | 道光30年 | 1850 | 林占梅 | | | 〈地震歌有序〉<br>另有道光年間詩作<br>〈遊劍潭寺〉<br>〈題徐碧岩桃谿自在<br>圖〉<br>〈聞風〉等 51 首 |
| | 道光30年 | 1850 | 張新之 | 《妙復軒評本繡像石<br>頭記紅樓夢》 | | |
| | 道光30年 | 1850 | 鄭用鑑 | | | 〈地震行〉 |
| | 道光30年 | 1850 | 黃玉階 | 《霍亂吊腳痧醫書》<br>《疹瘩瘟治法新編》 | | 全臺詩 2 首 |
| | 道光30年 | 1850 | 施　鈺 | 《臺灣別錄》<br>《石房樵唱》 | | 全臺詩 138 首 |
| | 道光年間 | | 施澹人 | | | 全臺詩 1 首 |
| | 道光年間 | | 施　模 | | | 全臺詩 3 首 |
| | 道光年間 | | 劉星槎 | 《吟草》 | | 全臺詩 1 首 |
| | 道光年間 | | 鄭超英 | | | 全臺詩 1 首 |
| | 道光年間 | | 童蒙吉 | | | 全臺詩 2 首 |
| | 道光年間 | | 陳尚恂 | | | 全臺詩 8 首 |
| | 道光年間 | | 郭襄錦 | | | 全臺詩 1 首 |
| | 道光年間 | | 陳筱冬 | | | 全臺詩 1 首 |
| | 道光年間 | | 陳　書 | | 〈清水巖〉<br>〈螺青書屋〉<br>〈答友人柬問螺陽風<br>土〉 | 全臺詩 10 首 |
| | 道光年間 | | 王雲鵬 | | | 全臺詩 1 首 |

| 方志纂修 | 創作時間 | | 人 物 | 著 述 | 單 篇 文 章 | 詩 作 |
|---|---|---|---|---|---|---|
| | 道光年間 | | 李 華 | | | 全臺詩 2 首 |
| | 道光年間 | | 黃通理 | | | 全臺詩 1 首 |
| | 道光年間 | | 柯 棨 | | | 全臺詩 2 首 |
| | 道光年間 | | 柯 椽 | | | 全臺詩 1 首 |
| | 道光年間 | | 許 宏 | | 〈到媽宮新城〉〈到觀音亭〉〈新城〉 | 全臺詩 5 首 |
| | 道光年間 | | 曾 秀 | | | 全臺詩 1 首 |
| | 道光年間 | | 周 澍 | 《臺陽百詠》 | | 全臺詩 1 首 |
| | 道光年間 | | 連 娣 | 《留香賸草》 | | 全臺詩 4 首 |

## 附錄 6：清咸豐年間臺灣文人作品

| 方志纂修 | 創作時間 | | 人 物 | 著 述 | 單 篇 文 章 | 詩 作 |
|---|---|---|---|---|---|---|
| ※ | 咸豐 1 年 | 1851 | 鄭用錫 | | 〈北郭園記〉 | |
| ※ | 咸豐 1 年 | 1851 | 徐宗幹 | | 〈十月二十生辰誌桿〉 | |
| ※ | 咸豐 1 年 | 1851 | 徐宗幹 | 刻《瀛洲校士錄》 | | |
| | 咸豐 1 年 | 1851 | 施瓊芳 | | 〈五月辛亥地震書事〉 | |
| | 咸豐 1 年 | 1851 | 劉家謀 | | | 〈酒後〉〈落魄〉〈送鄭文瀾茂財扶柩歸里〉17 首 |
| | 咸豐 1 年 | 1851 | 林占梅 | | | 〈元宵後一夕夢中驚雨〉〈除夕〉95 首 |
| ※ | 咸豐 1 年 | 1851 | 徐宗幹 | 《瀛洲校士錄三集》 | | |
| | 咸豐 1 年 | 1851 | 杜淑雅 | | | 〈春日園居〉 |
| ※ | 咸豐 2 年 | 1852 | 陳震曜 | 《小滄桑外史》《風鶴餘錄》《海內議門集》《歸田問俗集》《海東湖杓集》 | 〈天赦雲記〉 | 全臺詩 1 首 |
| | 咸豐 2 年 | 1852 | 陳肇興 | | | 〈春日早起〉〈掃墓感作〉〈冬日漫興〉13 首 |
| | 咸豐 2 年 | 1852 | 李祺生 | 續修《噶瑪蘭廳誌》付梓 | | |

| 方志纂修 | 創作時間 | | 人　物 | 著　　述 | 單篇文章 | 詩　　作 |
|---|---|---|---|---|---|---|
| ※ | 咸豐 2 年 | 1852 | 董正官 | | 〈噶瑪蘭廳誌序〉 | |
| ※ | 咸豐 2 年 | 1852 | 鄭用錫 | | | 〈壬子生日〉 |
| | 咸豐 2 年 | 1852 | 劉家謀 | 《海音詩》 | | |
| | 咸豐 2 年 | 1852 | 林占梅 | | | 〈元旦試筆故作吉祥語〉<br>〈咏白梅花〉<br>〈除夕遣懷〉114 首 |
| ※ | 咸豐 2 年 | 1852 | 徐宗幹 | 《兵鑑》 | | |
| | 咸豐 2 年 | 1852 | 陳紹年 | 《壽山堂詩稿》 | | |
| ※ | 咸豐 3 年 | 1853 | 鄭用錫 | | 〈勸和論〉 | |
| ※ | 咸豐 3 年 | 1853 | 徐宗幹 | 《斯未信齋文集》<br>編《東瀛試牘》<br>《濟州金石錄》<br>《兵鑑》<br>《測海錄》<br>輯《治臺必告錄》 | | |
| | 咸豐 3 年 | 1853 | 林占梅 | | | 〈元旦謁客途之口號〉<br>〈軒前白梅花二絕〉<br>〈除夕漫賦〉66 首 |
| | 咸豐 3 年 | 1853 | 張錦城 | 《易經解》 | | |
| | 咸豐 3 年 | 1853 | 陳維英 | | | 〈寄連日春〉<br>〈癸丑八月初八日會匪激成分類蔓延百里誠可哀也〉<br>〈癸丑械鬥家舍及別業俱付祝融甫平歸日以釣魚爲事〉<br>〈粵西獨秀峰題壁〉 |
| | 咸豐 3 年 | 1853 | 查元鼎 | | | 〈癸丑元日試筆〉<br>〈輓臺灣令高南卿司馬鴻飛〉<br>〈輓鳳山令王仲司馬廷幹〉 |
| ※ | 咸豐 3 年 | 1853 | 董正官 | | | 全臺詩 15 首 |
| | 咸豐 3 年 | 1853 | 陳肇興 | | | 〈登赤崁城〉<br>〈法華寺〉<br>〈檳榔〉 |
| ※ | 咸豐 3 年 | 1853 | 姚　瑩 | 《中復堂全集》關係臺灣詩收於《後湘》二集、續集 | | 全臺詩 58 首 |
| | 咸豐 3 年 | 1853 | 徐宗勉 | | | 全臺詩 1 首 |

| 方志纂修 | 創作時間 | | 人物 | 著述 | 單篇文章 | 詩作 |
|---|---|---|---|---|---|---|
| | 咸豐3年 | 1853 | 施瓊芳 | | 〈中議大夫刑部員外郎吳公誌銘〉 | |
| | 咸豐3年 | 1853 | 周鑰鳴 | | | 〈癸丑之變兄弟俱死於難〉〈癸丑秋長兄四弟為拒匪俱死於難張程九以書及詩來慰聊裁以答〉 |
| | 咸豐3年 | 1853 | 曹敬 | | | 〈賦得曲水流觴得殤字五言六韻〉 |
| | 咸豐3年 | 1853 | 陳望曾 | | 〈臺北保安宮重修碑記〉 | |
| | 咸豐4年 | 1854 | 陳維英 | | | 〈甲寅偕竹坡孝廉秋黃茂才泛舟遊西雲巖古寺〉 |
| | 咸豐4年 | 1854 | 林占梅 | | | 〈奉命辦理團練冒暑赴郡感作〉〈呈臺澎道徐樹人廉訪宗幹四首〉〈雞籠事平撤防喜賦〉274首 |
| | 咸豐4年 | 1854 | 陳肇興 | | | 〈與韋鏡秋上舍話舊即次其即事原韻〉〈遊龍目井感賦百韻〉〈海中捕魚歌〉13首 |
| | 咸豐4年 | 1854 | 查元鼎 | | | 〈五十初度〉 |
| | 咸豐4年 | 1854 | 施瓊芳 | | | 〈育嬰堂給示呈詞〉 |
| ※ | 咸豐4年 | 1854 | 鄭用錫 | | 〈續廣北郭園記〉 | |
| | 咸豐4年 | 1854 | 林百川 | 《樹杞林志》 | | |
| | 咸豐5年 | 1855 | 陳大玠 | 《筍湄公南譜》由臺郡松雲軒盧崇玉刻 | | |
| | 咸豐5年 | 1855 | 陳維英 | | 〈賀陳霞林中舉〉 | |
| ※ | 咸豐5年 | 1855 | 鄭用錫 | | | 〈慈塋為盜所發遺體如生慟紀其事〉〈乙卯奉曹懷樸司馬曹馥堂司馬栗主祀敬業堂鄭明經捐金為祭品詩以誌之〉〈乙卯秋姻丈陳疊軒封翁八十初度余偕子婦赴祝今秋赴寄雙孔雀贈之〉 |

| 方志纂修 | 創作時間 | | 人　物 | 著　　述 | 單篇文章 | 詩　　作 |
|---|---|---|---|---|---|---|
| | 咸豐 5 年 | 1855 | 陳肇興 | | | 〈大水行〉<br>〈礦溪三高士詩〉<br>〈望洋嘆〉 |
| | 咸豐 5 年 | 1855 | 陳濬芝 | 《竹梅吟社擊缽吟》 | | |
| | 咸豐 5 年 | 1855 | 林占梅 | | | 〈元旦花前小宴述懷〉<br>〈尋春〉<br>〈族姑余母貞節孝詞〉 |
| | 咸豐 5 年 | 1855 | 施士洁 | 《鄉談律聲啓蒙》<br>《喆園吟草》<br>《後蘇龕詩草》<br>《後蘇龕合集》 | | |
| | 咸豐 5 年 | 1855 | 李世昌 | 《蘆舟吟草》 | | |
| | 咸豐 5 年 | 1855 | 許南英 | 《窺園留草》 | | |
| | 咸豐 6 年 | 1856 | 張麟書 | 《麟鳳閣文集》 | 〈庸言〉 | |
| | 咸豐 6 年 | 1856 | 鄭用鑑 | | | 〈丙辰元日偶作〉<br>〈塹垣因粵匪截搶谷石民食恐有不足時前任唐公在艋未回紳士不得不權貼告白禁住出口以防透漏迨新任馬公惑於奸商旋示開禁未及三日復諭停止朝令夕改可發一笑〉<br>〈即景漫作兼以示戒〉<br>〈有感而作〉 |
| | 咸豐 6 年 | 1856 | 陳肇興 | | | 〈虎山巖〉<br>〈經廢園有感〉<br>〈在揀連日淫潦欲歸不得忽逢晴齋喜而有作〉 |
| | 咸豐 6 年 | 1856 | 林占梅 | | | 〈上元前一夜宴集爽吟閣即事〉<br>〈鳳山崎歸途口號〉<br>〈自芝蘭歸新莊途次即目〉50 多首 |
| | 咸豐 6 年 | 1856 | 李種玉 | | 作品刊在載《臺灣日日新報》 | |
| | 咸豐 6 年 | 1856 | 趙元安 | 《劍樓吟稿》 | | |
| | 咸豐 6 年 | 1856 | 莊士勳 | | | 彰化縣誌稿 3 首 |
| | 咸豐 6 年 | 1856 | 盧　鈺 | | | 全臺詩 1 首 |
| | 咸豐 7 年 | 1857 | 李逢時 | | | 〈次韻題白雲親舍圖贈又之姚秀才〉<br>〈再題白雲親舍圖〉 |

| 方志纂修 | 創作時間 | | 人　物 | 著　　述 | 單篇文章 | 詩　　作 |
|---|---|---|---|---|---|---|
| | 咸豐 7 年 | 1857 | 陳肇興 | | | 〈西螺曉發〉<br>〈諸羅道中〉<br>〈茅港尾〉 |
| | 咸豐 7 年 | 1857 | 林占梅 | | | 〈漫興〉<br>〈偶成〉<br>〈郊外偶成〉<br>〈危樓臥觀〉140 多首 |
| | 咸豐 7 年 | 1857 | 賴世觀 | 《乙未嘉城淪陷記》<br>《城隍明道經》<br>《湄州慈濟經》<br>《天上聖母寶誥同參參訂》<br>《東萊詩文集》<br>《賴士仰廣文筆記》<br>《諸羅漫談》 | | 全臺詩 25 首 |
| | 咸豐 7 年 | 1857 | 劉育英 | 《論說》<br>《雜俎》數十種 | | |
| | 咸豐 8 年 | 1858 | 曾逢辰 | 與鄭鵬雲合篇《新竹憲誌稿》 | | 全臺詩 127 首 |
| | 咸豐 8 年 | 1858 | 施仁思 | | | 全臺詩 3 首 |
| | 咸豐 8 年 | 1858 | 狄曼農 | | | 全臺詩 1 首 |
| ※ | 咸豐 8 年 | 1858 | 鄭用錫 | 撰《淡水廳誌》初稿 4 卷<br>楊浚輯其作品爲《北郭園全集》<br>《學禮則要》<br>《周理解疑》<br>輯校王世俊《周易折衷衍義》 | | |
| | 咸豐 8 年 | 1858 | 張書紳 | | | 全臺詩 8 首 |
| | 咸豐 8 年 | 1858 | 郭　彝 | 《選抄儷句》<br>後人改題爲《藻臣遺錄》 | | |
| | 咸豐 8 年 | 1858 | 林占梅 | | | 〈勦禦會匪勞績加鹽運使銜恩重功微詩以誌愧〉 |
| | 咸豐 9 年 | 1859 | 曹　敬 | 陳鐓厚輯其作品成《曹敬詩文略集》 | 現存手稿賦作 21 篇 | 全臺詩 51 首 |
| | 咸豐 9 年 | 1859 | 彭培桂 | 《竹里館詩文集》 | | |
| | 咸豐 9 年 | 1859 | 李逢時 | | | 〈己未之春作〉 |
| | 咸豐 9 年 | 1859 | 蔡廷蘭 | 《惕園古近體詩》<br>《海南雜著》<br>《駢體文雜著》 | | 全臺詩 18 首 |

| 方志<br>纂修 | 創作時間 | | 人物 | 著　　述 | 單篇文章 | 詩　　作 |
|---|---|---|---|---|---|---|
| | 咸豐9年 | 1859 | 林維丞 | 代籌出版《潛園琴餘草》<br>《潛園寓草》 | | 全臺詩37首 |
| | 咸豐9年 | 1859 | 黃玉柱 | | | 〈題墨竹〉 |
| | 咸豐10年 | 1860 | 鄭樹南 | 《水田逸叟詩文稿》 | | |
| | 咸豐10年 | 1860 | 鄭如松 | | | 全臺詩1首 |
| | 咸豐10年 | 1860 | 鄭拱辰 | | | 詩作見《臺灣日日新報》 |
| | 咸豐10年 | 1860 | 林占梅 | | | 〈虹貫月樓爲先世藏書所貯祇富繁日久多致殘蝕修葺之餘感賦此詩〉<br>〈軍輸嘆〉 |
| | 咸豐10年 | 1860 | 陳肇興 | | | 〈元旦〉<br>〈登洪家天玉樓望火炎山諸峰〉<br>〈鰲西觀音院〉 |
| | 咸豐10年 | 1860 | 李逢時 | | | 〈辛酉贈王小泉衢通判〉<br>〈庚申之春爲珍如朱山長歸里賦〉 |
| | 咸豐11年 | 1861 | 陳肇興 | | | 〈蔡杏垣山水畫冊〉<br>〈揀中感事〉<br>〈憶簡榮卿孝廉同年〉 |
| | 咸豐11年 | 1861 | 林占梅 | | | 〈倪敏堂參戎四月十四日病歿於臺鎮中營任內驚聞訃音作詩哭之〉 |
| | 咸豐年間 | | 謝錫朋 | 《化鵬山房詩集》 | | |
| | 咸豐年間 | | 林逢原 | | | 〈淡北八景〉 |

## 附錄7：清同治年間臺灣文人作品

| 方志<br>纂修 | 創作時間 | | 人物 | 著　　述 | 單篇文章 | 詩　　作 |
|---|---|---|---|---|---|---|
| | 同治1年 | 1862 | 林占梅 | | | 〈聞警戒嚴作(戴匪滋事彰城失守)〉<br>〈團練〉<br>〈兵餉支絀勸輸感作〉 |
| | 同治1年 | 1862 | 秋日覲 | | | 全臺詩4首 |
| | 同治1年 | 1862 | 鄭景南 | | | 全臺詩4首 |

| 方志纂修 | 創作時間 | | 人物 | 著述 | 單篇文章 | 詩作 |
|---|---|---|---|---|---|---|
| | 同治1年 | 1862 | 鄭鵬雲 | 編《詩友風義錄》 | | 臺海擊缽吟集20首 |
| | 同治1年 | 1862 | 魏紹吳 | 《啓英軒文集》《啓英軒詩集》《啓英軒燈謎》 | | 全臺詩3首 |
| | 同治1年 | 1862 | 李逢時 | | | 〈對雨〉〈贈袖海王縣佐〉13首 |
| ※ | 同治1年 | 1862 | 徐宗幹 | 《斯未信齋文編》 | | |
| | 同治1年 | 1862 | 陳肇興 | 《咄咄吟》 | | 〈春日有感〉〈十八日秋雁臣司馬殉節大墩〉〈二十日彰化城陷〉 |
| | 同治1年 | 1862 | 查元鼎 | 《草草草堂吟草》 | | |
| ※ | 同治1年 | 1862 | 吳子光 | | | 〈紀變詩〉 |
| | 同治1年 | 1862 | 林維丞 | 《潛園寓草》 | | |
| | 同治1年 | 1862 | 陸翰芬 | | | 全臺詩2首 |
| | 同治1年 | 1862 | 蔡德輝 | 《東瀛集》《龍江詩話》 | | 全臺詩14首 |
| | 同治1年 | 1862 | 吳毓秀 | | | 全臺詩1首 |
| | 同治1年 | 1862 | 蔡啓運 | 《養餘軒詩鈔》 | | 臺海擊缽吟集122首 |
| | 同治2年 | 1863 | 趙鍾麒 | | | 全臺詩133首 |
| | 同治2年 | 1863 | 李逢時 | | 〈銅貢賦〉 | 〈春日書懷〉〈癸亥書齋題壁〉 |
| | 同治2年 | 1863 | 林占梅 | | | 〈南征八詠〉 |
| | 同治2年 | 1863 | 曾光斗 | | | 全臺詩1首 |
| | 同治2年 | 1863 | 王漢秋 | | | 全臺詩5首 |
| | 同治2年 | 1863 | 陳洛 | 《玉蟾堂詩集》 | | |
| | 同治2年 | 1863 | 曾藺雲 | | | 臺陽詩話6首 |
| | 同治3年 | 1864 | 呂喬南 | 《蘭雪草堂詩稿》 | | 全臺詩92首 |
| | 同治3年 | 1864 | 謝穎蘇 | | | 全臺詩16首 |
| | 同治3年 | 1864 | 陳宗賦 | 《三復齋詩文存》 | | |
| | 同治3年 | 1864 | 李逢時 | | | 〈甲子人日與周九兄恆甫小飲詠懷〉 |
| | 同治3年 | 1864 | 丘逢甲 | 《柏莊詩草》《嶺雲海日樓詩鈔》 | | |
| | 同治3年 | 1864 | 林培張 | 《寄盧遺稿》 | | |

| 方志纂修 | 創作時間 | | 人　物 | 著　　　述 | 單篇文章 | 詩　　作 |
|---|---|---|---|---|---|---|
| | 同治 4 年 | 1865 | 陳鳳昌 | | | 全臺詩 8 首 |
| | 同治 4 年 | 1865 | 張　鵬 | 與兄張貞合集成《聽濤軒集》 | | |
| | 同治 4 年 | 1865 | 林占梅 | | | 〈臺灣保舉多有遺義作詩勸勉之〉 |
| | 同治 4 年 | 1865 | 李逢時 | | | 〈十二月二十日三姓械鬥避居大湖莊賦此志慨〉〈乙丑棲雲別墅漫興〉 |
| | 同治 4 年 | 1865 | 謝光琛 | | 〈樂趣齋時文〉 | |
| | 同治 4 年 | 1865 | 李春生 | 《主津新集》《天演論書後》《東遊六十四日隨筆》《主津後集》《民教冤獄解》 | | |
| | 同治 5 年 | 1866 | 吳大廷 | 《小酉腴山館文集》《小酉腴山館詩集》《小酉腴山館主人自著年譜》 | | |
| | 同治 5 年 | 1866 | 林占梅 | | | 〈致新任臺灣道吳桐雲大廷觀察二首〉〈入鯉魚潭番社清丈田甲〉〈聞徐大中丞樹人師訃音集諸同人爲位哭奠餘痛縈懷賦成哀輓三章〉 |
| ※ | 同治 5 年 | 1866 | 林　豪 | | | 〈逐疫行〉〈丙寅除夕嘉義陳七榕士山左劉四魯生汀州戴三篠替林同飲園中寓齋率成二首〉 |
| ※ | 同治 5 年 | 1866 | 黃中理 | 《海州詩集》《澄淮印存》 | | |
| | 同治 5 年 | 1866 | 王　松 | 《內渡日記》《餘生記聞》《草峋草堂隨筆》《如此江山樓焚餘稿》編撰《臺陽詩話》《滄海遺民賸稿》王時鵬編輯其晚期遺稿成《友竹行窩遺稿》 | | 〈四香樓餘力草〉〈如此江山樓詩存〉 |
| | 同治 5 年 | 1866 | 林耀亭 | 《松月書室詩集》 | | |

| 方志纂修 | 創作時間 | | 人物 | 著述 | 單篇文章 | 詩作 |
|---|---|---|---|---|---|---|
| ※ | 同治6年 | 1867 | 林豪 | 《東瀛紀事》 | 撰《淡水廳志續稿》〈續志稿序例〉 | 〈志局書懷示諸同事二首有序〉<br>〈清明日祭亡友吳修軒二首〉<br>〈淡水志局雜詠五首〉 |
| ※ | 同治6年 | 1867 | 徐宗幹<br>丁日健 | 《治臺必告錄》 | | |
| | 同治6年 | 1867 | 姚濬昌 | 重刊其父姚瑩遺作稱《中復堂全集》 | | |
| | 同治6年 | 1867 | 吳大廷 | 輯《訓士錄》選錄《訓民錄》<br>合稱《東瀛訓士訓民錄》 | | |
| | 同治6年 | 1867 | 洪一枝 | 《寄鶴齋詩文集》<br>《寄鶴齋詩話》<br>《時勢三字編》<br>《八州遊記》<br>《八州詩草》<br>《瀛海偕亡記》<br>《中東戰記》<br>《中西戰記》其子洪秋炎輯上述為《洪棄生先生遺書》 | | |
| | 同治6年 | 1867 | 鄭用鑑 | 《易經圖解》<br>《易經易說》<br>《敬遠堂詩文集》 | | |
| | 同治6年 | 1867 | 吳希潛 | 《東溟草》 | | |
| | 同治6年 | 1867 | 林占梅 | | | 〈讀劉蒼石廣文松年半畝軒草題詞二首〉<br>〈遊靈泉禪寺題壁〉<br>〈十月初三日納側室杜氏〉17首 |
| | 同治6年 | 1867 | 王學潛 | 《卿淇詩草》 | | |
| | 同治6年 | 1867 | 劉明燈 | | 〈統師留駐題碑記〉 | |
| | 同治6年 | 1867 | 陳錫金 | 《鰲峰詩草》 | | |
| | 同治6年 | 1867 | 林琴南 | 《畏盧詩集》<br>《畏盧文集》 | | |
| | 同治7年 | 1868 | 林占梅 | 《潛園唱和集》<br>《潛園琴園草》 | | |
| | 同治7年 | 1868 | 張亨嘉 | 《張文厚公文集》<br>《張文厚公賦抄》<br>《磬納室詩存》<br>以上合輯為《張亨嘉文集》 | | |

| 方志纂修 | 創作時間 | | 人物 | 著　述 | 單篇文章 | 詩　作 |
|---|---|---|---|---|---|---|
| | 同治 7 年 | 1868 | 彭廷選 | 《鼎湖居筆記》《傍榕小築詩文集》 | | 全臺詩 12 首 |
| | 同治 7 年 | 1868 | 施瓊芳 | 《石蘭山館遺稿》 | | 全臺詩 523 首 |
| ※ | 同治 7 年 | 1868 | 林　豪 | | | 〈戊辰元旦即席作〉〈重到崁城寓同里蔡茂才家感而復此〉 |
| | 同治 7 年 | 1868 | 鄭家珍 | 《雪蕉山館詩集》 | | 全臺詩 683 首 |
| | 同治 7 年 | 1868 | 張麗俊 | 《水竹居主人日記》 | 〈南村詩草〉編撰〈清河堂張氏族譜〉 | |
| | 同治 7 年 | 1868 | 林維朝 | 《勞生略歷》《怡園吟草》《壽詩文集附并蒂菊詩》 | | 全臺詩 246 首 |
| | 同治 8 年 | 1869 | 陳維英 | 《鄉黨質疑》《偷閑錄》《太古巢聯集》 | | 全臺詩 665 首 |
| | 同治 8 年 | 1869 | 楊　浚 | 《冠悔堂詩文鈔》《冠悔堂賦鈔》《冠悔堂駢體文鈔》《冠悔堂楹語》《楊雪滄稿本》《楊雪滄日記》《冠悔堂剩稿》《鷺江感舊詩》《冠悔堂詩書評選》輯《碎金錄》《稽古錄》編《健公詩影》 | | 全臺詩 38 首 |
| | 同治 8 年 | 1869 | 陳朝龍 | | | 全臺詩 46 首 |
| | 同治 8 年 | 1869 | 汪春源 | 《柳塘詩文集》 | | |
| | 同治 8 年 | 1869 | 胡殿鵬 | 《南溟詩草》《大治一爐詩話》 | | 全臺詩 12 首 |
| | 同治 8 年 | 1869 | 謝友我 | 其孫謝汝川編《先祖父謝友我先生唱和集》 | | 全臺詩 4 首 |
| | 同治 9 年 | 1870 | 楊　浚 | 編纂鄭用錫遺稿《北郭園全集》 | | |
| | 同治 9 年 | 1870 | 林馨蘭 | 《湘沅吟草》《稻江小唱》 | | |
| | 同治 9 年 | 1870 | 施梅樵 | 《捲濤閣詩草》《鹿江集》 | | |

| 方志纂修 | 創作時間 | | 人 物 | 著 述 | 單 篇 文 章 | 詩 作 |
|---|---|---|---|---|---|---|
| | 同治9年 | 1870 | 許夢青 | 《鳴劍齋詩草》《聽花山房詩集》 | | |
| | 同治9年 | 1870 | 周式濂 | | | 全臺詩4首 |
| | 同治9年 | 1870 | 楊希閔 | 《戊辰酬唱草》 | | |
| | 同治10年 | 1871 | 丁紹儀 | 《東瀛識略》《聽秋聲館詞話》 | | |
| | 同治10年 | 1871 | 洪文成 | 《妙香閣集》 | | |
| | 同治10年 | 1871 | 謝汝詮 | 《奎府樓吟草》《詩海慈航》《周易略說》《蓬萊角樓詩存》 | | |
| | 同治10年 | 1871 | 鄭祥和 | 《毛詩音譯》 | | |
| | 同治10年 | 1871 | 賴紹堯 | 《悔之詩鈔》《逍遙詩草》 | | |
| | 同治10年 | 1871 | 呂敦禮 | 《厚庵遺草》 | | |
| | 同治11年 | 1872 | 周懋琦 | | 〈全臺圖說〉〈議復水師李提督臺灣治略〉 | 全臺詩1首 |
| | 同治11年 | 1872 | 潘駿章 | | | 全臺詩1首 |
| | 同治11年 | 1872 | 傅錫祺 | 《櫟社沿革志略》《增補櫟社沿革志略》《鶴亭詩集》 | | |
| | 同治11年 | 1872 | 李望洋 | | | 〈壬申四月十一日輪過壺口懷古〉〈壬申九月十五日夜在玉尺堂同黃畋耕考教試卷首場閱畢步月有感〉〈試卷憶菊〉 |
| | 同治11年 | 1872 | 謝尊五 | 《靜軒詩集》弟子鄭雲從爲編詩集《夢春吟草》 | | |
| | 同治11年 | 1872 | 顏笏山 | 《夢覺山莊古稀紀念集》 | | |
| | 同治12年 | 1873 | 徐埴夫 | 《竹舫吟草》 | | |
| | 同治12年 | 1873 | 黃贊鈞 | 《海鶴樓詩鈔》2卷發行《崇聖道德報》重刊《人海洄瀾》 | | |
| | 同治12年 | 1873 | 王藍玉 | 《望海閣詩文集》 | | |

| 方志纂修 | 創作時間 | | 人物 | 著　述 | 單篇文章 | 詩　作 |
|---|---|---|---|---|---|---|
| | 同治12年 | 1873 | 鄭以庠 | 《拾翠園詩稿》 | | |
| | 同治12年 | 1873 | 鄭登瀛 | 《鄭十洲先生遺稿》《滄海遺音》《扶桑寄生草》《雞肋雜錄》《北郭園小草》 | | |
| | 同治12年 | 1873 | 黃祖濤 | 《渡津寶船》 | | |
| ※ | 同治12年 | 1873 | 林　豪 | | 〈淡水廳志訂謬〉 | |
| | 同治12年 | 1873 | 陳樹藍 | 《望海閣詩文集》 | | |
| | 同治13年 | 1874 | 林知義 | 《步蘭亭小稿》《林知義手鈔》《步禮亭小稿》 | | |
| | 同治13年 | 1874 | 許梓桑 | 《筠窗吟草》 | | |
| | 同治13年 | 1874 | 羅大春 | 《臺灣海防並開山日記》 | | |
| | 同治13年 | 1874 | 賴建藩 | 子賴柏舟輯《賴建藩先生遺稿》《玉屏吟草遺稿》 | | 全臺詩 8 首 |
| | 同治13年 | 1874 | 楊希閔 | 《戊辰酬唱草》 | | |
| | 同治13年 | 1874 | 唐定奎 | 《戎餘吟草》 | | |
| | 同治13年 | 1874 | 李望洋 | | | 〈癸酉午節前一日省寓憶家中兒子〉〈感遇〉 |
| | 同治13年 | 1874 | 袁聞柝 | | 〈南路開山祭告山神文〉 | |
| | 同治年間 | | 符兆綸 | 《卓峰草堂齋詩鈔》 | | 全臺詩 2 首 |

## 附錄 8：清光緒年間臺灣文人作品

| 方志纂修 | 創作時間 | | 人物 | 著　述 | 單篇文章 | 詩　作 |
|---|---|---|---|---|---|---|
| | 光緒1年 | 1875 | 王凱泰 | | 〈訓番俚言〉 | 〈臺灣雜詠〉32 首〈續詠〉12 首 |
| ※ | 光緒1年 | 1875 | 吳子光 | 《一肚皮集》《小草拾遺》《三長贅筆》《經餘雜錄》 | | |
| | 光緒1年 | 1875 | 林朝崧 | 傅錫祺、陳懷澄、陳貫等輯其詩成《無悶草堂詩存》 | | |

| 方志纂修 | 創作時間 | | 人物 | 著述 | 單篇文章 | 詩作 |
|---|---|---|---|---|---|---|
| | 光緒 1 年 | 1875 | 林爾嘉 | 《林菽莊先生詩稿》 | | |
| | 光緒 1 年 | 1875 | 丁紹儀 | 《閩南遊草》<br>《遐憩山房詩》<br>《讀書舉要》 | | |
| | 光緒 1 年 | 1875 | 劉景平 | 《乙未遺稿》 | | |
| | 光緒 1 年 | 1875 | 黃炳南 | 《鶯歌庄沿革誌》<br>《孔孟並尊論》<br>《兼愛非無父辨》<br>《晴園年譜》<br>《晴園詩草》<br>《晴園文存》<br>《八十自述》 | | |
| | 光緒 1 年 | 1875 | 楊仲佐 | 《神州遊記》<br>《網溪詩集》<br>《園藝新書》<br>《古今名人詩集》<br>《網溪詩文集》<br>《古今格言精選》<br>輯有《歷朝詩選》<br>《精選中外格言》 | | |
| | 光緒 1 年 | 1875 | 倪希昶 | 《百勿吟集》<br>《巢睫居詩文集》<br>《瀛洲風義集》<br>《東北京畿遊記》<br>《時事百感吟》<br>《古稀百感吟》未刊 | | |
| | 光緒 1 年 | 1875 | 陳 瑚 | 《趣園詩草》<br>《枕山詩鈔》 | | |
| | 光緒 2 年 | 1876 | 李逢時 | 《李拔元遺稿》 | | 全臺詩 358 首 |
| | 光緒 2 年 | 1876 | 梁純夫 | | 〈新建武廟碑記〉 | |
| | 光緒 2 年 | 1876 | 陳登元 | | | 全臺詩 13 首 |
| | 光緒 2 年 | 1876 | 徐一鶚 | 《宛羽堂詩鈔》 | | 全臺詩 279 首 |
| | 光緒 2 年 | 1876 | 李望洋 | | | 〈宮保讌集澄清閣飲和池中中秋賞月賦詩敬步原韻〉2 首 |
| | 光緒 2 年 | 1876 | 丁紹儀 | 《榕陰日課》 | | |
| | 光緒 2 年 | 1876 | 李 書 | 《蠻花記》<br>《俠鴛鴦》<br>《史沫》 | | |
| | 光緒 2 年 | 1876 | 顏雲年 | 《環鏡樓唱和集》<br>《陋園吟集》 | | |

| 方志纂修 | 創作時間 | | 人　物 | 著　　述 | 單篇文章 | 詩　　作 |
|---|---|---|---|---|---|---|
| | 光緒 2 年 | 1876 | 陳維菁 | | | 全臺詩 1 首 |
| | 光緒 3 年 | 1877 | 陳懷澄 | 《沁園詩集》《媼解集》 | | |
| | 光緒 3 年 | 1877 | 林　纘 | 《礪心齋詩集》《礪心齋詩話》《玉壺冰》 | | |
| | 光緒 3 年 | 1877 | 王石鵬 | 《臺灣三字經》 | | |
| | 光緒 3 年 | 1877 | 丘逢甲 | | 〈窮經致用賦〉 | |
| | 光緒 3 年 | 1877 | 馬清樞 | | | 〈臺灣雜興〉30 首 |
| | 光緒 3 年 | 1877 | 林資銓 | 《仲衡詩草》 | | |
| | 光緒 4 年 | 1878 | 連　橫 | 《臺灣通史》《臺灣詩乘》《劍花室詩集》 | | |
| | 光緒 4 年 | 1878 | 陳肇興 | 《陶村詩稿》 | | |
| | 光緒 4 年 | 1878 | 梁　燕 | | 〈恆春八景詩碑〉 | |
| | 光緒 4 年 | 1878 | 賴雨若 | 《壺仙詩集》 | | |
| | 光緒 4 年 | 1878 | 丁紹儀 | 《餘師錄》 | | |
| ※ | | | 林　豪 | 主草《澎湖廳志》 | | |
| ※ | 光緒 5 年 | 1879 | 吳子光 | | 〈求田問舍記〉 | |
| | 光緒 5 年 | 1879 | 劉廷璧 | 《瀚村補筆樓遺稿》 | | |
| | 光緒 5 年 | 1879 | 夏獻綸 | 總其成《臺灣輿圖》余寵、王熊彪繪製，王元穉撰寫圖說 | | |
| ※ | 光緒 5 年 | 1879 | 查仁壽 | 《靜軒詩稿》 | | |
| | 光緒 5 年 | 1879 | 吳光亮 | 《化番俚言》 | | |
| | 光緒 5 年 | 1879 | 謝維巖 | 《謝籟軒詩集》 | | |
| | 光緒 6 年 | 1880 | 莊　嵩 | 《太岳詩草》 | | |
| | 光緒 6 年 | 1880 | 鄭虛一 | 《成趣園詩鈔》《山色夕陽樓吟草》《行齋剩稿》 | | |
| | 光緒 6 年 | 1880 | 林幼春 | 《南強詩集》 | | |
| | 光緒 6 年 | 1880 | 陳庭瑞 | 《乾坤別有樓吟草》《拙拙廬文稿》 | | |
| | 光緒 7 年 | 1881 | 林獻堂 | 《環球遊記》留有1927 至 1954 年日記 | | |
| | 光緒 7 年 | 1881 | 陳朝龍 | 《十癖齋詩文集》 | | |

| 方志<br>纂修 | 創作時間 | | 人 物 | 著　　　述 | 單 篇 文 章 | 詩　　作 |
|---|---|---|---|---|---|---|
| | 光緒 7 年 | 1881 | 岑毓英 | 《岑勤襄公奏稿》 | | 全臺詩 1 首 |
| | 光緒 7 年 | 1881 | 何 澂 | 《臺灣雜詠合刻》 | | |
| | 光緒 7 年 | 1881 | 呂汝玉 | 《竹溪唱和集》<br>又稱《同人集》附刊《海東三鳳集》 | | |
| | 光緒 7 年 | 1881 | 傅于天 | 《肖巖草堂詩鈔》 | | |
| | 光緒 7 年 | 1881 | 蔡惠如 | 《鐵生詩草》 | | |
| | 光緒 7 年 | 1881 | 鄭神寶 | | 詩文、書法作品刊載於《臺灣日日新報》 | |
| | 光緒 7 年 | 1881 | 楊爾材 | 《近樗吟草》 | | |
| | 光緒 7 年 | 1881 | 李望洋 | | | 〈感遇思友〉<br>〈除日遭悶〉<br>〈除日又吟〉 |
| ※ | 光緒 8 年 | 1882 | 林 豪 | 重修《金門志》<br>《誦清堂詩集》<br>《陶園求是錄》<br>《東瀛記事》<br>《瀛海客談》<br>《星洲見聞錄》<br>《海東隨筆》<br>《潛園詩選》<br>《閩南俚諺儷句》 | | |
| | 光緒 8 年 | 1882 | 陳 貫 | 《豁軒詩草》 | | |
| | 光緒 8 年 | 1882 | 黃逢昶 | 《臺灣生熟番記事》 | | 〈生番歌〉<br>〈熟番歌〉<br>〈一署柯培元之作〉<br>〈臺灣竹枝詞〉75 首 |
| | 光緒 8 年 | 1882 | 李燦煌 | 《東臺吟草》門人李建興等集其遺作為《李碩卿先生紀念集》 | | |
| | 光緒 8 年 | 1882 | 林玉書 | 《醉霞亭集》<br>《臥雲吟草》 | 〈六一山人讀書筆記〉 | |
| | 光緒 8 年 | 1882 | 李望洋 | | | 〈四月三日讀史〉<br>〈五月十五夜思家〉<br>〈偶詠〉 |
| ※ | 光緒 9 年 | 1883 | 吳子光 | 《一肚皮集》<br>《小草拾遺》 | | 全臺詩 48 首 |
| | 光緒 9 年 | 1883 | 許天奎 | 《鐵峰山房唱和集》 | | |
| | 光緒 9 年 | 1883 | 袁文柝 | 《日本窺臺始末》<br>《開山記》 | | |

| 方志<br>纂修 | 創作時間 | | 人　物 | 著　　述 | 單篇文章 | 詩　作 |
|---|---|---|---|---|---|---|
| | 光緒 9 年 | 1883 | 李望洋 | | | 〈八月三日余因事赴<br>枹罕返道出洮陽晉謁<br>杏生龍刺史談心數日<br>頗稱知己因出所著有<br>芙蓉競爽軒詩鈔二卷<br>示余讀而愛之因成七<br>律寄贈〉<br>〈謁重修忠愍楊公祠〉<br>〈寄洮陽書元張鳳山<br>山長〉 |
| | 光緒 9 年 | 1883 | 林清月 | 《地球上阿片之命運》<br>《仿詞體之流行歌》<br>《歌謠集粹》 | | |
| | 光緒 9 年 | 1883 | 王少濤 | 《木瓜庵詩集》 | | |
| | 光緒 10 年 | 1884 | 劉銘傳 | 《大潛山房詩稿》 | | |
| | 光緒 10 年 | 1884 | 羅大佑 | 《栗園詩鈔》 | | |
| | 光緒 10 年 | 1884 | 賴時輝 | | | 全臺詩 4 首 |
| | 光緒 10 年 | 1884 | 劉　璈 | 《巡臺退思錄》 | | |
| | 光緒 10 年 | 1884 | 李望洋 | | | 〈九月初旬歸山雜詠〉<br>〈十月念六日經車道<br>嶺詠銅手爐〉<br>〈臘月三十日寓京都<br>永定門外韓家館除夕<br>感遇〉 |
| | 光緒 10 年 | 1884 | 何如謹 | | | 全臺詩 14 首 |
| | 光緒 10 年 | 1884 | 黃水沛 | 《黃樓詩鈔》<br>編《庚寅端午詩人大會<br>集》 | | |
| | 光緒 10 年 | 1884 | 劉克明 | 《臺語大成》<br>《廣東語集成》<br>《教科摘要：臺灣語速<br>修》<br>《實業教材：臺灣語及<br>書翰文》<br>《中和庄誌》<br>《臺灣古今談》 | | |
| | 光緒 10 年 | 1884 | 林鶴壽 | 《泛梗集》 | | |
| | 光緒 10 年 | 1884 | 許咸中 | | | 全臺詩 64 首 |
| | 光緒 10 年 | 1884 | 莊　龍 | 《雲從詩草》<br>《南村詩稿》 | | |
| | 光緒 11 年 | 1885 | 劉　璈 | 《巡臺退思錄》 | | |
| | 光緒 11 年 | 1885 | 陳槐澤 | 《翕菴詩集》 | | |

| 方志纂修 | 創作時間 | | 人物 | 著述 | 單篇文章 | 詩作 |
|---|---|---|---|---|---|---|
| | 光緒11年 | 1885 | 林佛國 | 《臺灣今昔論》《日本地方自治》《林氏家譜》《蓬萊吟草》《環島考察吟草》《長林山房吟草》 | | |
| | 光緒11年 | 1885 | 張錦城 | 《易經解》 | | |
| | 光緒11年 | 1885 | 許南英 | | | 〈乙酉鄉試舟至馬江口占〉〈自題梅花帳額〉〈蛙鼓〉 |
| | 光緒11年 | 1885 | 李望洋 | | | 〈元月二日廣德樓聽四喜演八仙過海劇〉〈宜蘭雜詠〉〈乙酉二月十五日抵閩臺南中亭街蔡順源店華法和議未定渡臺無計有感〉 |
| | 光緒11年 | 1885 | 鄭坤五 | 《鯤島逸史》《活地獄》《大陸英雌》《愛情的犧牲》《九曲堂時文集》 | | |
| | 光緒12年 | 1886 | 陳衍 | 《旅臺詩鈔》《石遺室詩文集》《石遺室詩話》 | | 全臺詩 19 首 |
| | 光緒12年 | 1886 | 徐德欽 | 《荊花書屋詩文集》 | | |
| | 光緒12年 | 1886 | 李祖訓 | | | 全臺詩 11 首 |
| | 光緒12年 | 1886 | 吳逢清 | | | 〈丙戌重九遊金山蓮庵題壁〉〈晚歸過古塚〉 |
| | 光緒12年 | 1886 | 鄭鵬雲 | 《師友風義錄》 | | |
| | 光緒12年 | 1886 | 許南英 | | | 〈丙戌偕徐仭千陳梧岡兩同年來京會試徐捷得工部陳考得中書余已入彀因對策傷時被放二君強欲留余在京過夏書此謝之〉〈滬上雨夜〉〈文陳卜五表弟秋試報罷余亦春試罷歸書以誌感〉 |
| | 光緒12年 | 1886 | 黃河清 | 《薜蘿山房詩稿》 | | |

| 方志<br>纂修 | 創作時間 | | 人　物 | 著　　　述 | 單 篇 文 章 | 詩　　作 |
|---|---|---|---|---|---|---|
| | 光緒12年 | 1886 | 魏清德 | 《滿鮮吟草》<br>《潤庵吟草》<br>《尺寸園瓴稿》 | | |
| | 光緒12年 | 1886 | 施家本 | 《嘯峰詩草》 | | |
| | 光緒12年 | 1886 | 劉廷璧 | 《翰村補筆樓遺稿》 | | |
| | 光緒12年 | 1886 | 查元鼎 | 《草草草堂吟草》 | | |
| | 光緒12年 | 1886 | 林拱辰 | 後人輯其作品爲《林拱辰先生詩文集》 | | |
| | 光緒13年 | 1887 | 陳媽力 | 《友賀詩集》<br>《錫口區誌》<br>《魚樵漫錄》 | | |
| | 光緒13年 | 1887 | 賴惠川 | 《悶紅墨屑》 | | |
| | 光緒13年 | 1887 | 許南英 | | | 〈聞椰學舍即景〉<br>〈感時〉<br>〈夢蝶園懷李茂春先生〉 |
| | 光緒13年 | 1887 | 陳　衍 | | | 〈晚春閨思〉<br>〈寄蘭生大湖瀛次〉<br>〈寄故山兄弟〉 |
| | 光緒13年 | 1887 | 王敏川 | | 作品發表於《臺灣民報》關注婦女問題 | |
| | 光緒14年 | 1888 | 羅大佑 | | | 全臺詩 121 首 |
| | 光緒14年 | 1888 | 方祖蔭 | 《東瀛鴻泥》 | | 全臺詩 5 首 |
| | 光緒14年 | 1888 | 周長庚 | 《周莘仲廣文遺詩》 | | |
| | 光緒14年 | 1888 | 張　漢 | 《守墨樓吟稿》<br>《守墨樓文稿》<br>《守墨樓課題詩稿》<br>《間白屋課題詩稿》<br>《非墨十說》<br>《是左十說》<br>《漢族姓氏考》<br>《古今人物彙考》<br>《古陶漁村人四時閒話》<br>《守墨樓聯稿》<br>《陶村燈謎》<br>《陶村隨筆》 | | |
| | 光緒14年 | 1888 | 黃　敬 | 《易經義類存編》<br>《易經總論》<br>《古今占法》 | | 全臺詩 140 首 |
| | 光緒14年 | 1888 | 張雲錦 | 《順其所然齋詩集》 | | 賦〈蘇澳從軍詩〉7 首 |

| 方志纂修 | 創作時間 | | 人 物 | 著 述 | 單篇文章 | 詩 作 |
|---|---|---|---|---|---|---|
| | 光緒14年 | 1888 | 張福興 | 《水社化蕃杵の音と歌謠》《支那樂東西樂譜對照女告狀》《臺灣日月潭杵音及蕃謠》及《打獵歌》等唱片 | | |
| | 光緒15年 | 1889 | 呂汝玉 呂汝修 呂汝成 | 《海東三鳳集》 | | |
| | 光緒15年 | 1889 | 蔡培火 | 《國語、閩南語對照常用詞典》 | | 〈咱臺灣〉歌百餘首 |
| | 光緒15年 | 1889 | 施士洁 | 《臺澎海東書院課選》 | | |
| | 光緒15年 | 1889 | 唐景崧 | 《請纓日記》 | | |
| | 光緒15年 | 1889 | 羅大佑 | 《栗園詩鈔》 | | 全臺詩 121 首 |
| | 光緒15年 | 1889 | 林 松 | 《素主本紀》 | | |
| | 光緒15年 | 1889 | 黃彥威 | 《浣月齋吟稿》 | | |
| | 光緒15年 | 1889 | 吳萱草 | 《無憂洞天詩集》 | | |
| | 光緒15年 | 1889 | 謝國文 | 《省盧遺稿》附〈謝友我親友唱和集〉 | | |
| | 光緒15年 | 1889 | 許南英 | | | 〈被放出都〉〈老妓〉〈海漫漫〉 |
| | 光緒15年 | 1889 | 石中英 | 《芸香閣儷玉吟草》 | | |
| | 光緒15年 | 1889 | 王開運 | 《杏庵詩集》 | | |
| | 光緒16年 | 1890 | 施家珍 | | | 全臺詩 2 首 |
| | 光緒16年 | 1890 | 許南英 | | | 〈申江旅次〉〈和趙玲史除夕即事原韻〉〈歲暮約王永翔窺園飲酒〉 |
| | 光緒17年 | 1891 | 唐贊袞 | 《臺陽集》 | | |
| | 光緒17年 | 1891 | 黃家鼎 | 議修《通志》 | | 全臺詩 16 首 |
| | 光緒17年 | 1891 | 吳德功 | 主修《彰化縣採訪冊》 | | |
| | 光緒17年 | 1891 | 李建興 | 《致敬紀要》《歐美吟草》《七渡扶桑紀遊詩》《紹唐詩存》 | | |

| 方志纂修 | 創作時間 | | 人物 | 著　述 | 單篇文章 | 詩　作 |
|---|---|---|---|---|---|---|
| | | | | 《日本見聞錄》<br>《國是芻言》<br>《紹唐文集》<br>編《丘念臺先生紀念文集》 | | |
| | 光緒17年 | 1891 | 鄭兆璜 | 《硯香齋詩集》 | | |
| | 光緒17年 | 1891 | 詹作舟 | 《潛園詩草》後人編有《詹作舟全集》 | | 應社詩薈近百首 |
| | 光緒17年 | 1891 | 許南英 | | | 〈邱仙根工部以詩索畫梅用其原韻應之時仙根掌教崇文書院而余辭蓬壺書院之聘〉<br>〈王永翔索題秋海棠畫扇〉<br>〈窺園漫興〉 |
| ※ | 光緒18年 | 1892 | 胡　傳 | 《臺灣日記與稟啓》 | | |
| | 光緒18年 | 1892 | 蔣師轍 | 《臺遊日記》 | 〈修志八議〉 | |
| | 光緒18年 | 1892 | 唐贊袞 | 《臺陽見聞錄》選刻《海東課藝》 | | |
| | 光緒18年 | 1892 | 丘逢甲 | | | 柏莊詩草249首 |
| | 光緒18年 | 1892 | 許幼魚 | 《續鳴劍齋詩草》 | | |
| | 光緒18年 | 1892 | 林啓東 | | | 全臺詩8首 |
| | 光緒18年 | 1892 | 楊肇嘉 | 《楊肇嘉回憶錄》 | | |
| | 光緒18年 | 1892 | 謝鯉魚 | | | 全臺詩84首 |
| | 光緒18年 | 1892 | 林　豪 | 主纂《澎湖廳志》成書 | | |
| ※ | 光緒19年 | 1893 | 林景仁 | 《東寧草》<br>《達摩山漫草》<br>《天池草》<br>《小梅膡稿》<br>《春日偕季叔及二弟眉生遊園酬唱稿》 | | |
| | 光緒19年 | 1893 | 林　榮 | 《林友笛詩草》<br>《林友笛文稿》 | | |
| | 光緒19年 | 1893 | 陳逢源 | 《新臺灣經濟論》<br>《臺灣農業經濟論》<br>《溪山煙雨樓詩存》 | | |
| | 光緒19年 | 1893 | 黃文陶 | 《竹崖詩選》<br>《竹崖文選》 | | |
| | 光緒19年 | 1893 | 賴世英 | 《小隱山房詩文雜作》 | | |

| 方志纂修 | 創作時間 | | 人 物 | 著 述 | 單 篇 文 章 | 詩 作 |
|---|---|---|---|---|---|---|
| | 光緒19年 | 1893 | 張鏡濤 | 《慎餘堂詩草》 | | |
| ※ | 光緒19年 | 1893 | 謝維岳 | | | 〈三臺疊翠〉 |
| | 光緒19年 | 1893 | 李德和 | 《琳瑯山閣吟草》《鷗社藝苑》《琳瑯山閣唱和集》《琳瑯山閣題襟及》 | | |
| | 光緒19年 | 1893 | 唐景崧 | 《詩畸》 | | |
| | 光緒19年 | 1893 | 唐景崧 | 《得一山房詩集》 | | |
| | 光緒19年 | 1893 | 陳文騄 | 《戴施兩案紀略》 | | |
| | 光緒19年 | 1893 | 唐贊袞 許英南 陳 楷 蔡國琳 | 《改建呂祖祠碑記》 | | |
| ※ | 光緒20年 | 1894 | 林汝梅 | | | 全臺詩4首 |
| | 光緒20年 | 1894 | 許地山 | 《道教史》《國粹與國學》《扶箕迷信的研究》《空山靈雨》《綴網勞蛛》《許地山選集》 | | |
| | 光緒20年 | 1894 | 賴 和 | 後人輯有《賴和漢詩集》 | 〈鬥鬧熱〉〈一桿秤仔〉 | |
| | 光緒20年 | 1894 | 李清琦 | | | 全臺詩1首 |
| | 光緒20年 | 1894 | 唐贊袞 | 輯刊唐景崧與幕僚文士之積稿《澄懷園唱和集》 | | |
| | 光緒20年 | 1894 | 唐贊袞 | 《臺陽集》《鄂不齋集》 | | 〈悲臺灣〉 |
| | 光緒20年 | 1894 | 許英南 | | | 〈題畫梅贈陳煥耀〉〈和祁陽陳仲英觀察感時示諸將原韻〉〈附沉重姨觀察感時示諸將〉 |
| | 光緒20年 | 1894 | 賴子清 | 《臺灣詩醇》《臺灣詩海》《中華詩典》《古今詩萃》《臺灣詩珠》《臺灣詠物詩》《臺灣寫景詩》《古今臺灣詩文社》 | | |

| 方志<br>纂修 | 創作時間 | | 人物 | 著述 | 單篇文章 | 詩作 |
|---|---|---|---|---|---|---|
| | | | | 《嘉義縣志》<br>《彰化縣文化誌》<br>《鶴州詩話》 | | |
| | 光緒21年 | 1895 | 王元穉 | 《甲戌公牘鈔存》<br>《無暇逸齋叢書》 | | |
| | 光緒21年 | 1895 | 俞明震 | 《臺灣八日記》 | | |
| | 光緒21年 | 1895 | 丘逢甲 | 《嶺雲海日樓詩鈔》 | | |
| | 光緒21年 | 1895 | 陳日翔 | | 有詩刊載於《臺灣日日<br>新報》 | |
| | 光緒21年 | 1895 | 林維丞 | 《潛園寓草》 | | 全臺詩6首 |
| | 光緒21年 | 1895 | 駱香林 | 主修《花蓮縣志》<br>《駱香林影藝—題詠<br>花蓮風物》<br>王彥爲編遺作《駱香林<br>全集》 | | |
| | 光緒21年 | 1895 | 江昶榮 | | | 全臺詩33首 |
| | 光緒21年 | 1895 | 賴國華 | 《琢其詩文集》 | | |
| | 光緒21年 | 1895 | 陳文騄 | | | 〈賦示諸將〉<br>〈悲臺灣詩〉<br>全臺詩6首 |
| | 光緒21年 | 1895 | 陳濬芝 | 《竹梅吟草永擊鉢吟》 | | |
| | 光緒21年 | 1895 | 蔡國琳 | 《叢桂齋詩鈔》 | | 全臺詩30首 |
| | 光緒21年 | 1895 | 林鶴年 | 《福雅堂詩鈔》<br>又名《東海集》 | | 全臺詩194首 |
| | 光緒21年 | 1895 | 梁成柟 | 連橫輯其遺作爲《鈍<br>庵詩草》 | | |
| | 光緒21年 | 1895 | 林維朝 | | | 全臺詩246首 |
| | 光緒21年 | 1895 | 謝道隆 | 《小東山詩存》 | | 全臺詩75首 |
| | 光緒21年 | 1895 | 施仁思 | 《施子芹先生詩文集》 | | |
| | 光緒21年 | 1895 | 洪月樵 | 《寄鶴齋詩集》<br>《寄鶴齋古文集》<br>《寄鶴齋駢文集》<br>《寄賀齋詩話》<br>子洪炎秋輯有《洪棄<br>生先生遺書》 | | |
| | 光緒21年 | 1895 | 易順鼎 | 《魂南記》 | | 〈寓臺詠懷〉6首<br>全臺詩72首 |

| 方志纂修 | 創作時間 | | 人 物 | 著 述 | 單 篇 文 章 | 詩 作 |
|---|---|---|---|---|---|---|
| | 光緒21年 | 1895 | 吳德功 | 《戴施兩案記略》《讓臺記》《瑞桃齋詩話》《瑞桃齋詩稿》《瑞桃齋文稿》 | | 全臺詩 590 首 |
| | 光緒21年 | 1895 | 姜紹祖 | 《姜贊堂先生遺稿》 | | |
| | 光緒21年 | 1895 | 施士洁 | 《日記》《鄉談聲律啓蒙》《喆園詩草》《後蘇龕詩鈔》《後蘇龕詩稿》 | | 全臺詩 1697 首 |
| | 光緒21年 | 1895 | 許南英 | 《窺園留草》 | | 〈弔吳季籛參謀〉〈番社防匪偶成〉〈附哭盦道人易實輔觀察臺舟感懷〉 |
| | 光緒21年 | 1895 | 吳湯興 | | | 〈聞首〉7 首 |
| | 光緒21年 | 1895 | 李騰嶽 | 《台灣省諸種蛇毒對於含水炭素代謝之實驗研究》《台灣省通志稿·卷三政事志·衛生篇》《臺北市志稿·卷三政制志·衛生篇》《紅樓夢醫事》《九畝園詩存》《鷺村吟草》《李騰嶽鷺村翁詩存》《芝蘭同聲集 | | |
| | 光緒21年 | 1895 | 林熊祥 | 《臺灣史略》《哲學》《蘭嶼入我國版圖之沿革》《林文訪先生詩文集》《殿版及各官局刻書目錄》與曾天從合註《臺灣省通志稿·卷六學藝志·哲學篇》輯有《書學原論》 | | |
| ※ | 光緒21年 | 1895 | 胡 傳 | 《鈍夫年譜》《臺灣日記與稟啓》《臺東州採訪冊》 | | 全臺詩 15 首 |
| | 光緒21年 | 1895 | 鄭家珍 | 《雪蕉山館詩草》 | | 全臺詩 638 首 |

| 方志纂修 | 創作時間 | | 人物 | 著　述 | 單篇文章 | 詩　作 |
|---|---|---|---|---|---|---|
| | 光緒21年 | 1895 | 許夢青 | 《聽竹山房詩稿》《夢青堂詩稿》《劍鳴齋詩草》《聽花山房詩集》 | | 全臺詩 1065 首 |
| | 光緒21年 | 1895 | 陳浚荃 | 《橀雪窩詩鈔》 | | |
| | 光緒年間 | | 白玉簪 | 《金魁星》《簪花草堂詩稿》 | | |
| | 光緒年間 | | 簡楫 | 《若川吟草》 | | |
| | 光緒年間 | | 張棟梁 | 《足齋詩鈔》 | | |
| | 光緒年間 | | 鄭聰楫 | 《怡園吟草》 | | |
| | 光緒年間 | | 黃炎盛 | 《旭東詩草》 | | |
| | 光緒年間 | | 鄭玉田 | 《汝南詩草》 | | |
| | 光緒年間 | | 林載釗 | 《望洋詩草》 | | |
| | 光緒年間 | | 袁炳修 | 《槐蔭詩草》 | | |
| | 光緒年間 | | 林次湘 | 《碧雲軒小稿》 | | |

資料來源與說明：〈附錄 1～8〉據施懿琳、廖美玉所編纂的《臺灣古典文學大事年表・明清篇》（臺北：里仁書局，2008 年），取其「清代在臺文人紀事」的部份，重新整理製表依序列出各時期臺灣出現的文獻資料，並以「※」標示出清代臺灣方志的纂修人員。

## 附錄 9：清代臺灣方志〈風俗〉類中關於臺人「賭博」的書寫

| 編號 | 原　　　　文 | 出　　處 |
|---|---|---|
| 1 | 民心之澆薄也。而最滋害者，莫甚于賭博。夫賭博惡業也，不肖之子挾貲登場，呼盧喝雉以爲快，以一聚兩，以五聚十，成群逐隊，叫囂爭鬪，皆由於此。至于勝者思逞，負者思後，兩相負而不知悔。及家無餘資，始則出於典鬻，繼則不得不出於偷竊，亦長奸之囮也。臺習父不禁其子兄不戒其弟，當令節新年，三尺之童亦索錢于父母，以爲賭博之資，遂至流蕩忘返而不知所止。 | 蔣志頁 91 |
| 2 | 女鮮擇壻而婚姻論財，人情之厭常喜新、交誼之有初鮮終，與夫信鬼神、惑浮屠、好戲劇、競賭博，爲世道人心之玷，所宜亟變者亦有之。 | 高志頁 187 周志頁 239 |
| 3 | 大抵諸羅之俗：其一功利誇詐近於齊，高富下貧、好訾毀、以賭蕩爲豪俠、嫁娶送死侈靡，故郡治差不相及， | 諸羅縣志 137 |
| 4 | 臺人喜博，士農工商卒伍相競一擲，負者束手、勝者亦無贏囊，率入放賭之家。乃有俊少子弟、白面書生，典衣賣履，辱身賤行，流落而不敢歸者。此風漳、泉多有，臺郡特盛。拔木塞源，惟在嚴治誘賭之無賴、放賭之窩家，而爲父兄者，教尤不可不先也。 | 諸羅縣志頁 147 |

| 編號 | 原　　　　　　文 | 出　　處 |
|---|---|---|
| 5 | 賭博之風，無處不然，臺爲尤甚。連日繼夜，一擲千金，不顧父母妻子之養，內地之人，流落海外，數十年而不得歸，是可嘆也！邇年有司示禁甚嚴，其風稍戢。 | 臺灣縣志頁 58 |
| 6 | 夫服飾僭侈、婚姻論財、好飲酒、喜賭博、子不擇師、婦入僧寺、好觀劇、親異姓，全臺之敝俗也。 | 鳳山縣志頁 80 |
| 7 | 賭博，惡業也：父兄不戒，子弟始則出於典鬻，繼則流於偷竊。 | 劉志頁 92 |
| 8 | 更有置筆墨、紙研、香囊、瓶袋諸物，羅列市廛，賭勝奪采，負則償值。 | 劉志頁 96<br>范志頁 31<br>余志頁 502 |
| 9 | 賭博之具不一，長幼皆知習之。市井無賴，每蹲踞街巷以相角逐，負則窮無所歸，有流入於竊匪者。邇年來官爲嚴禁，賭風稍戢。 | 重修臺灣縣志頁 402、403 |
| 10 | 賭博一事，最爲俗蠹。豪家子弟，自附雄傑之劉毅、倜儻之表耽，百萬一擲，蕩產傾家。其擅技操勝者，衹以供聲色、恣醉飽，同歸於盡。至無賴之輩，袖挾鎦兩，冀倖雉盧，墜落陷穽，釀爲盜竊。長子孫者，宜父戒而兄勉之 | 重修鳳山縣志頁 56 |
| 11 | 俗喜賭博，士農工商卒伍，相競一擲。負者束手，勝者亦無贏囊，率入放賭之家。父兄之教不可不先，官司之法所不能宥。 | 彰化縣志頁 294 |

## 附錄 10：清代臺灣方志〈風俗〉類中關於臺人「好鬥、結盟」的書寫

| 編號 | 原　　　　　　文 | 出　　處 |
|---|---|---|
| 1 | 莫甚于結盟，豪健家兒，自附於結納，聚少年無賴之徒，指皎日以盟心，撫白水而矢誓，稱兄呼弟，修登堂拜母之文，亦自謂雷陳復出，古道相期。不知往來既頻，則飲酗之累生，聲援既廣，則爭競之患起。大凡人情，寡則知檢，眾則傲放，習見習聞，口無擇言，相與鼓其雄心，以致身蹈匪僻，實政治之蟊矣。甚至有結交營棍，扛幫詞訟，箝制官長，稍拂其意，聚眾而譁之，恣行無忌，犯上作亂，視爲固然，誠可慨也， | 蔣志頁 92、93 |
| 2 | 尚結盟，不拘年齒，推能有力者爲大哥，一年少者殿後，曰尾弟。歃血而盟，相稱以行次。 | 諸羅縣志頁 147 |
| 3 | 臺鮮聚族，集異姓之人，結拜爲兄弟，推一人爲大哥，不論年齒也，餘各以行次相呼，勝於同胞 | 臺灣縣志頁 58 |
| 4 | 結黨成群，塞隘門，嚴竹圍，道路不通，紛紛搬徙。匪人即從此焚其廬舍，搶其家資，哭聲遍野，火光燭天，互相鬥殺，肝腦塗地。文武會營，調停兩面，猖獗愈滋。 | 噶瑪蘭廳志頁 194 |
| 5 | 強悍險急近於秦，遇事蠭起，喜鬥輕生，圖賴歃血相要、約反覆，依溪山之險蠢動爲他邑劇，班史所謂文翁倡其教、相如爲之師者，雖未篤信道德，亦救時之急務焉。若夫琴瑟不調，必起而更張之，遊食唆訟，頑凶之尤者，所謂怙終不悛。 | 諸羅縣志頁 137 |

| 編號 | 原　　　　　文 | 出　　處 |
|---|---|---|
| 6 | 自淡水溪以南，則番、漢雜居，而客人尤夥，好事輕生，健訟樂鬥，所從來舊矣。 | 鳳山縣志頁 80<br>余志頁 496 |
| 7 | 淡水廳：廳所屬為竹塹、淡水二保，市廛漸興、人煙日盛。淡水內港戶頗繁衍，風俗樸實，終年鮮鬥毆、爭訟之事。 | 余志頁 496 |
| 8 | 我朝置縣，流移者踵相接，多莫知所自，乃漸有非商、非農潛竄里社，不務職業，張空拳思攫金以西者。其始草地之民聞鄉音，跫然以喜，巧佞者餂而附會，久益密。官司詰之，亦直任為族屬婚媾而不移。乃至作奸犯科，傷倫理、助拳勇、長告訐，此非風俗之大蠧歟！佃田者，多內地依山之獷悍無賴下貧觸法亡命，潮人尤多，厥名曰客，多者千人、少亦數百，號曰客莊。朋比齊力，而自護小故，輒譁然以起，毆而殺人、毀匿其尸。……自流移人多，乃漸有鼠竊為盜者。及客莊盛，盜益滋。莊主多僑居郡治，借客之力以共其狙，猝有事，皆左袒。長吏或遷就，苟且陰受其私，長此安窮乎？ | 諸羅縣志頁 136 |

## 附錄 11：清代臺灣方志〈風俗〉類中關於臺人「奢靡」的書寫

| 編號 | 原　　　　　文 | 出　　處 |
|---|---|---|
| 1 | 間或侈靡成風，如居山不以鹿豕為禮、居海不以魚鼈□為禮，家無餘貯而衣服麗都。 | 高志頁 187<br>周志頁 238 |
| 2 | 夫衣飾侈僭、婚姻論財、豪飲呼盧、好巫信鬼觀劇，全臺之敝俗也。 | 諸羅縣志頁 136 |
| 3 | 其一功利誇詐近於齊，高富下貧、好訾毀、以賭蕩為豪俠、嫁娶送死侈靡，故郡治差不相及 | 諸羅縣志頁 137 |
| 4 | 自衣食侈靡，濫觴郡治，宴會之設，上下通焉。乃或廝童牧卒衣疊綺羅、販婦村姑粧盈珠翠，一會中人之產、一飯終歲之蓄，漸染成風，流及下邑。 | 諸羅縣志頁 138 |
| 5 | 室無居積，秋冬之儲，春夏罄之，習尚既侈，出耀金錢，入手輒盡。所恃官廩積貯，歲一凶歉，平糶發賑 | 諸羅縣志頁 139 |
| 6 | 人無貴賤，必華美其衣冠，色取極艷者。靴韈恥以布，履用錦，稍敝即棄之。下而肩輿隸卒，褲皆紗帛 | 諸羅縣志頁 146<br>重修鳳山縣志頁 55<br>彰化縣志頁 291 |
| 7 | 大中丞雷陽陳公觀察臺灣時，躬以節儉訓俗：衣帷布素、食無兼昧，禁諸服飾奢侈者，積習已錮，亦未盡改。 | 諸羅縣志頁 146 |
| 8 | 莊神廟集多人為首，曰頭家。廟雖小，必極華采，稍圮，則鳩眾重修。歲時伏臘，張燈結彩鼓樂，祭畢歡飲，動輒數十緡，雖曰敬神，未免濫費。 | 諸羅縣志頁 147 |
| 9 | 莊社地既寬曠，雞豚之畜數倍內地，非止五母、二母而已。乃物價亦數倍內地，由習俗奢侈。中人之家食必舉肉，且游手者眾。水次魚蝦，亦食者多而採捕者少，固宜其騰湧耳。 | 諸羅縣志頁 149<br>彰化縣志頁 293 |

| 編號 | 原　　　　　文 | 出　　處 |
|---|---|---|
| 10 | 夫服飾僭侈、婚姻論財、好飲酒、喜賭博、子不擇師、婦入僧寺、好觀劇、親異姓，全臺之敝俗也。 | 鳳山縣志頁80 |
| 11 | 中秋，祭土地。鄉村里社悉演戲，爲費甚奢 | 鳳山縣志頁86 |
| 12 | 俗尚華侈，衣服悉用綾羅。不特富厚之家爲然也，下而輿隸之屬、庸販之輩，非紗帛不袴。內地之人初至者恆以爲奢，久之，習爲固然，非風俗之能移人，人自移於風俗耳 | 臺灣縣志頁57 |
| 13 | 家有喜事及歲時月節，宴客必豐，山珍海錯，價倍內郡，置一席之酒，費數千之錢，互相角勝，一宴而不啻中人之產。雖當道再三曉諭，而積習既久，遵行者稀，是亦未解於生食爲用之道也。 | 臺灣縣志頁59、60 |
| 14 | 婦人探親，無肩輿，擁傘而行，衣必麗都，飾必華艷。女子之未字者亦然。夫閨門不出，婦人之德宜爾也，今乃艷粧市行。其夫不以爲怪，父母兄弟亦恬然安之，俗之所宜亟變也。近邑內之人，習俗稍移，乘輿相訪者十之一、二，漸而積之、久而化之，自成禮義之鄉矣。 | 臺灣縣志頁59、60 |
| 15 | 凡設一醮，動費數百金，即至省者亦近百焉，眞爲無益之費也。沿習既久，禁止實難， | 臺灣縣志頁61 |
| 16 | 且尚奢侈、競綺麗，即傭夫、販豎不安其常，由來久矣。 | 劉志頁91 |
| 17 | 俗尚華侈，衣服悉用綾羅。 | 劉志頁92 |
| 18 | 民非土著（「赤嵌筆談」），俗尚華侈（「縣志」）。 | 范志頁398 |
| 19 | 衣飾僭侈，婚姻論財，其敝俗也（「舊志」） | 范志頁398 續修臺灣府志頁496 |
| 20 | 臺爲海表沃區，燠多寒少，氣候沖和。雖五方萃處，侈靡相尙。 | 重修臺灣縣志頁395 |
| 21 | 習尚華侈，衣服概用綾羅，不特富厚之家爲然也。下而輿隸庸販，衣褲率多紗帛。自內地初至者，恆以爲奢，久之習爲固然。非俗之能移人，人自移於俗耳。 | 重修臺灣縣志頁402 |
| 22 | 陽陳璸觀察臺灣時，躬以節儉訓俗，衣惟布素、食無兼味，禁諸服飾奢侈者，積習已錮，亦未盡改。宴客必豐，酒以鎮江、惠泉、紹興，殺騂山海，青蚨四千，粗置一席。臺屬物價之騰，甲於天下，於是有彼此相勝，一宴而數十金者，觀察梁文科近爲條約，非婚祭大慶，不得過五簋，爲民節財之意厚矣，人情約則知檢、侈則傲放，大致然也。村野之家，日用食飲猶存儉樸，城市紛華之地，矜炫耀以飾觀。 | 重修鳳山縣志頁56 |
| 23 | 夫服飾僭侈、應酬豪華，全臺之敝俗也。 | 重修鳳山縣志頁57 |
| 24 | 雷陽大中丞陳公觀察臺灣時，躬以節儉訓俗，食無兼味，禁諸服飾奢侈，民不敢違。今則奢侈又萌矣。 | 彰化縣志頁291 |

| 編號 | 原　　　　文 | 出　　處 |
|---|---|---|
| 25 | 道光八年間，再奉列憲頒發服飾飲食及冠、婚、喪、祭儀節，仰見聖天子躬行節儉，爲天下先，又慮愚民不知食時用禮之道，諄諄告誡。凡以圖匱於豐，防儉於逸，爲天下杜奢侈之漸也。彰海外屬邑，懵侈之積習，當知返矣。 | 彰化縣志頁 291 |
| 26 | 傭工計值三倍內地，甘游手乏食，不肯少減其價。二者皆民風之惰而侈也。 | 彰化縣志頁 293 |
| 27 | 村庄神廟，或建、或修，好求峻宇雕牆。年節香燈之外，必欲演戲，動費多金。凡神誕喜慶，賽願設醮，演唱累日夜。近日盂蘭會，飯僧極豐。事畢亦以戲繼之，名爲敬神以祈福，轉爲瀆神以干譴，況濫費有出於拮据乎？ | 彰化縣志頁 294 |
| 28 | 按各鄉各標營普度，均有定日，以豐富相尙。最甚者莫如銅山標普度，每人必用全副豬羊，殺生甚多，或至數十隻，未免過奢。 | 澎湖廳志頁 317 |
| 28 | 然費用未免過奢，則在當局者之善於撙節已。 | 澎湖廳志頁 326 |

## 附錄 12：清代臺灣方志〈風俗〉類中關於臺人「迷信」的書寫

| 編號 | 原　　　　文 | 出　　處 |
|---|---|---|
| 1 | 佞佛諂鬼，各尙茹素，或八、九齋、朔望齋，或長齋。 | 蔣志頁 93 |
| 2 | 人情之厭常喜新、交誼之有初鮮終，與夫信鬼神、惑浮屠、好戲劇、競賭博，爲世道人心之玷，所宜亟變者亦有之。 | 高志頁 187 周志頁 239 |
| 3 | 好巫信鬼觀劇，全臺之敝俗也， | 諸羅縣志頁 137 |
| 4 | 凡祭，極豐不過三牲，口誦祝辭，遍請城隍、土地諸神，云祖先不敢獨食也。夫僑祖先於神而並之，祖先能安坐而食乎？亦惑矣。 | 諸羅縣志頁 145 |
| 5 | 尙巫，疾病輒令禳之。又有非僧、非道，名客仔師，攜一撮米，往占病者，謂之米卦，稱說鬼神。鄉人爲其所愚，倩貼符行法而禱於神，鼓角喧天，竟夜而罷。病未愈，費已三、五金矣。不特邪說惑人，亦糜財之一竇也。 | 諸羅縣志頁 148 劉志頁 96 范志頁 401 重修臺灣縣志頁 403 續修臺灣府志頁 499 |
| 6 | 俗傳荒郊多鬼，白日幻形，雜過客爲侶，至僻地即罹其害。晨昏或現相獰猙，遇者驚悸輒病。故清明、中元延僧道誦經，設醮之事日多。 | 諸羅縣志頁 150 |
| 7 | 七月十五日，作盂蘭會。以一老僧主之。黃昏後，登壇說法，設酒食以祀鬼，謂之「普施」。 | 鳳山縣志頁 86 |
| 8 | 俗多信佛，設靈後，必延僧設道場名曰「開冥路」。 | 劉志頁 95 |
| 9 | 十五日日中元，爲盂蘭會。數日前，好事者醵金爲首，延僧眾作道場，以一老僧主之。豎高棚，陳設飯食、牲醴、蕉果、糕餅等盤，堆高至七、八尺或丈餘，黃昏後，登壇說法，撒物食羹飯，名曰「放燄口」，亦曰「變食」，以一粒飯可化作百千粒飯，供祀無祀之鬼，謂之「普度」。 | 劉志頁 96 |

| 編號 | 原　　文 | 出　　處 |
|---|---|---|
| 10 | 俗素尙巫。凡疾病輒令僧道禳之，曰進錢補運。又有非僧非道，以紅布包頭，名紅頭司，多潮人爲之。攜一撮米，往占病者，名占米卦。稱神說鬼，鄉人爲其所愚，倩貼符行法，而禱於神，鼓角喧天，竟夜而罷。病未愈而費已十數金矣。不特邪說惑人，亦糜財之一竇也。又有尋神者，或男或女不等，到家排香燭金楮，其人以紅帕複首掩面，少頃即作鬼語，若亡魂來附其身而言者，竟日十數次，費數百錢。婦女尤信而好之。此風不可不嚴禁使止也。 | 彰化縣志頁 293 |
| 11 | 俗尙巫，疾病輒令禳之。又有非僧非道者，以其出於粵客，名客子師，以其頭纏紅布，又名紅頭師。所居門額各標壇號，實則道家者流也。 | 噶瑪蘭廳志頁 191 |
| 12 | 又信鬼尙巫，蠻貊之習猶存。有曰菜堂，吃齋拜佛，男女雜居。有爲客師，遇病禳禱，曰進錢補運。金鼓喧騰，晝夜不已。有爲乩童，扶鸞跳躍，妄示方藥，手執刀劍，披髮剖額，以示神靈，有爲紅姨，託名女佛，探人隱事：類皆乘間取利，信之者牢不可破。最盛者莫如石碇堡：有符咒殺人者，或幻術而恣淫，或劫財而隕命，以符灰雜於煙茗檳榔間食之，罔迷弗覺，顛倒至死。其傳授漸廣。 | 淡水廳志頁 304 苗栗縣志頁 119 |
| 13 | 七月十五日爲中元節，亦爲盂蘭會。澎人最喜祀鬼祭孤，澳中必推一、二人爲頭家，歛錢做會。延道五人，作道場功果，或三晝夜，或一晝夜，每道場至夜，必放燄口祭幽。又有破地獄、押鬼門之名，總謂之普度 | 澎湖廳志頁 316 |
| 14 | 「紀略」謂：澎人信鬼尙巫，疾病不問醫藥，只求神問卜而已。惟無僧尼寺觀，婦女亦無上廟燒香、朝山禮拜之事。其說非也。蓋南方信鬼，有疾問神問卜，各處皆然，不但澎湖而已。而澎人亦非不問醫藥也。若皆不醫不藥，媽宮街熟藥店十餘處，豈皆虛設哉？澎湖本無山寺，安有朝山禮拜之事？而入廟燒香，習俗恆有之，但不如他處之甚耳。 | 澎湖廳志頁 326 |
| 15 | 「府志」云：俗尙巫，疾病輒令禳之。有非僧非道，名客子師，攜一撮米往占病者，謂之米卦。按澎俗雖有米卦，而無客子師。僧僅一、二，尼姑無之。凡送葬佛事，皆以道士主之。又有法師與乩童相結，欲神附乩，必請法師催咒。每賽神建醮，則乩童披髮仗劍，跳躍而出，血流被面。或豎長梯，橫排刀劍，法師猱而上，乩童隨之。鄉人有膽力者，亦隨而上下。或堆柴爇火熾甚，躍而過之，婦女皆膜拜致敬焉。 | 澎湖廳志頁 327 |
| 16 | 佞佛諂鬼，各尙茹素，或八、九齋、朔望齋，或長齋。 | 蔣志頁 93 |

## 附錄 13：清代臺灣方志〈風俗〉類中關於臺人「不重倫理」的書寫

| 編號 | 原　　文 | 出　　處 |
|---|---|---|
| 1 | 自襁褓而育之者，曰螟蛉。臺俗八、九歲至十五、六，皆購爲己子。更有年未衰而不娶，忽援壯夫爲子，授之室而承其祀。有父無母，悖義傷倫，抑又甚矣。古人無子，必擇同姓之親者而繼之，今以非我族類之人承祀，他日能歆之乎？ | 諸羅縣志頁 148 |

| 編號 | 原　　　　　文 | 出　　處 |
|---|---|---|
| 2 | 妻女不相避，以伯叔稱之。狎習既久，不無瓜李之嫌。此亦鄉村間之習俗，邑中未聞有是也。<br>鄉間之人，至四、五十歲而未有室者，比比而是。閩女既不可得，或買掠販之女以爲妻、或購掠販之男以爲子。女則自十四、五歲至二十歲，男則自五、六歲至十五、六歲，均不爲訝。其有室而不能生育者，亦買他人之子爲己子焉。夫禮無異姓爲後之文，承祧之義，理所固然，若以非我族類而繼宗祧，祖先其享之乎？以掠販之女爲妻，吾見其能守貞者鮮矣！而臺之人終於不悟，亦獨何哉？ | 臺灣縣志頁 59 |
| 3 | 婦女入寺燒香，臺俗最熾。聞時尚不多觀，一遇佛誕，則招群呼伴，結隊而行，遊人遍於寺中，邂逅亦不相避。前臺廈道雷陽陳公示禁特嚴，其風稍息，年久法弛，仍蹈故轍，豈盡婦人之過乎？爲之夫者與其父兄，實不得辭其咎也。……僧尼者，民而異端者也，然歷代所不廢。蓋將以此待鰥寡孤獨之民，使不致於死亡莫恤。而臺地僧家，每多美色少年，口嚼檳榔，檯下觀劇。至老尼，亦有養少年女子爲徒弟者。大干天地之和，爲風俗之玷。 | 臺灣縣志頁 60 |
| 4 | 民少族居，有乏嗣者，多買他姓子以爲嗣，曰螟蛉。取詩：「螟蛉有子，果臝負之」之義。或自襁褓而育之，或四、五歲以至十餘歲。而最可怪者，或援他姓壯夫爲子，授之室而使承其祀。有父無母，背理傷倫，莫此爲甚。來日亂倫，其能免乎？古人無子，必以兄弟之子嗣之。或無期功緦服之親，亦必擇同姓一本之派，而昭穆合序者，繼以爲嗣。若以非我族類之人，使承祀而爲之後，吾知九泉有知，必抱忽諸之痛。鬼其餒矣。夫既斬其祀，而以他人子續之，古所有以牛易馬之譏也。凡人之老而無子者，皆因妒婦欲擅專房之寵，不容買妾置媵或妾媵有子，不以爲己子，故有生女而潛易，詐孕而假產。夫即明知，亦隱忍遷就，而強認爲子者。又或婦言是聽，舍弟同姓之子，而必取諸異姓者，欲隱其事而滅其跡，哀哉！禮無異姓爲後之文，朝無異姓爲後之律，安得大聲疾呼，挽此頹俗哉！ | 彰化縣志頁 285 |
| 5 | 家之婦女亦伯叔稱之，出入不相避，多凶終隙末及閨閫蒙垢者。近設禁甚嚴，其風稍戢。 | 諸羅縣志頁 147 |
| 6 | 無論男女老幼，常相率入禮拜堂誦經聽講，僧俗罔辨，男女混淆，廉恥既喪，倫常漸乖，故異端之教不可不距也。 | 蔣志頁 93 |
| 7 | 失路之夫，不知何許人，纔一借寓，同姓則爲弟姪，異姓則爲中表、爲妻族，如至親者。然此種草地最多。亦有利其強力，輒招來家，作息與共，男女相雜，久而狎之，桑間濮上之風，非無自矣。 | 諸羅縣志頁 148 |

## 附錄 14：清代臺灣方志〈風俗〉類中關於臺人「喜食檳榔」的書寫

| 編號 | 原　　　　　文 | 出　　處 |
|---|---|---|
| 1 | 有一朝之忿，即以檳榔睦之。 | 高志頁 186<br>余志 238 |

| 編號 | 原　　　　文 | 出　　處 |
|---|---|---|
| 2 | 土產檳榔，無益饑飽，云可解瘴氣，薦客，先於茶酒。閭里雀角或相詬誶，其大者親鄉置酒解之，小者輒用檳榔。百文之費，而息兩氏一朝之忿，物有以無用爲有用者，此類是也。然男女咀嚼，競紅於一抹，或歲糜數十千，亦無謂矣。 | 諸羅縣志頁 145 |
| 3 | 檳榔之產，盛於北路、次於南路，邑所產者十之一耳。但南北路之檳榔，皆鬻於邑中，以其用之者大也。無益之物，耗財甚多。然鄉里角競，親朋排解，即以此代酒席釋之，遂爲和好如初。客至，亦以此代茶焉。 | 臺灣縣志頁 58 |
| 4 | 禮榔雙座，以銀爲檳榔形，每座四圓，上鐫「二姓合婚，百年諧老」八字。收「二姓合婚」一座，回「百年諧老」一座。貧家則用乾檳榔，以銀薄飾之。 | 劉志頁 93<br>范志頁 399<br>重修臺灣縣志頁 400<br>余志頁 497 |
| 5 | 檳榔之產，盛於北路，次則南路，邑所產者，十之一耳。南北路之檳榔輦來於邑中，男女競食不絕口。中人之家，歲糜數十千。云可解瘴氣，實無益也。鄉里詬誶，親送檳榔，事無大小，即可消釋。丹煩無端生酒暈，朱唇那復吐脂香。饞餐飽嚼日百顆，傾盡蠻州金錯囊。睚眥皆小忿久難忘，牙角頻爭雀鼠傷，一抹腮紅還舊好，解紛惟有送檳榔。<br>（尋臺御史張湄詩）<br>妾作檳榔花，郎作椰子樹，願得同根生，結子不知數。<br>坐妾白玉床，解郎金錯囊，記郎昨夜語，新市出檳榔。<br>（巡臺御使錢琦詩）<br>檳榔顆顆鮮，服之顏色好，妾意不求仙，底用安期棗？<br>家有喜慶及歲時宴客，必豐珍錯，價倍內郡，互相角勝，亦未解於食時用禮之道也。 | 重修臺灣縣志頁 403 |
| 6 | 鄰里詬誶，檳榔可以解紛， | 重修鳳山縣志頁 56 |
| 7 | 惟檳榔爲散瘴之物，則不論貧富，不分老壯，皆嚼不離口，所以有黑齒之譏也。 | 彰化縣志頁 289 |
| 8 | 檳榔勝於瓜果，俗呼茗葉。雖婦孺亦口如塗脂，日咀夜嚼。逢人輒欲持贈，無所吝惜。傳者以爲可辟瘴癘，故蘭中尤宜。遇小詬誶，一盤呼來，彼此可以釋憾，則又有些作用云 | 噶瑪蘭廳志頁 199 |
| 9 | 檳榔最甚，嗜者齒盡黑，謂可辟瘴，每詣人多獻之爲敬。遇小詬誶，一盤呼來，彼此釋憾矣。 | 淡水廳志頁 300<br>苗栗縣志頁 116 |
| 10 | 有符咒殺人者，或幻術而恣淫，或劫財而隕命，以符灰雜於煙茗檳榔間食之，罔迷弗覺，顛倒至死。其傳授漸廣。 | 淡水廳志頁 33<br>苗栗縣志頁 120 |
| 11 | 聘金不論貧富，定例用番銀三十六員，女家回三員，以爲折買鞋襪之禮。又備禮一擔，內豬腿一付併雞、麵、糖、棗、婚書、啟書、禮燭、禮香、檳榔等儀共十色。 | 澎湖廳志頁 312 |
| 12 | 偶有雀角，或先投紳衿之洽望者爲評曲直，因而和解之，或怒目相仇，勢洶洶不可遏，及旁人開導，令理曲者奉檳榔賠禮，無難渙然冰釋。 | 澎湖廳志頁 323 |

| 編號 | 原　　　　　文 | 出　　處 |
|---|---|---|
| 13 | 臺灣最尙檳榔，澎人則否。惟請客者必先之。以檳榔取紅紙包裹併請帖以往，蓋致敬之意。 | 澎湖廳志頁 323 |
| 14 | 有一朝之忿，即以檳榔睦之。 | 高志頁 186<br>余志 238 |
| 15 | 土產檳榔，無益饑飽，云可解瘴氣，薦客，先於茶酒。閭里雀角或相詬誶，其大者親鄰置酒解之，小者輒用檳榔。百文之費，而息兩氏一朝之忿，物有以無用爲有用者，此類是也。然男女咀嚼，競紅於一抹，或歲麋數十千，亦無謂矣。 | 諸羅縣志頁 145 |
| 16 | 禮榔雙座，以銀爲檳榔形，每座四圓，上鐫「二姓合婚，百年諧老」八字。收「二姓合婚」一座，回「百年諧老」一座。貧家則用乾檳榔，以銀薄飾之。 | 劉志頁 93<br>范志頁 399<br>重修臺灣縣志頁 400<br>余志頁 497 |

## 附錄 15：清代臺灣方志〈風俗〉類中關於臺人「衣著」的書寫

| 編號 | 原　　　　　文 | 出　　處 |
|---|---|---|
| 1 | 家無餘貯而衣服麗都 | 高志頁 186<br>周志頁 238 |
| 2 | 夫衣飾侈僭 | 諸羅縣志頁 136<br>鳳山縣志頁 80 |
| 3 | 人無貴賤，必華美其衣冠，色取極艷者。靴韤恥以布，履用錦，稍敝即棄之。下而肩輿隸卒，褲皆紗帛。 | 諸羅縣志頁 146<br>重修鳳山縣志頁 55<br>彰化縣志頁 291 |
| 4 | 婦女過從，無肩輿，則以傘蒙其首，衣服必麗，簪珥必飾。貧家亦然 | 諸羅縣志頁 149 |
| 5 | 荷包，方廣可八、九寸，以紅哆囉呢、漢府緞爲之，不惜高價，必求女工之最者而刺繡焉。輕薄少年，乃有借此往來中冓者。履霜堅冰，刺繡之害不止女紅矣。 | 諸羅縣志頁 149 |
| 6 | 俗尙華侈，衣服悉用綾羅 | 劉志頁 92 |
| 7 | 衣服不衷，褲露衣衫外者，曰「龍擺尾」，襪不繫帶，脫落足面者，曰「鳳點頭」。農夫與隸雲履綢衫，服勞任役，殊不雅觀也（「臺海使槎錄」）。 | 范志頁 401<br>余志頁 499 |
| 8 | 習尙華侈，衣服概用綾羅，不特富厚之家爲然也。下而輿隸庸販，衣褲率多紗帛。自內地初至者，恆以爲奢，久之習爲固然。非俗之能移人，人自移於俗耳。 | 重修臺灣縣志頁 402 |
| 9 | 婦人探親，多無肩輿，擁傘而行。衣必麗都，飾必華艷 | 重修臺灣縣志頁 402 |
| 10 | 衣飾僭侈，婚姻論財， | 余志頁 496 |

| 編號 | 原　　　文 | 出　　處 |
|---|---|---|
| 11 | 「廣東志」云：『嶺南陰少陽多，故四時之氣闢多於闔。一歲間溫暑過半，元府常開，毛膝不掩，每因汗溢，即致外邪。蓋汗爲病之媒、風爲汗之本，二者一中，寒瘴相乘，其疾往往爲風淫』。又云：『盛夏士庶出入，率以青布裹頭。蓋南風爲屬，一侵陽明，則病不可起』。此地正相同（「赤嵌筆談」）。天氣四時皆夏，恆苦鬱蒸，遇雨成秋。比歲漸寒，冬月有裘衣者。至霜霰，則無有也（「稗海紀遊」）。 | 余志頁504<br>重修鳳山縣志頁46<br>噶瑪蘭廳志頁201<br>澎湖廳志頁319 |
| 12 | 夫服飾僭侈、應酬豪華，全臺之敝俗也。<br>噫！衣食者，生民之大命也，而臺俗宴會之設，動費中產。即廝役牧豎，衣曳綺羅，雖販婦村姑，粧盈珠翠。 | 重修鳳山縣志頁57 |
| 13 | 舊稱臺地立春後，即御紗葛單袷之衣，可以卒歲。夏秋酷暑，爍金流石。今不盡然。清明陰雨，尚可披裘。盛夏早晚，涼生几席，惟烈日無風，熱不可耐耳（「諸羅志」）。 | 重修鳳山縣志頁46 |
| 14 | 儲無甔石，衣必綺紈，下至牛醫馬傭之輩、僕隸輿儓之賤，絲帛綾羅搖曳都市，古所謂服妖也。<br>婦女過從無肩輿，以傘蒙其首，衣服必麗、簪珥必飾，貧家亦然。 | 重修鳳山縣志頁56 |
| 15 | 彰化地當全臺之中，故寒次於淡水，大毛可不御。熱次於嘉義以南，紗葛穿不多時。濱海鹿港上下，海風凜冽，村民每防落帽，以青布裹其頭，而不濱海者亦效顰焉。紬緞呢羽，皆來自內地，價值輒倍。番布只可當暑爲絺綌用，多令非所宜也。 | 彰化縣志頁288 |
| 16 | 蘭俗夏尚青絲，多用綿綢，皆取之江、浙。其來自粵東者，惟西洋布，雪白則爲衣、爲褲，女子宜之，元青則爲裘、爲褂，男子宜之。其來自漳、泉者，有池布、眉布、井布、金絨布。諸莊數疋論筒，一盡白質，到蘭則金絨爲毛烏，井眉爲淺藍、爲月白，皆隨後所淋染也。此地不紡織，只作被褥之用，鋪貼衣服之資，故業無專家。每歲惟冬初一度附舖寄售，響如彈箏。開春以後，即無得而沾補矣。孩子夏天間不著褲，隆冬亦少結韈，究惟雅素之家，動可如製。而環釧丁冬，雖貧者之子，不輕脫也。<br>地氣近熱，西風四起，單衣飄泊如蝴蝶，轉覺清爽。惟雨過倍涼，三伏不免。窮冬則綿襖短褂，便可禦寒。近年西北口羊皮，有由浙而入蘭者，或霍倫大（俗呼得勝褂）或巴圖魯（俗呼甲仔），人加一襲，且溫如挾纊矣。 | 噶瑪蘭廳志頁199 |
| 17 | 曰衣服。衣食足則廉恥生。庇身亦何可緩？淡俗蠶桑未興，其絲羅皆取之江、浙、粵。洋布則轉販而來，餘布多購於同安。所自染者有曰「毛烏」者，色勝內地，瀚之不退。女子喜著紅衣，男著短衣，每過膝不及脛。製襟多直下者，曰「蘇裙」。夏衣之領，多上圓而下尖，半露其胸，曰瓜子領，不論頸之肥瘦也。愛施兜肚，下垂方布，有花紋，以護下體。 | 淡水廳志300 |
| 18 | 曰衣服：苗俗，蠶桑未興，其絲羅皆取之江、浙、粵，洋布則轉販而來，餘布多購於同安。所自染者有曰「毛烏」者，色勝內地，瀚之不退。女子喜著紅衣。男著短衣，每過膝不及脛，製襟多直下者，曰「蘇裙」，夏衣之領多上圓而下尖，半露其胸，曰「瓜子領」，不論頸之肥瘦也。愛施兜肚，下垂方布，有花紋，以護下體。 | 苗栗縣志頁116 |

| 編號 | 原　　　　　　　文 | 出　　處 |
|---|---|---|
| 19 | 男女衣服悉用布素，至於綾羅綢緞，則絕無僅有者也。地不產桑麻，女無紡績，棉夏布疋俱資於廈門。婦人喜著青布衣，上山討海，出門探親，俱用青布裹頭。男子喜著色繭衫褲，服此者則爲有體面。人家有喜慶則穿鞋韈，平日俱赤足。秋冬時亦用青布包頭，以禦風寒。近日富室及秀士，間有服綢緞者。此亦風習日趨於華也，然亦少矣（節「紀略」） | 澎湖廳志頁 321 |
| 20 | 富陽周芸皋詩：『有錢家始煨紅芋，無罪人多著赭衣』。自註云：漁人用柿汁染衣，色紅。按柿汁所染，其色紺，舟人皆著之。至於青布包頭，四民類然，因海風甚屬故也。女子尤尚儉素，其出也，以烏布一條裹束衣上，惟殷反及媽宮人有穿裙者。陳氏廷憲曰：澎俗古樸，男女衣服悉用布素，居常喜著青布衣。間有近市者，亦服綾緞，然習俗勤儉，眞有唐、魏遺風，勝臺灣之華麗遠矣。按澎土瘠薄，佃魚外別無他利，是以鄉民自奉甚約，或不具床帳，亦安之若素。蓋地瘠民貧，不得不出於儉也。 | 澎湖廳志頁 322 |

## 附錄 16：清代臺灣方志〈風俗〉類中關於臺人「好演劇」的書寫

| 編號 | 原　　　　　　　文 | 出　　處 |
|---|---|---|
| 1 | 信鬼神、惑浮屠、好戲劇、競賭博，爲世道人心之玷，所宜亟變者亦有之。 | 高志頁 187<br>周志頁 239 |
| 2 | 夫衣飾侈僭、婚姻論財、豪飲呼盧、好巫信鬼觀劇，全臺之敝俗也， | 諸羅縣志頁 136<br>鳳山縣志頁 80 |
| 3 | 神誕，必演戲慶祝。二月二日、八月中秋，慶土地尤盛。秋成，設醮賽神，醮畢演戲，謂之壓醮尾。比日中元盂蘭會，亦盛飯僧，陳設競爲華美，每會費至百餘緡。事畢，亦以戲繼之。 | 諸羅縣志頁 147 |
| 4 | 家有喜，鄉有期會。有公禁，無不先以戲者，蓋習尙既然。又婦女所好，有平時慳吝不捨一文，而演戲則傾囊以助者。 | 諸羅縣志頁 147 |
| 5 | 演戲，不問晝夜，附近村莊婦女輒駕車往觀，三、五群坐車中，環臺之左右。有至自數十里者，不艷飾不登車，其夫親爲之駕。 | 諸羅縣志頁 149 |
| 6 | 召巫設壇，名曰王醮。三歲一舉，以送瘟王。醮畢，盛席演戲，執事儼恪跽進酒食 | 諸羅縣志頁 150 |
| 7 | 二月二日，街衢社里斂錢演戲，賽當境土神，蓋倣古「春祈」之意。 | 諸羅縣志頁 151 |
| 8 | 臺俗演戲，其風甚盛。凡寺廟佛誕，擇數人以主其事，名曰頭家，斂金於境內，作戲以慶。鄉間亦然。每遇唱戲，隔鄉婦女駕牛車，團集於檯之左右以觀，子弟之屬代爲御車，風之未盡美也。 | 臺灣縣志頁 59 |
| 9 | 而臺地僧家，每多美色少年，口嚼檳榔，檯下觀劇。 | 臺灣縣志頁 60 |
| 10 | 中秋，祭土地。鄉村里社悉演戲，爲費甚奢， | 鳳山縣志頁 87 |

| 編號 | 原　　　文 | 出　　處 |
|---|---|---|
| 11 | 八月十五日日中秋，祭當境土地，張燈演戲，與二月二日同 | 劉志頁 98 |
| 12 | 境內之人鳩金造木舟，設瘟王三座，紙爲之。延道士設醮，或二日夜、三日夜不等，總以末日盛設筵席演戲 | 范志頁 400 |
| 13 | 二月二日，各街社里逐戶鳩金演戲，爲當境土地慶壽。張燈結彩，無處不然，名曰「春祈福」。 | 范志頁 402 |
| 14 | 七月十五日，亦爲盂蘭會。數日前，好事者釀金爲首，延僧眾作道場，將會中人生年月日時辰開明疏內，陳設餅餌、香櫞、柚子、蕉果、黃梨、鮮薑，堆盤高二、三尺，並設紙牌、骰子、煙筒等物，至夜分同羹飯施餓口，謂之「普度」。更有放水燈者，頭家爲紙燈千百，晚於海邊燃之。頭家幾人則各手放第一盞，或捐中番錢一或減半，置於燈內，眾燈齊燃，沿海漁船爭相攫取，得者謂一年大順。沿街或三五十家爲一局，張燈結綵，陳設圖畫、玩器，鑼鼓喧雜，觀者如堵。二日事畢，命優人演戲以爲樂，謂之「壓醮尾」，月盡方罷（赤嵌筆談）。中秋，祭當境土地。張燈演戲。 | 范志頁 404<br>余志頁 502 |
| 15 | 二月二日，各街里社逐戶鳩資演劇，爲當境土地神祇慶壽，名曰春祈福。 | 重修臺灣縣志頁 398<br>余志頁 500 |
| 16 | 俗尚演劇。凡寺廟神誕，必擇數人主事，名曰頭家，斂金於境內演唱。又尚王醮，三年一舉，極靡費。詳見祠宇志。 | 重修臺灣縣志頁 402 |
| 17 | 俗尚演劇，凡寺廟佛誕，擇數人以主其事，名曰「頭家」，斂金於境內，演戲以慶。鄉間亦然。臺俗尚王醮，三年一舉，取「送瘟」之義也。附郭、鄉村皆然。境內之人鳩金造木舟，設瘟王三座，紙爲之。延道士設醮，或二日夜、三日夜不等，總以末日盛設筵席演戲，名曰「請王」。 | 劉志頁 95<br>余志頁 498<br>重修鳳山縣志頁 59 |
| 18 | 二月二日，城市鄉村斂錢演劇，賽當境土神，即古春祈穀之意，盡月乃止。 | 重修鳳山縣志頁 47 |
| 19 | 醮畢、設享席演戲，送至水濱，任其飄去（紙船則送至水濱焚之）。 | 重修鳳山縣志頁 59 |
| 20 | 初九日，傳爲玉皇誕辰，家家慶祝。邑內嶽帝廟，俗訛爲玉皇廟。前後數日，燈綵輝煌，演劇歡樂。城內外士女，結隊來觀，每宵達旦。 | 彰化縣志頁 286 |
| 21 | 七月初一至三十日，俗尚普度，即佛家盂蘭會也。比邱登壇說法，設食以祭無祀孤魂，曰普施。凡寺廟皆有普施。先期一夜，燃放水燈，絃歌喧雜，火燭輝煌，照耀如晝，街巷聚眾祭祀，曰童子普。唱戲曰壓醮。 | 彰化縣志頁 287 |
| 22 | 年節香燈之外，必欲演戲，動費多金。凡神誕喜慶，賽願設醮，演唱累日夜。近日盂蘭會，飯僧極豐。事畢亦以戲繼之，名爲敬神以祈福， | 彰化縣志頁 294 |
| 23 | 每年以二月三日文昌帝君誕辰，通屬士庶齊集宮中，排設戲筵，結綵張燈 | 噶瑪蘭廳志頁 188 |

| 編號 | 原　　　　　文 | 出　　處 |
|---|---|---|
| 24 | 天后宮在廳治南，相傳三月二十三日爲天后生辰，演劇最多。上元節每神廟演戲一檯，俗號「打上元」。沿街高結燈彩，至十七、八日方罷。 | 噶瑪蘭廳志頁192 |
| 25 | 七月超度，自初一至月終，各里社僉舉首事，鳩金延僧禮懺，塡書榜疏。以紙糊大士一尊，普施盂蘭法食。家供牲、醴、時羞、果食，結彩、張燈，陳設圖玩，焚化楮鏹，不計其數。先一夕，各首事子弟，皆捧一座紙燈，上書姓名、舖號，結隊連群，金鼓喧闐，送至溪頭，名曰放水燈。即放焰口引餒者以就食也。三日事竣，演戲一檯，名曰壓醮。中秋製糖麵爲月餅，號「中秋餅」。居家祀神，配以香茗。街衢祭當境土地，張燈唱戲，與二月同。彼春祈而此秋報也。 | 噶瑪蘭廳志頁193 |
| 26 | 曰雜俗。淡地膏沃易生財，亦易用財。凡遇四時神誕，賽愿生辰，搬演雜劇，費用 | 淡水廳志頁304 |
| 27 | 十五日上元節，張燈、演劇、放煙火。二月二日農工商賈皆祀福神，曰頭牙。三月三日暨清明日，士女持紙錢備牲醴以祭先塋，曰掃墓。或結伴郊遊，猶古之踏青也。二十有三日爲天后誕，鳩貲演劇。 | 淡水廳志頁300 苗栗縣志頁116 |
| 28 | 淡地膏沃易生財，亦易用財。凡遇四時神誕，賽愿生辰，搬演雜劇，費用無既。 | 淡水廳志頁314 |
| 29 | 十五日曰中元。市中俗傳七月〔初一日爲開地獄、三十日爲閉地獄〕，延僧登壇施食，以祭無祀之魂，寺廟亦各建醮兩、三日不等。惟先一夜燃放水燈，各結小燈編姓爲隊，絃歌喧騰，燭光如晝，陳設相耀，演劇殆無虛夕。例集一所，牲醴饌具積如山陵。以富舖輪董其事，名曰「三壇四調」。凡一月之間，居民競祭無祀之魂，月盡乃止。八月中秋節，則月餅相遺，各演劇以祀福神。 | 苗栗縣志頁117 |
| 30 | 道場畢後一、二日，各請戲演唱爲樂，謂之壓醮尾。如是者必月盡方止。 | 澎湖廳志頁317 |
| 31 | 曰王船至矣，則舉國若狂，畏敬持甚，聚眾鳩錢，奉其神於該鄉王廟，建醮演戲，設席祀王，如請客然，以本廟之神爲主，頭家皆肅衣冠，跪進酒食。祀畢仍送之遊海，或即焚化，亦維神所命云。 | 澎湖廳志頁325 |

資料來源：上表所列之各方志依據臺灣省文獻委員會之版本。（版本詳列於參考書目）

# 參考文獻

## 一、史　料

1. 王必昌，《重修臺灣縣志》（臺北：行政院文化建設委員會、遠流出版公司，2006 年）。

2. 王瑛曾，《重修鳳山縣志》（上）（下）（臺北：行政院文化建設委員會、遠流出版公司，2006 年）。

3. 余文儀，《續修臺灣府志》（臺北：行政院文化建設委員會、遠流出版公司，2007 年）。

4. 李丕煜、伊士琅、周于能，《鳳山縣志、臺灣志略、澎湖志略》（臺北：行政院文化建設委員會、遠流出版公司，2005 年）。

5. 沈茂蔭、胡傳，《苗栗縣志、臺東州采訪冊》（臺北：行政院文化建設委員會、遠流出版公司，2006 年）。

6. 沈茂蔭、胡傳，《苗栗縣志》（南投：臺灣省文獻委員會，1993 年）。

7. 周元文，《增修臺灣府志》（南投：臺灣省文獻委員會，1993 年）。

8. 周鍾瑄，《諸羅縣志》（南投：臺灣省文獻委員會，1993 年）。

9. 周鍾瑄，《諸羅縣志》（南投：臺灣省文獻委員會，1993 年）。

10. 周鍾瑄，《諸羅縣志》（臺北：行政院文化建設委員會、遠流出版公司，2006 年）。

11. 周璽，《彰化縣志》（上）（下）（臺北：行政院文化建設委員會、遠流出版公司，2006 年）。

12. 周璽，《彰化縣志》（南投：臺灣省文獻委員會，1993 年）。

13. 林豪，《澎湖廳志》（南投：臺灣省文獻委員會，1993 年）。

14. 林豪、薛紹元，《澎湖廳志》（上）（下）（臺北：行政院文化建設委員會、遠流出版公司，2006 年）。

15. 金閎、鄭開極,《康熙福建通志臺灣府》(臺北:臺北成文出版社,1983年)。

16. 姚瑩,《東槎紀略》(南投:臺灣省文獻委員會,1996年)。

17. 范咸,《重修臺灣府志》(上)(下)(臺北:行政院文化建設委員會、遠流出版公司,2006年)。

18. 郁永河,《裨海紀遊》(南投:臺灣省文獻委員會,1995年)。

19. 高拱乾,《臺灣府志》(南投:臺灣省文獻委員會,1993年)。

20. 屠繼善,《恆春縣志》(南投:臺灣省文獻委員會,1993年)。

21. 陳文達,《臺灣縣志》(南投:臺灣省文獻委員會,1993年)。

22. 陳文達,《臺灣縣志》(臺北:行政院文化建設委員會、遠流出版公司,2006年)。

23. 陳文達,《鳳山縣志》(南投:臺灣省文獻委員會,1993年)。

24. 陳培桂,《淡水廳志》(臺北:行政院文化建設委員會、遠流出版公司,2006年)。

25. 陳淑均,《噶瑪蘭廳志》(南投:臺灣省文獻委員會,1993年)。

26. 陳淑均,《噶瑪蘭廳志》(臺北:行政院文化建設委員會、遠流出版公司,2006年)。

27. 陳盛紹,《問俗錄》(南投:臺灣省文獻委員會,1997年)。

28. 黃叔璥,《臺海史槎錄》(南投:臺灣省文獻委員會,1996年)。

29. 臺灣銀行經濟研究室,《福建通志臺灣府》(南投:臺灣省文獻委員會,1993年)。

30. 劉良璧,《重修福建臺灣府志》(上)(下)(臺北:行政院文化建設委員會、遠流出版公司,2006年)。

31. 蔣毓英,《臺灣府志》(南投:臺灣省文獻委員會,1993年)。

32. 鄭用錫、柯培元,《淡水廳志稿、噶瑪蘭志略》(臺北:行政院文化建設委員會、遠流出版公司,2006年)。

33. 謝金鑾、鄭兼才,《續修臺灣縣志》(臺北:行政院文化建設委員會、遠遠流出版公司,2006年)。

## 二、專　著

1. 尹章義,《張士箱家族移民發展史》(南投:臺灣省文獻委員會,2001年)。

2. 巴索・伯恩斯坦(Basil Bernstein),《教育、象徵控制與階級認同》(臺北:學富文化,2005年)。

3. 方豪,《方豪六十自定稿(上)》(臺北:撰者印,1969年)。

4. 毛禮銳、沈權群,《中國教育通史》卷二（濟南：山東教育出版社,1989年）。

5. 王明珂,《華夏邊緣：歷史記憶與族群認同》（臺北：允晨文化,1997年）。

6. 王紀彔,《清代政治的演變與史館》（北京：人民出版社,2009年）。

7. 卡西勒（Ernst Cassirer）,甘陽譯《人論》（臺北：桂冠圖書,2005年）。

8. 朱剛,《薩依德》（臺北：生智文化,1997年）。

9. 何綿山,《閩文化概論》（北京：北京大學出版社,1996年）。

10. 李筱峰、林呈蓉,《臺灣史》（臺北：華立圖書,2003年）。

11. 來新夏,《中國地方志》（臺北：臺灣商務書局,1995年）。

12. 尚小明,《清代士人游幕表》（北京：中華書局,2005年）。

13. 林淑慧,《臺灣文化采風》（臺北：萬卷樓,2004年）。

14. 林淑慧,《臺灣清治時期的散文軌跡》（臺北：臺灣學生書局,2007年）。

15. 林淑慧,《禮俗、記憶與啓蒙》（臺北：臺灣學生書局,2009年）。

16. 林楓、范正義,《閩南文化述論》（北京：中國社會科學出版社,2008年）。

17. 施懿琳,《從沈光文到賴和》（高雄：春暉出版社,2000年）。

18. 施懿琳、廖美玉編,《臺灣古典文學大事年表・明清篇》（臺北：里仁書局,2008年）。

19. 段玉裁,《說文解字注》（臺北：藝文出版社,2005年）。

20. 班固,《漢書補注》（上海：商務書局,2002年）。

21. 高志彬,《臺灣方志解題》（臺北：成文出版社,1985年）。

22. 高志彬,《臺灣書目解題第一類（方志）》（臺北：中央圖書館臺灣分館,1987年）。

23. 國家圖書館,《臺灣史人物小傳——明清暨日據時期》（臺北：國家圖書館,2003年）。

24. 張仲禮,《中國紳士研究》（北京：人民出版社,2008年）。

25. 戚嘉林,《臺灣史》（臺北：海峽學術出版社,2007年）。

26. 梁啓超,《清代學術概論》（臺北：臺灣商務印書館,1985年）。

27. 許春金,《犯罪學》（臺北：三民書局,2003年）。

28. 陳捷先,《清代臺灣方志研究》（臺北：臺灣學生書局,1996年）。

29. 陳碧笙,《臺灣人民歷史》（臺北：人間出版社,1993年）。

30. 陳碧笙,《臺灣府志校注》（廈門：廈門大學出版社,1985年）。

31. 喬治忠,《清朝官方史學研究》（臺北：文津出版社,1994年）。

32. 楊熙，《清代臺灣：政策與社會變遷》（臺北：天工書局，1985 年）。

33. 臺灣省文獻委員會，《重修台灣省通志》（南投：臺灣省文獻委員會，1996年）。

34. 臺灣省文獻委員會，《清朝耆類徵選篇（上）（中）（下）》（南投：臺灣省文獻委員會，1994 年）。

35. 劉枝萬，《臺灣民間信仰論集》（臺北：聯經出版社，1983 年）。

36. 蔡志展編，《清代臺灣三十三種地方志采訪冊紀略人名索引》（台北：國立中央圖書館臺北分館，2000 年）。

37. 鄭若曾，《籌海圖編》（北京：中華書局，2007 年）。

38. 薛化元，《臺灣開發史》（臺北：三民書局，2007 年）。

39. 謝崇耀，《清代臺灣宦遊文學》（臺北：蘭臺出版社，2001 年）。

40. 薩依德（Said W. Edward），王志弘等譯，《東方主義》（臺北：立緒出版社，1999 年）。

41. 龔鵬程，《文學散步》（臺北：漢光文化事業，1885 年）。

## 三、期刊論文

1. 尹章義，〈清修臺灣方志與近三十年所修臺灣方志之研究比較〉，《臺灣開發史》（臺北：聯經出版公司，1989 年），頁 233～269。

2. 尹章義，〈臺灣檳榔史〉，《歷史月刊》第 35 期，1990.12，頁 78～87。

3. 方豪，〈修志專家與臺灣方志的修纂〉，《方豪六十自定稿（上）》（臺北：撰者印，1969 年），頁 622。

4. 方豪，〈清代中期臺灣方志的編纂工作〉，《臺灣人文》卷 3（1978），頁 4～16。

5. 方豪，〈清代前期臺灣方志的編纂工作〉，《臺灣人文》卷 2（1978），頁 5～15。

6. 方豪，〈清代後期臺灣方志的編纂工作〉，《臺灣人文》卷 4（1978），頁 3～16。

7. 方豪，〈清初臺灣士人與地方志〉，《方豪六十自定稿（上）》（臺北：撰者印，1969 年），頁 621～646。

8. 王幼華，〈清代台灣文學中的民變與動亂〉，《臺灣文藝》第 183 期，頁 77～101。

9. 王志楣，〈點校說明〉，《恆春縣志》（臺北：行政院文化建設委員會、遠流出版公司，2006 年），頁 13。

10. 王銘銘《社會人類學與中國研究》（桂林：廣西師範大學出版社，2005年）。

11. 吳密察，〈「歷史」的出現〉，《臺灣史研究一百年：回顧與研究》（臺北：中央研究院籌備處，1952 年），頁 1～21。

12. 李文良，〈清初臺灣方志的「客家」書寫與社會相〉，《臺大歷史學報》卷 31（2003.06），頁 141～168。

13. 李孝悌，〈十七世紀以來的士大夫與民眾——研究回顧〉，《新史學》卷 4 第 4 期（1993.12），頁 97～139。

14. 李祖基，〈清代巡臺御史制度研究〉，《臺灣史研究會論文集》第二集（1990），頁 114～115。

15. 李豐楙，〈儀式、演劇與祭祀〉，《傳統藝術》第 44 期（2004），頁 8～12。

16. 周婉窈，〈山在瑤波碧浪中——總論明人的臺灣認識〉，《臺大歷史學報》第 40 期（2007），頁 93～148。

17. 林開世，〈方志的呈現與再現——以《噶瑪蘭廳志》爲例〉，《新史學》卷 18 第 2 期（2007.06），頁 1～60。

18. 施懿琳，〈從《臺灣府志》〈藝文志〉看清領前期臺灣散文正典的生成〉，《臺灣文學學報》第 4 期（2003.08），頁 1～36。

19. 洪健榮，〈清修臺灣方志「風俗」門類的理論基礎及論述取向〉，《中國歷史學會史學集刊》卷 32（2000.07），頁 119～154。

20. 高志彬，〈臺灣方志之纂修及其體例流變述略〉，《臺灣文獻》卷 49 第 3 期（1998.09），頁 187～206。

21. 張勝彥，〈臺灣清代地方志之研究——以康熙年間所編之臺灣府志爲例〉，《人文及社會學科教學通訊》卷 10 第 5 期（2000.02），頁 15～34。

22. 莊仲雅，〈禪海紀遊：徘徊在自我與異己之間〉，《新史學》卷 4 第 3 期（1993.09），頁 59～77。

23. 莊吉發，〈從淡新檔案看臺灣的行政區域的調整〉，《臺灣文獻》卷 49 第 4 期（1998.12），頁 127～147。

24. 莊勝全，〈清康熙台灣印象的轉變——以四位親歷者的觀察爲例〉，《臺灣風物》卷 56 第 3 期，頁 27～59。

25. 許雪姬，〈臺灣錄營〉，《中央研究院近史所專刊》第 54 期，頁 109～110。

26. 郭博信，〈戲劇與觀眾〉，《文史哲學報》第 30 期（1981），頁 148～206。

27. 陳其南，〈檳榔文化的深度探索〉聯合報，1999.12.07，14 版文化。

28. 湯熙勇，〈論康熙時期納臺爭議與臺灣的開發政策〉，《台北文獻直字》第 114 期（1995），頁 25～53。

29. 黃秀政，〈清代臺灣的分類械鬥事件〉，《臺灣史研究》（臺北：臺灣學生書局，1992 年），頁 29～80。

30. 詹素娟，〈族群研究的「常」與「變」——以平埔研究爲中心〉，《新史學》

卷 6 第 4 期（1995.12）。

31. 廖炳惠，〈異國記憶與另類現代性：試探吳濁流的《南京雜感》〉，《另類
    現代情》（臺北：允晨文化，2001 年），頁 11～12。

32. 臺灣省文獻委員會，〈臺灣方志總論〉，《文獻專刊》卷 3 第 2 期（南投：
    臺灣省文獻委員會，1955 年）。

33. 劉志琴，〈禮俗文化的再研究〉，《史學理論》第 1 期（2005），頁 30～40。

34. 劉紀蕙，〈導讀：觀察者的技術與主體位置〉，收錄於強納森・拉瑞，《觀
    察者的技術：論十九世紀的視覺與現代性》（臺北：行人出版社，2007
    年），頁 3。

35. 鄭喜夫，〈清代福建人與臺灣方志〉，《臺灣風物》卷 20 第 2 期（1970.
    02）。

36. 鄭喜夫，〈臺灣行政區劃之沿革〉，《中國地方自治》卷 58 第 8 期（1997.
    08），頁 3～8。

## 四、學位論文

1. 吳毓琪，〈康熙時期臺灣宦遊詩之研究〉（臺南：國立成功大學中國文學
   研究所博士論文，2006 年）。

2. 施懿琳，〈清代臺灣詩所反映的漢人社會〉（台北：國立臺灣師範大學國
   文研究所博士論文，1991 年）。

3. 張鈺翎，〈清代臺灣方志之藝文志研究〉（臺北：政治大學中文系碩士論
   文，2003 年）。

4. 莊勝全，〈萬文遙寄海一方——清帝國對台灣的書寫與認識〉（臺北：國
   立台灣師範大學台灣史研究所碩士論文，2009 年），頁 27～59。

5. 許博凱，〈帝國文化邏輯的展演——清代臺灣方志之空間書寫與地理政
   治〉（新竹：國立清華大學臺灣文學研究所碩士學位論文，2007 年）。

6. 陳維君，〈清代筆記中的故事研究〉（嘉義：國立中正大學中國文學研究
   所碩士論文，2006 年）。

7. 盧胡彬，〈清代臺灣方志之研究〉（臺北：文化大學歷史所碩士論文，1985
   年）。

8. 藍偵瑜，〈清代來臺文人特殊性研究〉（臺南：國立成功大學台灣文學研
   究所碩士論文，2008 年）。